明儒思想与文献论集

黎业明 著

图书在版编目(CIP)数据

明儒思想与文献论集/黎业明著.—北京:商务印书馆,2017
ISBN 978-7-100-12780-6

Ⅰ.①明… Ⅱ.①黎… Ⅲ.①儒家—学术思想—研究—中国—明代 Ⅳ.①B248.05

中国版本图书馆 CIP 数据核字(2016)第 290133 号

权利保留,侵权必究。

明儒思想与文献论集

黎业明 著

商 务 印 书 馆 出 版
(北京王府井大街36号 邮政编码100710)
商 务 印 书 馆 发 行
北 京 冠 中 印 刷 厂 印 刷
ISBN 978-7-100-12780-6

2017年1月第1版 开本 787×960 1/16
2017年1月北京第1次印刷 印张 18½
定价:52.00元

目　录

庄定山是否来访过陈白沙？ ……………………………………………… 1
何廷矩与陈献章之关系述略 ……………………………………………… 11
《陈献章集》点校补正 …………………………………………………… 23
《陈献章集》点校补正（续编） ………………………………………… 55

湛若水对陈白沙静坐学说的阐释
　　——以《白沙子古诗教解》为中心 ………………………………… 95
湛若水与严嵩交往述略 …………………………………………………… 106
湛若水与"大礼议"之关系述略
　　——兼述嘉靖皇帝对湛若水的态度 ………………………………… 121
湛若水重游南岳期间讲学活动述略 ……………………………………… 140

王阳明何以不愿多提陈白沙
　　——从湛若水与王阳明关系的角度考察 …………………………… 157
王阳明《传习录》人名考述补正 ………………………………………… 181
王阳明《传习录》中卷论学书编年考证 ………………………………… 201
《王阳明全集（新编本）》点校指瑕 …………………………………… 221

王船山《四书笺解》著作年代略考 ……………………………………… 278

后　记 ……………………………………………………………………… 291

庄定山是否来访过陈白沙？

陈献章（1428—1500），字公甫，号石斋，晚号石翁，广东新会人。因居白沙村，学者称白沙先生。明代著名思想家、诗人。庄昶（1437—1499），字孔旸，号木斋，江浦人。世称定山先生。明代著名诗人。陈献章与庄昶为朋友。

陈郁夫先生、章继光先生均以为，庄定山大概在弘治三年，曾经来访陈白沙。陈郁夫《江门学记：陈白沙及湛甘泉研究》云：弘治三年"十二月，庄昶自白沙还，乃游衡山，有《游衡山记》(《庄定山集》卷八)。"[①] 章继光《陈白沙诗学论稿》云："约在弘治三年（1490），定山曾南游江门，与白沙有过一次会面。四库本《定山集》中《游衡山记》、《南楚贞游记》均提到此事。前记云：'今庚申十一月，予还自白沙，至临蒸，南望诸峰，魂爽飞驰，不傍身矣……'后记云：'予游白沙还，藩府涂公、宪府郑公，抚治湖南，邂逅临蒸……'两文均写于蒸水之畔衡阳，正是定山从江门白沙回程途中。庚申为弘治十三年，而定山卒于十二年，庚申当为庚戌（弘治三年）之误。白沙集中《梦庄定山遣使来问，梦中以诗答云》诗可与此事略相印证。诗云：'定山归后再清康，夜来呼儿喜欲狂。梦遣长须来问病，故应早岁见羹墙。文靖一生随老笔，太虚四大作禅床。南北地殊生异世，先生何处问行藏。'诗中说到定山自白沙归后，自己的身体一度恢复，精神也好了。此事阮榕

---

① 陈郁夫撰：《江门学记：陈白沙及湛甘泉研究》，台北：学生书局，1984年，第155页。

龄撰《年谱》未曾提及，今可补上一笔。"①其实，陈先生、章先生的说法，是错误的。

一

陈先生、章先生认为庄定山曾经来访过陈白沙，主要依据是四库全书本《定山集》中的两篇游记，即《游衡山记》与《南楚贞游记》。然而，问题就出在这两篇游记上。因为这两篇游记既见于陈白沙的朋友庄昶的《定山集》，又见于陈白沙的弟子李承箕（1452—1505，字世卿，号大厓，嘉鱼人）的《大厓李先生诗文集》。为方便讨论，我们依据李承箕《大厓李先生诗文集》将两篇游记全文抄录。其《游衡山记》云：

> 予往年尝游南岳，自与心约：遍七十二峰，每峰一日；七十二峰不遍，每峰不一日，不还。于时总宪东吴沈公奉诏祷南岳，适相值。总宪，石翁旧也。翁言寄老南岳，约与予俱，总宪慨然愿为东道主。总宪趣予还舟聚语，予告："七十二峰不遍，每峰不一日，不还。"总宪曰："触热生病根，胡乃尔？"不得已而东下。弘治丁巳六月也。既而石翁以老病，卒不来。今庚申十一月，予还自白沙，至临蒸，南望诸峰，魂爽飞驰不旁身矣。于是，分治藩府豫章涂公、宪府信阳冯公、永丰郑公许跻攀俱，皆曰："使前后绝呵呼之具而登降，同一羽之轻乎！佩冕有丝竿之乐而箕颖，混岩廊之风乎！往来见生化之机而荣悴，有同其舒卷者乎！"彼此同襟，神孚其契。适冯公以足疾不果，携予者两公也。自是月之晦日，礼神岳祠。祠南左为云开堂，涂公居之也；右为云霁堂，郑公居之；云开左为光岳道院，予栖焉。各更衣，会天宇新霁，人人自觉神形快健。游东北，观水帘洞、止寿宁宫。半江曰："此境隔世，何谢桃源？世短心长，吾不能明日极心醉而去。"半江，涂公别号也。由西南历诸峰即上封，冰雪凝树，风撼树如甲马声，冰

---

① 章继光撰：《陈白沙诗学论稿》，长沙：岳麓书社，1999年，第118页。

片随落叶下,大石取而飡之。予曰:"无乃冰齿寒乎?"大石曰:"此所以厉吾肠胃也。"予两肩背已起粟,大石即解绵袷衣二袭,曰:"借子也。"郑公别号大石也。上祝融峰,下飞仙桥。大石芒屦羊裘,下上鸿轩。半江曰:"登高临深,吾亦不能。"还止上封。上封南十里许为比和洞,有王野人,业箍桶。大石使召来,萎黄须发,单弊苎衣,问之,已独居洞三十年。又问:"汝何为者,见何境界耶?"曰:"非释非老,不知为善恶,何境界见也?"大石将赠米帛,曰:"夜床鞋脚,公等知乎?"长揖而去。清晨,踏霜菅观初日于扶桑台,风泠泠四至,两耳若着针铓。衡山史典史、郝驿丞进卮酒,金醴之酸,不可醺焉者也。西行夺篁竹,由鸡鸣岩马祖庵,庵中有往时大石示从游诸生诗。庵西天柱峰,有僧岩居,食生菜,百结衣如粟穗,见人即膜拜,默默而已。南行数里,两公肩舆如飚轮,予不可追,独观南台寺故址。叹曰:"此非僧守澄之蘧庐乎?"南台之南,有紫虚阁,问诸道士,悉不省识灵源胜迹,曾几何时,寥寥无闻见于人。使复有子廉辈醉卧其间,又复谁识之耶?为之一长啸。望中青衣童子十馀人驰报两公,少憩文定西廊,候行礼。是夕,各止行所,为十二月之四日矣。诸所过,两公辄留题,予则和之而歌于山中,相乐也,不复磨岩题名,厌近名也。故凡峰峦岩洞大小奇怪高下之胜,纪载于先民者,悉略之云。嘉鱼李承箕记。①

其《南楚真游记》云:

辙迹遍天下,忧道之不行,忧人生之不遂,古之人有行之者矣,孔孟之游也。辙迹遍天下,以一己之贫困为心,以诸侯相攻伐为务,古之人有行之者矣,仪秦之游也。茫乎忽乎,乘云御风,与世漠如,古之人有行之者矣,庄周列御寇之游也。予游白沙还,藩府涂公、宪府郑公抚治湖南,邂逅临蒸,谓予曰:"岁聿云莫,境土无虞。古人谓:'士夫去故里、舍丘垄,驰驱宦途,宣力之馀,亦欲寻乐。人之情也。'"于是历衡岳诸峰,与日相竞,得日六焉。下潭州,登岳麓书

---

① 李承箕撰:《大厓李先生诗文集》,《四库全书存目丛书》,济南:齐鲁书社,1997年影印本,集部第43册,第571—572页。

院,礼朱张像,读壁间石刻古今诗文,前宪副四明杨公使图画者也;又读西涯阁老《重修书院记》。山水人文,实相资重,古今然也。西循曲径,夺菅蒯篁竹,入岳麓招提,残僧败屋,钟磬无声,炉无妙香,灯无紫焰。郑公曰:"是何祠?人其人、火其书、庐其居乎?招提占幽胜而书院得偏狭,以此易彼,正将胜邪,其有日乎?"下洞庭,谒黄陵庙,佩藓帷尘,亦已久矣。祝告:"前年庙泊水倾,而韩碑岿然出众压之外,今移右阶下露竖而已。"下巴陵,将舣舟君山,舟师谓:"泥淖,不胜鹳鹳爪力。夏秋之交,湖波浑太清,一武可即岸。今不可行也。"予乃烹鸡温酒调东坡骨董羹,执两公望君山以偿兹兴,而予不闲壶矢,百发百输,醉颜几上。两公轻步而去,予泯然不知也。明日,两公笑曰:"赤壁近矣,昔东坡以黄州赤鼻为赤壁而赋之,赤壁故垒与乌林相望,登危抚景,赋其时乎!"舟师又以水涸不可即舟告。遂乘风东下,抵鱼山。两公谓必访草茅山中。明日,冻雨半雪,优游而来,殊不作意。拜家慈于堂上。始两公来也,兄茂卿迎之中途;及归也,予中途送止,而兄送江浒焉。兹游也,始仲冬月下弦,迄岁暮焉。前后各有诗,几所谓"味真天游而忘年"欤!予僭题曰:南楚真游。夫以兹游,岂敢模儗古先而伪游哉?各取适意志情而已。①

四库全书本《定山集》所收录的两篇同题游记,与《大厓李先生诗文集》所收录的内容相同。所不同者,为文字方面之差异。例如:在《游衡山记》中,"于时总宪东吴沈公奉诏祷南岳,适相值。总宪,石翁旧也",《定山集》作"时总宪东吴沈公奉诏祷南岳,适相值。总宪,石翁舅也";"总宪趣予还舟聚语",《定山集》作"总宪促予还舟聚语";"南望诸峰,魂爽飞驰不旁身矣",《定山集》作"南望诸峰,魂爽飞驰不傍身矣";"彼此同襟,神孚其契",《定山集》作"往此同襟,神孚其契";"此境隔世,何谢桃源?世短心长,吾不能明曰极心醉而去",《定山集》作"此境绝世,何殊桃源?世短心长,吾不能明目极心醉而去";"此所以厉吾肠胃也",《定

---

① 李承箕撰:《大厓李先生诗文集》,《四库全书存目丛书》,集部第43册,第572—573页。

山集》作"此所以历吾肠胃也";"有王野人,业箍桶。大石使召来,萎黄须发,单弊苎衣",《定山集》作"有王野人,业箍桶者。大石使召来,葉黄须发,单弊苎衣";"清晨,踏霜菅观初日于扶桑台",《定山集》作"清晨,踏霜管观初日上扶桑台";"庵中有往时大石示从游诸生诗",《定山集》作"庵中有诗。大石示从游诸生诗";"叹曰:'此非僧守澄之蓬庐乎?'南台之南,有紫虚阁,问诸道士,悉不省识灵源胜迹,曾几何时,寥寥无闻见于人",《定山集》作"叹曰:'此非僧守澄之蓬庐乎?'南台之南,有紫虚阁,诸道士悉不省识灵源胜迹,曾几何时,寥寥无闻见";"少憩文定西廊,候行礼。是夕,各止行所,为十二月之四日矣",《定山集》作"少憩文定西庙,候行礼。是夕,各止行,为十二月之四日也"。在《南楚真游记》中,"古人谓:'士夫去故里、舍丘垄,驰驱宦途,宣力之馀,亦欲寻乐。人之情也。'"《定山集》作"古人谓:'士夫去故里、舍丘垄,驰驱宦途,宣力之馀,亦欲取乐。人之情也。'";"招提占幽胜而书院得偏狭,以此易彼,正将胜邪,其有日乎",《定山集》作"招提占幽胜而书院得偏狭,此以易此,彼以易彼,正将胜邪,其有自乎";"祝告:'前年庙泊水倾,而韩碑岿然出众压之外,今移右阶下露竖而已'",《定山集》作"庙祝曰:'前年水涌庙倾,而韩碑岿然土聚压之,今移右阶下露竖而已'";"夏秋之交,湖波浑太清,一武可即岸。今不可行也",《定山集》作"夏秋之交,湖波深大清,一武可即岸";"赤壁故垒与乌林相望",《定山集》作"赤壁故址与乌林相望";"始两公来也,兄茂卿迎之中途",《定山集》作"始两公来也,兄戍卿迎之途中";"兹游也,始仲冬月下弦,迄岁暮焉。前后各有诗,几所谓'味真天游而忘年'欤!予僭题曰:南楚真游",《定山集》作"兹游也,始仲冬,迄岁暮。前后各有诗,几所谓'味贞天游而忘年'欤!予僭题曰:南楚贞游";"各取适意志情而已",《定山集》作"各取适意志"。其中,最重要的不同是,《游衡山记》篇末的"嘉鱼李承箕记"六字,为《定山集》所无[①]。为醒目计,我们不妨将两者之不同处,列表如下:

[①] 庄昶撰:《定山集》,《景印文渊阁四库全书》,台北:商务印书馆,1986年,第1254册,第316—318页。

篇 名	《大厓李先生诗文集》	《定山集》
《游衡山记》	于时总宪东吴沈公奉诏祷南岳，适相值。总宪，石翁旧也。	时总宪东吴沈公奉诏祷南岳，适相值。总宪，石翁舅也。
	总宪趣予还舟聚语	总宪促予还舟聚语
	南望诸峰，魂爽飞驰不旁身矣。	南望诸峰，魂爽飞驰不傍身矣。
	彼此同襟，神孚其契。	往此同襟，神孚其契。
	此境隔世，何谢桃源？世短心长，吾不能明日极心醉而去。	此境绝世，何殊桃源？世短心长，吾不能明目极心醉而去。
	此所以厉吾肠胃也。	此所以历吾肠胃也。
	有王野人，业箍桶。大石使召来，萎黄须发，单弊苎衣	有王野人，业箍桶者。大石使召来，叶黄须发，单弊苎衣
	清晨，踏霜菅观初日于扶桑台	清晨，踏霜管观初日上扶桑台
	庵中有往时大石示从游诸生诗。	庵中有诗。大石示从游诸生诗。
	叹曰："此非僧守澄之蓬庐乎？"南台之南，有紫虚阁，问诸道士悉不省识灵源胜迹，曾几何时，寥寥无闻见于人。	叹曰："此非僧守澄之蓬庐乎？"南台之南，有紫虚阁，诸道士悉不省识灵源胜迹，曾几何时，寥寥无闻见。
	少憩文定西廊，候行礼。是夕，各止行所，为十二月之四日矣。	少憩文定西庙，候行礼。是夕，各止行，为十二月之四日也。
	嘉鱼李承箕记。	
《南楚真游记》	古人谓："士夫去故里、舍丘垄，驰驱宦途，宣力之馀，亦欲寻乐。人之情也。"	古人谓："士夫去故里、舍丘垄，驰驱宦途，宣力之馀，亦欲取乐。人之情也。"
	招提占幽胜而书院得偏狭，以此易彼，正将胜邪，其有日乎？	招提占幽胜而书院得偏狭，此以易此，彼以易彼，正将胜邪，其有自乎？
	祝告："前年庙泊水倾，而韩碑岿然出众之外，今移右阶下露竖而已。"	庙祝曰："前年水涌庙倾，而韩碑岿然土聚压之，今移右阶下露竖而已。"
	夏秋之交，湖波浑太清，一武可即岸。今不可行也。	夏秋之交，湖波深大清，一武可即岸。
	赤壁故垒与乌林相望	赤壁故址与乌林相望
	始两公来也，兄茂卿迎之中途	始两公来也，兄茂卿迎之途中

续表

	兹游也，始仲冬月下弦，迄岁暮焉。前后各有诗，几所谓"味真天游而忘年"欤！予僭题曰：南楚真游。	兹游也，始仲冬，迄岁暮。前后各有诗，几所谓"味贞天游而忘年"与！予僭题曰：南楚贞游。
	各取适意志情而已。	各取适意志。

二

这两篇游记到底是庄昶的作品，还是李承箕的作品？虽然收入李承箕《大厓李先生诗文集》的《游衡山记》篇末，落款为"嘉鱼李承箕记"，这似乎已经可以说明其属于李承箕的作品。但是，仅凭一个落款、一个署名，有时还是不能确保其著作权之归属的，还是不能令人信服的。要证实《游衡山记》、《南楚真游记》的作者，我们还得进行更深入的分析，提供更可靠的证据。

根据《游衡山记》的叙述，其作者曾经两次游览衡山。第一次在弘治十年丁巳（1497）六月，《游衡山记》述其经过云：

> 予往年尝游南岳，自与心约：遍七十二峰，每峰一日；七十二峰不遍，每峰不一日，不还。于时总宪东吴沈公奉诏祷南岳，适相值。总宪，石翁旧也。翁言寄老南岳，约与予俱，总宪慨然愿为东道主。总宪趣予还舟聚语，予告："七十二峰不遍，每峰不一日，不还。"总宪曰："触热生病根，胡乃尔？"不得已而东下。弘治丁巳六月也。既而石翁以老病，卒不来。

在这里，我们不关心作者游览之经历，我们所重视的是其游玩的时间，弘治丁巳六月。根据李承箕《祭石翁文》的说法，他曾经四次来访白沙先生[1]。其中，第一次在弘治元年戊申（1488）四月，同年腊月离开新会返嘉

---

[1] 李承箕撰：《大厓李先生诗文集》，《四库全书存目丛书》，集部第43册，第610—611页。案：《明儒学案》亦云，"自嘉鱼至新会，涉江浮海，水陆万里，[大厓]先生往见者四"。（黄宗羲撰：《明儒学案》，北京：中华书局，2008年修订版，上册，第94页）

鱼；第二次在弘治五年壬子（1492），离开新会返回嘉鱼之时间不详；第三次在弘治八年乙卯（1495）冬。白沙先生弘治十年丁巳（1497）春二月晦日《与林缉熙书（三十一）》云："李世卿乙卯冬留楚云台，数日前经还武昌矣。"①李承箕这次来访白沙先生，逗留时间颇长，直至弘治十年丁巳二月底才离开新会返嘉鱼。李承箕同年所寄《与鲁复初》亦云："一住白沙十六越月，搭船自广西而下，不恨不即相见，以相见有日也。箕因石翁欲卜居衡山，以经始为托，今以衡阳余君廷玉、王君良卿、常君邦靖为媒，策马入山，访邺侯之烟霞，寻率牛之紫虚，求致堂五峰之故迹，既有定即报翁。秋冬间再来专理之，明年翁则来也。"②然则，李承箕离开新会之后，取途广西，一路游览，于弘治丁巳年六月抵达衡阳。《游衡山记》所述第一次游览衡山，与李承箕之第三次来访白沙、返回嘉鱼之时间是相应的。而湛若水《明定山庄先生墓志铭》则云，弘治七年甲寅（1494）二月，庄昶得旨起用，"七月遂行，九月入京朝见……八（月）〔年〕乙卯三月，升南京吏部验封司郎中。以八月日到任，十二日病中风疾，迁延野寺，弥留日甚。明年丙辰八月二十日，赴通政司告行本部，即归定山。……越明年丁巳三月，遇考察，尚书清溪倪公岳以老疾退之，乃先生告去已改岁矣。"③可见，庄昶由于病中风疾，弘治十年丁巳，仍卧病在床，不可能游览衡山。（不知是什么原因，章继光先生在引述《游衡山记》时，完全忽略了这个重要事实。）

《游衡山记》作者第二次游览衡山，在弘治十三年庚申（1500）十一月。《游衡山记》述其经过云：

> 今庚申十一月，予还自白沙，至临蒸，南望诸峰，魂爽飞驰不旁身矣。于是，分治藩府豫章涂公、宪府信阳冯公、永丰郑公许跻攀俱，皆曰："使前后绝呵呼之具而登降，同一羽之轻乎！佩冕有丝竿

---

① 陈献章撰：《陈献章集》（孙通海点校），北京：中华书局，2008年修订版，下册，第982页。
② 李承箕撰：《大厓李先生诗文集》，《四库全书存目丛书》，集部第43册，第615页。
③ 湛若水撰：《甘泉先生文集》，嘉靖十五年刊本，外编，第9卷，第12—13页。

之乐而箕颖，混岩廊之风乎！往来见生化之机而荣悴，有同其舒卷者乎！"彼此同襟，神孚其契。适冯公以足疾不果，携予者，两公也。

自是月之晦日，礼神岳祠。……是夕，各止行所，为十二月之四日矣。

在这里，我们亦不关心作者游览之经历，我们更重视的是其游玩的时间，弘治庚申十一月。根据李承箕《祭石翁文》，其第四次来访白沙先生，在弘治十二年己未（1499）年底或十三年年初。文云："容一之以先生疾报至，予兄茂卿曰：'先生厌处烦嚣，欲栖烟霞，殆示病欤？弟须往省。'予一见之，始知疾亟，非托言焉者。先生泣数行下，吾亦泣数行下。"①十三年二月十日，白沙先生卒。李承箕帮助料理完白沙先生后事，于同年十月离开新会返嘉鱼。十一月底抵达衡阳。《游衡山记》所述第二次游览衡山，与李承箕之第四次来访白沙、返回嘉鱼之时间是相应的。湛若水《明定山庄先生墓志铭》云，庄定山在"[弘治]十二年己未九月，疾大作；二十九日，终于正寝。"②弘治十二年九月已经去世的庄昶，既不可能在弘治十三年庚申尚作衡山之游，也不可能撰写与此相关的《游衡山记》。这是章继光先生已经注意到的事实。然而，由于章先生并不怀疑收入《定山集》里面的这两篇游记有可能不是庄昶的作品，而是主观地认为"庚申当为庚戌（弘治三年）之误"，因而得出"约在弘治三年（1490年），定山曾南游江门，与白沙有过一次会面"的结论。更让人感到奇怪的是，陈郁夫先生明知弘治十三年"十二月，李承箕自白沙还，复游衡山，有《游衡山记》(《李大厓集》卷十四）"③，居然也不知道将李承箕、庄昶两人文集里面的《游衡山记》稍加对照，也不怀疑收入《定山集》里面的《游衡山记》可能不是庄昶的作品，以致提出弘治三年"十二月，庄昶自白沙还，乃游衡山，有《游衡山记》"这样的观点。

此外，根据《南楚真游记》的叙述，弘治庚申十一月，其作者"游白沙还"，过衡阳，与藩府涂公、宪府郑公邂逅临蒸，"于是历衡岳诸峰，与

---

① 李承箕撰：《大厓李先生诗文集》，《四库全书存目丛书》，集部第43册，第610—611页。
② 湛若水撰：《甘泉先生文集》，嘉靖十五年刊本，外编，第9卷，第15页。
③ 陈郁夫撰：《江门学记：陈白沙及湛甘泉研究》，第172页。

日相竞,得日六焉"。然后下潭州,登岳麓;经洞庭湖,谒黄陵庙;至巴陵,将舣舟君山,以泥淖而不行;近赤壁,欲登临赤壁故垒,以水涸而却步。遂乘风东下,抵鱼山。到家,拜其家慈于堂上。从《南楚真游记》所述之地名看,其所经乃为返嘉鱼之途,而非归江浦之路。且文中有"始[涂、郑]两公来也,兄茂卿迎之中途;及归也,予中途送止,而兄送江浒焉"之说。李承箕之兄李承芳(1450—1502),字茂卿,号东峤居士[①]。然而,未闻庄定山有兄"字茂卿"者。由此亦可以断定,《南楚真游记》为李承箕作品,而非庄昶作品。

综上所述,收录于《定山集》里面的《游衡山记》、《南楚真游记》,根本不是陈白沙的朋友庄昶的作品,而是陈白沙的弟子李承箕的作品。因此,陈郁夫先生、章继光先生关于庄定山在弘治三年曾南游江门、造访白沙的说法,是不能成立的。至于李承箕的这两篇游记何以被误认为庄昶作品而收入《定山集》,其中原因不得而知。

(本文原载杨蕾、刘兴邦编《白沙心学与当代文化建设:纪念陈白沙诞辰585周年学术研讨会论文集》,广州:广东教育出版社,2014年11月)

[①] 国立中央图书馆编:《明人传记资料索引》,台北:文史哲出版社,1978年,第200页。

何廷矩与陈献章之关系述略

何廷矩，字时振，生卒年不详，广东番禺人。陈献章（1428—1500，字公甫，号石斋，晚号石翁，广东新会人。因居江门白沙村，学者称白沙先生。）以及何氏同门之称何廷矩，多作"时矩"[1]。根据陈献章撰《何廷矩母周氏墓志铭》，"廷矩在诸生中齿长而贤"，首率诸生师事白沙先生；"始，新喻胡公以按察佥事提调学校岭南，廷矩为郡学生员，以文行见器重。及秋将试，廷矩一旦谢去，公弗能止。亲旧欲其仕进，群来哗廷矩，廷矩闭门拒之"[2]。可见，当时何廷矩（何时矩）深得白沙先生与其他人所器重。后背叛师门。著作有《礼意大全》三卷、《存羊录》十卷，其存佚情况待考。

何廷矩因背叛师门而为人所不齿，以至于许多与他相关的资料都没有保留下来。而那些得以保留下来的资料，不是疑点重重，就是语焉不详。兹仅就见闻所及，对陈献章诗文集中有不同说法的三封书信、何廷矩与陈献章的关系略加论述。

一

在清康熙四十九年何九畴刊刻的《白沙子全集》及孙通海先生以此为

---

[1] 何廷矩即何时矩，相关考证，详后。朱鸿林先生已经注意到，白沙先生以及何氏同门之称呼何廷矩，多作"时矩"。(朱鸿林撰:《明人著作与生平发微》，桂林：广西师范大学出版社，2005年，第138—139页)

[2] 陈献章撰:《陈献章集》(孙通海点校)，北京：中华书局，2008年，上册，第93—94页。

底本整理、点校的《陈献章集》中,有陈献章"与林时矩"的书信三封。其文如下:

> 宇宙内更有何事,天自信天,地自信地,吾自信吾;自动自静,自阖自辟,自舒自卷;甲不问乙供,乙不待甲赐;牛自为牛,马自为马;感于此,应于彼,发乎迩,见乎远。故得之者,天地与顺,日月与明,鬼神与福,万民与诚,百世与名,而无一物奸于其间。乌乎大哉!前辈云"铢视轩冕,尘视金玉",此盖略言之以讽始学者耳。人争一个觉,才觉便我大而物小,物尽而我无尽。夫无尽者,微尘六合,瞬息千古,生不知爱,死不知恶,尚奚暇铢轩冕而尘金玉耶?(其一)

> 某慰言:四月二十五日,得黎三报,悲惋连日。太夫人一旦厌世,时矩不幸遭此痛极,奈何,奈何!今日之恸,昔日之思,何者为怨?何者为憾?纵浪大化,此往彼来,吾将校计其短长非耶?沟填壑委,在我者一切任之,而独留情于水菽非耶?贤者力行己志,惟恐一事不底于道,其能合于亲者几何?吾重为时矩悲之。老病支离,不供走吊,惟强粥自大。不宣。(其二)

> 禅家语,初看亦甚可喜,然实是儱侗,与吾儒似同而异,毫厘间便分天壤。此古人所以贵择之精也。如此辞所见,大体处了了如此,闻者安能不为之动?但起脚一差,立到前面,无归宿、无准的,便日用间种种各别,不可不勘破也。拙和一首奉去,可一阅。更将《中庸》首尾紧要处沉潜,要见着落,却还一字也。献章书与时矩。(其三)[①]

陈献章的这三封书信,其收信人是谁,在不同的版本、不同的学者之中,其实是有不同说法的。这些不同说法可以分为两类:

一是"与时矩"或"与何时矩"。在湛若水所编撰的、大概梓行于嘉靖五年丙戌(1526)的《白沙先生诗教解》所附录的"诗教外传"中,摘录了其中的第一、第三两封,均称"子语时矩云"[②];在由湛若水校订、由

[①] 陈献章撰:《白沙子全集》,清康熙四十九年刊本,第三卷,第5—6页;《陈献章集》,上册,第242—243页。

[②] 湛若水撰:《白沙先生诗教解》(附《诗教外传》),《四库全书存目丛书》,济南:齐鲁书社,1997年影印本,集部,第35册,第600页。

其弟子高简等人于嘉靖十二年癸巳（1533）所刊刻的《白沙子》中，则题为"与时矩"①；万历四十年何熊祥刊本《白沙子全集》、《四库全书》所收录的《陈白沙集》，亦题为"与时矩"②。而在由唐伯元编次、万历十一年（1583）梓行的《白沙先生文编》中，则将这三封信题为"与何时矩"③；黄宗羲在其所编撰的《明儒学案》之"白沙学案"中，也选录了其中的第一、第三两封，亦将其题为"与何时矩"④。

一是"与林时矩"。清康熙四十九年何九畴刊本《白沙子全集》、乾隆三十六年碧玉楼刊本《白沙子全集》作"与林时矩"⑤。而阮元、阮榕龄、陈伯陶等根据何九畴刊本《白沙子全集》、碧玉楼刊本《白沙子全集》，为"林时矩"立传。阮元修、陈昌齐等纂《广东通志》，根据《白沙子全集》中的"与林时矩"，为"林时矩"作传，其传之正文无任何生平方面内容，完全是陈献章这三封信中之第一、第三封的摘录。其传后之案语云："时矩，应实时嘉诸昆，[林]光之族子也。陈白沙与张廷实书云：'时矩语道

---

① 陈献章撰：《白沙子》，明嘉靖十二年高简刻本（《四部丛刊》三编，第73、74册，上海书店，影印本），第3卷，第49—51页。
② 陈献章撰：《白沙子全集》，万历四十年何熊祥刊本，第三卷，第49页；陈献章撰：《陈白沙集》，《景印文渊阁四库全书》，台北：商务印书馆，1986年，第1246册，第95—96页。案：据《四库全书提要》，"四库"本《陈白沙集》的底本"为其门人湛若水校定、明万历间何熊祥重刊"的刻本。（永瑢等撰：《四库全书总目》，北京：中华书局，1995年，下册，第1487页。）
③ 唐伯元编次：《白沙先生文编》，明万历十一年郭惟贤、汪应蛟等刻本，第五卷，第10—11页。案：在此三信之前，《白沙先生文编》还多收一封，其文云："人须有远大见识，方做得远大事业。如为学要积累，也须得二三十年，然后可望发越。若朝作而暮改、锐始而怠终，方其发愤之初，意气之盛，真若可以凌驾古今、平步圣途；及其衰也，志索气馁，忽如坠千仞之渊，所守只是恒人。此无他，无远大见识、又无积累岁月，平日激昂以为之者，特一时好名之意气耳，安能保其久而不衰耶？眼前朋友类此者多，其病在于心不宁静、无真实知见，故所学无味；亦是气薄质弱、厌常喜新，其势卒归于废弛。悲哉！"此信为白沙先生佚文。
④ 黄宗羲撰：《明儒学案》（沈芝盈点校），北京：中华书局，2008年修订本，上册，第86页。
⑤ 陈献章撰：《白沙子全集》，清康熙四十九年（1710）何九畴刊本，第3卷，第25页；陈献章撰：《白沙子全集》，清乾隆三十六年（1771）碧玉楼刊本，第4卷，第33页。案：较为复杂的是，清顺治十二年（1655）黄之正刊本《白沙子全集》，其目录题作"与林时矩"，而内文则作"与时矩"。（陈献章撰：《白沙子全集》，顺治十二年黄之正刊本，第三卷，第49页。）

而遗事,秉常论事而不及道;时矩如师也过,秉常如商也不及'。《东莞志》、《明新会志》及陈遇夫所编《白沙弟子传》皆失载"①。阮榕龄撰《白沙门人考》,其中有"林时矩"条,略云:"林时矩,东莞人。(原注:本集注云先生门人。)本集('与时矩书'):'禅家语,初看亦甚可喜,然实是儱侗,与吾儒似同而异,毫厘间便分天壤,此古人所以贵择之精也'"。并引证白沙先生之《与张廷实书》("时矩语道而遗事")、《与林友书》("时矩可与共语")②。陈伯陶纂修《东莞县志》,依据《白沙子全集》以及阮元主持修纂的《广东通志》,亦将陈献章的这三封信视为是"与林时矩"的。陈伯陶在"林时矩传"中云:"林时矩,亦[林]光族子,从学于献章。献章尝与书曰:'宇宙更有何事?天自信天,地自信地,吾自信吾。自动自静,自阖自辟,自舒自卷。……感于此,应于彼,发乎迩,见乎(违)[远]。……人争一个觉,才觉便我大而物小,物尽而我无尽。'又曰:'禅家语,初看亦甚可喜,然实是儱侗,与吾儒似同而异,毫厘间便分天壤,此古人所以贵择之精也。……起脚一差,立到前面,无归宿、无准的,便自日用间种种各别,不可不勘破。'(原注:阮《通志》。)又《与林友》云:'时矩可与共语,吾兄但降心气受之,不为无益。'(原注:《白沙子集》。)其称许如此。(原注:阮《通志》云:时矩应实时嘉诸昆。陈白沙与张廷实书云:'时矩语道而遗事,秉常论事而不及道;时矩如师也过,秉常如商也不及'。《东莞志》、《明新会志》及陈遇夫所编《白沙弟子传》皆失载。按:秉常,南海陈庸字,白沙高弟也。)"③阮元、阮榕龄、陈伯陶以为白沙先生这三封信,是"与林时矩"的,并为"林时矩"立传,恐系受何九畴刊本《白沙子全集》、碧玉楼刊本《白沙子全集》误导。

我们认为,陈献章的这三封书信,并不是写给"林时矩"的,而是写给"何时矩"的。理由是:胡居仁在《与罗一峰》书中,论及陈献章时,

---

① 阮元修、郝昌齐等纂:《广东通志》,《续修四库全书》,上海:上海古籍出版社,2002年,第674册,第652页。
② 阮榕龄撰:《白沙门人考》,香港白沙文化教育基金会编印《白沙学刊》,1965年,第2期,第23页。
③ 陈伯陶纂修:《东莞县志》,台北:学生书局,1968年影印本,第6册,第2199页。

说："公甫陈先生名重海内，与先生所交最深，居仁与四方士子亦以斯道望于公甫。不意天资过高，入于虚妙，遂与正道背驰，不知先生曾疑之否？若曰不知其非，则思修身事亲不可以不知人，思知人不可以不知天，知其非而不告，已亏朋友之义所以辅仁责善者，其失已在我。获睹公甫《与何时矩》书，欣然喜其见道大意。然推之：其曰'天自信天，地自信地，吾自信吾'，又曰'尘微六合，瞬息千古'，只是一个儱侗自大之言，非真见此道之精微者，乃老庄佛氏之馀绪。圣贤之言，平正切实，天虽知其所以为天，而未尝曰'天自信天'也。"①胡居仁在引述陈献章这三封书信中的第一封时，明确说到这封信是"公甫《与何时矩》书"。根据胡居仁的书信，可以推断，陈献章的这三封书信，是写给何时矩的。因此，《白沙先生文编》、《明儒学案·白沙学案》将其题为"与何时矩"，应该是正确的；而何九畴刊刻的《白沙子全集》、碧玉楼刊本《白沙子全集》以及孙通海据以点校的《陈献章集》将其题为"与林时矩"，则显然是错误的。

此外，依据陈献章、林光、湛若水的相关说法，我们知道，何时矩与何廷矩实际上是同一个人。成化七年辛卯（1471）九月，林光在给白沙先生信中说："昨经番禺，独辱时矩虚己一宵，下叩屡切。"②成化十六年庚子（1480），陈献章在给弟子林光的信中说："近见邝洪，云：'何时矩自负地理，每与人阅一地，索谢三十金，竟未有偿之者。'可笑也。此子近发狂甚矣。非特此一事，凡所处皆不近人情，初不异其至此也。缉熙颇闻之否？"③而林光在同年给白沙先生的回信则说："何时矩，向在李掌教处见其一札，称佛奴何某，光颇疑之，他亦不闻也。此友莫是狂徉？不尔，何故又与人添一话柄耶？"④根据陈献章与林光的这些说法，何时矩为番

---

① 胡居仁撰：《胡文敬集》，《景印文渊阁四库全书》，台北：商务印书馆，1986年，第1260册，第18页。案：罗伦卒于成化十四年戊戌（1478），可以肯定胡居仁的《与罗一峰》作于成化十四年之前。但其确切时间尚待进一步考证。
② 林光撰：《南川冰蘖全集》（罗邦柱点校），北京：中国文史出版社，2004年，第102页。
③ 林光撰：《南川冰蘖全集》，第449页；陈献章撰：《陈献章集》，下册，第978页。陈献章在《复梁二教伯鸿》中也说，"顷者，何廷矩在胥江开卜肆，竟无一人售者，足下闻之否耶？"（陈献章撰：《陈献章集》，上册，第217页。）
④ 林光撰：《南川冰蘖全集》，第119页。

禺人，既"自负地理"，又自称"佛奴"。后来，湛若水在《跋李味泉家藏石翁手帖后》也说，何廷矩既"拜游方头陀杨晓为师"、又"以地理自雄"。① 综观陈献章、林光、湛若水的说法，可知何时矩就是何廷矩、何廷矩就是何时矩。在陈献章的这三封书信中，其第二封是吊唁信，略云："某慰言：四月二十五日，得黎三报，悲惋连日。太夫人一旦厌世，时矩不幸遭此痛极，奈何，奈何！……吾重为时矩悲之。老病支离，不供走吊，惟强粥自大。不宣。"孙通海先生点校之《陈献章集》校记云，此信之文后，"罗本、林本、萧本有'壬辰五月三日，石翁书'九字"。② 而陈献章所撰《何廷矩母周氏墓志铭》则云，"成化八年壬辰四月日，番禺何廷矩之母卒。卜以其年冬十二月某甲子，葬邑之永泰乡石马山，祔其亲之兆。廷矩先事告伯兄廷桂，以状走白沙来请铭。……"③ 将吊唁信与墓志铭两相比照，我们就会发现，所丧同属母亲，时间均为成化八年壬辰（1472）四月，由此可推知，陈献章在信所安慰的"时矩"，就是何时矩，也就是何廷矩。这是陈献章这三封书信是"与何时矩"的又一个证据。

根据上述理由，我们可以断定，陈献章的这三封书信是写给何时矩、而不是写给"林时矩"的。至于这三封书信是何时改题为"与林时矩"的、又为何改题为"与林时矩"（而不是"与张时矩"、"与王时矩"），则有待进一步考证。既然陈献章的这三封信是写给何时矩、而不是写给"林时矩"的，那么，阮元、阮榕龄、陈伯陶等人将"林时矩"列为陈献章弟子并为之作传，其理据是不可靠的、是值得怀疑的。

二

值得注意的是，湛若水作为陈献章的弟子，应该是知道陈献章的这

---

① 湛若水撰：《甘泉先生续编大全》，明嘉靖三十四年刻本、万历二十一年修补本，第23卷，第27—29页；湛若水撰：《湛甘泉先生文集》，通行本，第二十一卷，第51—52页。
② 陈献章撰：《陈献章集》，上册，第243页。
③ 同上书，第93页。

三封书信是写给谁的。在湛若水校定的白沙诗文集版本中,陈献章给其他人、尤其是自己的弟子的书信,多标明收信人的姓名;而陈献章这三封书信的收信人,却是有名而无姓[①]。湛若水为什么要在自己所校定的白沙诗文集中,将陈献章给何时矩(何廷矩)的书信题为"与时矩",隐去何时矩(何廷矩)的姓氏?要理解这一问题,我们有必要对何廷矩(何时矩)与陈献章的关系及其变化略加考察。

从所见到的资料看,何廷矩(何时矩)与陈献章的关系,有一个由融洽到恶化以致最终破裂的过程。

成化八年(1472),陈献章在所撰《何廷矩母周氏墓志铭》云,"廷矩在诸生中齿长而贤,首率诸生事予"[②]。由此可知,何廷矩为陈献章的开门弟子。至于何廷矩是什么时候师从陈献章的,由于文献不足,我们无从得知。从《何廷矩母周氏墓志铭》看,陈献章对于何氏母子,可谓赞扬备至,甚至说"昔有尹母,和靖实贤。今有廷矩,岂无母焉?"[③]将何母与何廷矩比拟为尹母与尹和靖。

成化九年癸巳(1473)九月,陈献章在给林光的书信中说,"平冈人锺氏兄弟好事,惠余屋基,有田十馀顷,其地近海,在吾邑西南数十里,即屋之北山是也。众议复欲于旁近建学舍一所,割田以供诸生之贫不能自振者,计亦不下四五顷。所得尽佳山水,且夕殊以此自庆耳。……时矩欲从余于平冈,近与李玉俱在馆中。"[④]成化十年甲午(1474)六月,陈献章给林光写信说,"时矩自饮汉,终不道被人磨毁得也,而且不免呶呶。异哉!其所用心也。"[⑤]成化十一年乙未(1475)九月,陈献章在给林光的另一封信中说,"佳作《赠胡先生》,托时矩附卷,中间声律未完处,谬改数

---

① 限于条件,我们未能得见由容贯、张诩编辑,明弘治十八年(1505)罗侨刊行之《白沙先生全集》、明正德三年(1508)林齐重刊之《白沙先生全集》,因此我们无法得知罗侨本、林齐本是否也是有名无姓。
② 陈献章撰:《陈献章集》,上册,第93页。
③ 同上书,第94页。
④ 林光撰:《南川冰蘖全集》,第444—445页;陈献章撰:《陈献章集》,下册,第973页。
⑤ 林光撰:《南川冰蘖全集》,第445页;陈献章撰:《陈献章集》,下册,第974页。

字，愧率尔也。"①大概在成化十三年（1477）年底或次年，陈献章作《次王半山韵诗跋》云："一日忽兴动，和得半山诗一十八首，稿寄时矩收阅。作诗当雅健第一，忌俗与弱。予尝爱看子美、后山等诗，盖喜其雅健也。若论道理，随人深浅，但须笔下发得精神，可一唱三叹，闻者便自鼓舞，方是到也。须将道理就自己性情上发出，不可作议论说去；离了诗之本体，便是宋头巾也。大概如此。中间句格声律，更一一洗涤，平日习气，涣然一新，所谓濯去旧见以来新意，作诗亦正用得着也。批判去改定，乞再录来示为幸。稿中有工拙，请下一转语，以观识趣高下，可乎？"②从这些撰作于不同年份的信件、跋语可以看出，陈献章与何时矩（何廷矩）的关系是相当融洽的。

在白沙诗文集中，还有一些无法编年、但可以肯定是属于两人关系恶化之前的诗文。其中最重要的是《得何时矩书》一诗。诗云："良友惠我书，书中竟何如？上言我所忧，下述君所移。开缄读三四，亦足破烦污。丈夫立万仞，肯受寻尺拘？不见柴桑人，丐食能欢娱？孟轲走四方，从者数十车。出处固有间，谁能别贤愚？鄙夫患得失，较计于其初。高天与深渊，悬绝徒嗟吁。"③对于《得何时矩书》，黄宗羲撰《明儒学案》时，将全诗抄入"何时振先生廷矩"传中。④这说明，在黄宗羲的心目中，这首诗对于了解何廷矩（何时矩）的思想是十分重要的。诗中所谓"上言我所忧，下述君所移"，应当是指何廷矩（何时矩）来信的内容，可惜我们没有足够的资料来了解"我所忧"、"君所移"的具体含意。朱鸿林先生试图将这首诗与上述陈献章三封书信的第三封联系起来，甚至暗示这首诗就是该信中所说到的"拙和一首"。⑤如果朱先生的观点是准确的，那么，诗

---

① 林光撰：《南川冰蘖全集》，第445页；陈献章撰：《陈献章集》，下册，第973页。
② 陈献章撰：《陈献章集》，上册，第72页。
③ 陈献章撰：《陈献章集》，上册，第312页。案："烦污"，应作"烦纡"。
④ 黄宗羲撰：《明儒学案》上册，第107—108页。
⑤ 朱鸿林先生说，"《全集》'与林时矩'第三篇后段，有'拙和一首奉去，可一阅。……献章书与时矩'语；《全集》卷六有'得何时矩书'题五言古诗，皆可证其为一人"。（朱鸿林撰：《明人著作与生平发微》，第138—139页。）

中所说"我所忧"、"君所移",就似乎是指何时矩(何廷矩)逃禅。然而,陈献章在诗中依然称可能逃禅的何时矩(何廷矩)为"良友"。

但是,到了成化十六年庚子(1480),何廷矩(何时矩)与陈献章两人的关系便逐渐恶化,后来终于破裂。

成化十六年七、八月间,陈献章在给林光的信中说,"近见邝洪,云:'何时矩自负地理,每与人阅一地,索谢三十金,竟未有偿之者。'可笑也。此子近发狂甚矣。非特此一事,凡所处皆不近人情,初不异其至此也。缉熙颇闻之否?"①同年九月,林光在给白沙先生的回信中则说"何时矩,向在李掌教处见其一札,称佛奴何某,光颇疑之,他亦不闻也。此友莫是狂佯?不尔,何故又与人添一话柄耶?"②从陈献章与林光的往来书信,我们可以清楚地看出,无论是陈献章还是林光,对于何时矩"自负地理"、"凡所处皆不近人情"以及自称"佛奴",均表示出强烈不满。说明这时候,何时矩(何廷矩)与陈献章的关系已经恶化。

成化十八年壬寅(1482)八月,在赴京应聘之前,陈献章给张诩信中说,"时矩语道而遗事,秉常论事而不及道;时矩如'师也过',秉常如'商也不及',胥失之矣。道无往而不在,仁无时而或息,天下何思何虑,如此乃至当之论也。圣人立大中以教万世,吾侪主张世道,不可偏高,坏了人也。重作别章,感感。《夜坐》第二篇佳,《复时矩》对病之药也。苍梧归后,人事益冗,烦暑为灾,起倒不供。行期尚在后八月也,都宪有意催促。缉熙、廷实只在明年春夏间行耳"③。在信中,陈献章一方面批评何时矩(何廷矩)"语道而遗事",是"过犹不及";另一方面表扬张诩的《复时矩》为"对病之药"。

后来,陈献章在给张诩的另一封信中说,"见示《与时矩》诗,痛至。然知其不能回矣,惜哉!"④从其中"然知其不能回矣,惜哉!"一语,可

---

① 林光:《南川冰蘗全集》,第449页;陈献章撰:《陈献章集》,下册,第978页。
② 林光撰:《南川冰蘗全集》,第119页。
③ 陈献章撰:《陈献章集》,上册,第164页。
④ 同上书,第175页。

以推知，白沙先生作此信之时，其与何时矩（何廷矩）关系已经完全破裂。孙通海先生点校之《陈献章集》校记云，此信文后，"罗本、林本、萧本有'二月二十一日，章白廷实足下'十二字"。由于没有标明年份，其具体撰作时间，不得而知。与此相关，对于两人关系完全破裂的具体时间，我们也就无从得知了。然而，可以确定的是，两人关系的完全破裂，应该发生在成化十八年八月之后。理由是，成化十八年八月，陈献章在给张诩的信中，虽然批评何时矩（何廷矩）"语道而遗事"，是"过犹不及"；虽然表扬张诩的《复时矩》是"对病之药"，但是，从言语中可以看出，其时两人关系尚未完全破裂。

对于陈献章与何廷矩关系破裂的原因，湛若水在《跋李味泉家藏石翁手帖后》有所论述，其全文如下：

此数幅皆白沙先生真迹也，其精神犹感人于千载之下。其首一幅《与何庭矩》，所谓顶门针也。针下而不动，是无生理矣。何庭矩，其天资悍锐人也，予昔见之于番山。当其弃去举业、不就文场，有脱屣名利之势，白沙先生亦高之，而推之于圣贤之域。然而非其器矣。一日与林缉熙同坐函丈，缉熙闻言会意，翁喜之，好向之语。庭矩悒焉，反谓翁不教之，"缉熙只多我一名举耳"。遂怨翁，畔去，拜游方头陀杨晓为师。翁恶其害教也，语番禺高知县瑶逐头陀，庭矩益怨之。故其诗有曰"我在栾盈禁锢中"，言逐其邪师也。乃作书谤翁，名曰《存羊录》，谓翁"空头学问也"，言徒有头而无四肢，譬有体无用也。而不知体用一原也。又谓颜、曾、闵、冉不得[圣人]之传，而谓由、求乃得真传也。黄进士若雨云："庭[矩所]谓事求可、功求成，取必于知谋之末。[夫]乃敢大言非古贤哲，谓周程张朱宋诸生可诛。于是处士横议、充塞仁义之风起。"此庭矩背师之实也。刘都闻大勋者，纯[孝人]也，[遂与]之拜绝交焉。既而又以地理自雄，富人□□□□□一□出寻地，不论有无，须银伍两。有一□□□□□[谢]祐字天锡，自林缉熙之下，察见浑然□□□□□亚匹矣。天锡固[苦]节甘贫人也，然[惑于庭矩之言，止田]十亩易去,得[银]二十两,与市地,地师[云非吉,还之。庭矩]不肯偿□,同门陈州判秉常解之。此庭矩卖友一也。使矩也而稍灵,受此顶门之针,岂至流之至此极哉?夫背师卖友之人,非圣从邪之学,不知者与受人惑者,以其小者信其大者,冒置乡贤祠,乡人皆不然也。若遇高明君子处之,又不知当何如耳!记曰:"惟仁人放流之,迸之四夷,不与同中国。"况可污乡贤之流哉?逐之可也。使背师之人不得与师同牢而血食可也。予久嫉之,因李味泉以所藏石翁手帖示予,首读规庭矩一帖,感慨于幽明之际,不能不为之掩卷太息,因书所闻之故于后,以归味泉,或待观风者采焉。①

根据湛若水的说法,两人关系最终破裂的原因,在于何廷矩(何时矩)的"背师卖友"、"非圣从邪"②。对湛若水的说法,简又文先生有这样的评论:"余以为何廷矩背师之举诚为事实。甘泉为君子儒,断无伪造证语以厚诬同门之理,其言当可信也。其恶之甚,至公然凿凿书之跋语,则何廷矩激起师生全体愤怒之不是处,亦可想而知矣。考廷矩在白沙先生门下中为年齿最长者,率诸生以事先生,而先生亦称之曰'贤'。其母去世,先生且为之铭,则其待廷矩亦不可谓不厚。乃一旦绝裾叛去,且含血喷人,伦常大乖矣。可胜叹也哉!"③

我们认为,湛若水之所以要在自己所校定的白沙诗文集中,将陈献章写给何时矩(何廷矩)的信题为"与时矩",隐去何时矩(何廷矩)的姓氏,可能与何时矩(何廷矩)的背叛师门有关。湛若水的做法,似乎是一种"春秋笔法"。根据"春秋笔法",在提及某人时,若不书其姓氏,则可能带有贬之之意。例如,对于《春秋》僖公元年"十二月丁巳,夫人氏

---

① 湛若水撰:《甘泉先生续编大全》,第23卷,第27—29页;湛若水撰:《湛甘泉先生文集》,通行本,第21卷,第51—52页。案:两本文字略有差异,此据《甘泉先生续编大全》。其中所缺文字,据通行本《湛甘泉先生文集》补。
② 对于陈献章与何廷矩关系破裂的原因,黄节先生有不同说法。黄先生《岭学源流》云,"惟番禺何廷矩时振,在白沙弟子中齿最长,晚悟白沙学术虚无,意谓王道要在农桑,不徒虚言,斯则与白沙独异尔"。(邓实、黄节主编:《国粹学报》,扬州:广陵书社,2006年影印合订本,第9册,第4482页。)
③ 简又文撰:《白沙子研究》,香港:简氏猛进书屋,1970年,第344页。

之丧至自齐",《公羊传》云:"夫人何以不称姜氏?贬。曷为贬?与弑公也。"①由于何时矩(何廷矩)背叛师门,湛若水在校订白沙诗文集时,将陈献章写给何时矩(何廷矩)的信题为"与时矩",而不书何时矩(何廷矩)的姓氏,可能也有贬之之意。当然,这只是我们的一种猜测,详情有待进一步考察。

既然何廷矩(何时矩)后来已经背叛师门,那么,黄宗羲在编撰《明儒学案》时,仍然将其列入"白沙学案",且无一语提及其背师之事,这似乎是不太恰当的。相反,阮榕龄在所撰《白沙门人考》中,虽然列何廷矩之名于其中,但是没有为之撰作相关传记文字,且于其名之下加按语云:"廷矩谤师卖友,当从甘泉之言,不当复置弟子之列。"②阮榕龄的做法,于义为近。

---

① 公羊高撰:《春秋公羊传》,阮元校刻《十三经注疏》,北京:中华书局,1987年,下册,第2247页。
② 阮榕龄撰:《白沙门人考》,香港白沙文化教育基金会编印《白沙学刊》,1965年,第2期,第12页。

《陈献章集》点校补正

中华书局版《陈献章集》(1987年7月初版；1993年12月重印；2008年7月挖改、修订重印)，是由孙通海先生点校的。孙先生在《陈献章集》的版本调查、标点校勘、诗文补遗等方面都做了大量工作，使该书成为"现存文字最多和版本来源说明得最清楚的白沙文集版本"，[1]为我们研究陈献章及其思想提供了许多方便。近日重读《陈献章集》，发现书中在句读、校勘方面仍然存在一些错误（其中部分为手民之误），乃以2008年修订本为据，与何九畴刻《白沙子全集》（此为《陈献章集》据以点校之底本）、嘉靖十二年高简等刻《白沙子》（《四部丛刊》三编影印本）、四库全书本《陈白沙集》以及《白沙先生诗教解》（《四库全书存目丛书》影印本）等资料略为对勘比照，将其中明显影响阅读、甚至使人误解文义者，稍加补正，得若干条。兹不揣浅陋，就见闻所及，冒昧抄出。

一、校勘方面

在校勘方面，孙通海先生点校的《陈献章集》，仍存在一些错漏。这些错漏，是可以加以补正的。其中，有可以根据其他资料补其阙文、校其异文者，有可以根据校本正其校勘之误者，有可以根据其他资料正其校勘之误者，有虽无本可据、然可依文义正其校勘之误者，此外，还有可以

---

[1] 朱鸿林撰：《明人著作与生平发微》，桂林：广西师范大学出版社，2005年，第127页。

根据底本（何九畴刻《白沙子全集》）或本集（《陈献章集》）正其校勘之误者。①

（一）根据其他资料补其阙文、校其异文者

【第12页】《张进士廷实还京序》：乡后进吾与之游者，<u>五羊张诩廷实</u>。始举进士，……

案：据白沙《送张进士廷实还京序》墨迹图片，"始举进士"前有"廷实"二字。②阮榕龄《编次陈白沙先生年谱》引述此文时，亦于"始举进士"前补"廷实"二字。③补"廷实"二字，于义为长。

【第42页】《云潭记》：夫气上蒸为水，下注为潭。

案："上蒸为水"，黄宗羲撰《白沙学案》引作"上蒸为云"。④据随后文中"气，水之未变者也。一为云，一为潭……"之说，作"上蒸为云"，于义为长。

【第60页】《大头虾说》：言虽鄙俗，明理甚当。

案：据白沙《大头虾说》墨迹图片，"鄙俗"作"鄙俚"。⑤

【第61页】《大头虾说》：如是致贫亦十四五，<u>孔子</u>所谓"难乎有恒"者是也。以为不近刑而忽之，故讥其不能自反以进于礼义教诲之道也。

案：据白沙《大头虾说》墨迹图片，"孔子"前有"即"字；"忽之"作"忽诸"。⑥

【第79页】《漫笔示李世卿湛民泽》

案：文章修、张文海纂《嘉靖增城县志》所收此文，题作"石翁手简"，⑦为白沙寄湛民泽（即湛若水。湛若水从学白沙时，名雨，字民泽）

---

① 在补正其校勘错漏时，若所摘引字句、段落之句读亦有错误者，亦顺便补正之，且不再在标点部分罗列，以免繁复。
② 秦有朋主编：《陈献章书法集》，广州：岭南美术出版社，2008年，第12页。
③ 陈献章撰：《陈献章集》，北京：中华书局，2008年，下册，第844页。
④ 黄宗羲撰：《明儒学案》（沈芝盈点校），北京：中华书局，2008年，修订本，上册，第93页。
⑤ 陈福树撰：《陈白沙的书法艺术》，广州：广东旅游出版社，2008年，第58、59页。
⑥ 同上书，第58、59页。
⑦ 文章修、张文海纂：《嘉靖增城县志》，《天一阁藏明代方志选刊续编》，上海：上海书店，1990年影印本，第65册，第528—531页。

书信之一。

【第80页】《漫笔示李世卿湛民泽》：岁月固不待人也。

案："岁月固不待人也"后，文章修、张文海纂《嘉靖增城县志》所收此文，有"弘治丙辰秋七月十四日，石翁书民泽收阅。昨以示世卿，只作寻常语话看去，老拙不工于词，固当尔耶"数句。①

【第183页】《与张廷实主事（五十四）》：别去忽忽一月，……

案："忽忽"，阮榕龄《编次陈白沙先生年谱》引作"悤悤"。②

【第216页】《与林郡博（六）》：景旸惟课访是急，……

案："课访"，孙通海先生校记云，"疑是'课试'之误"。林光《南川冰蘗全集》附录所收白沙先生此信，"课访"作"课仿"。③

【第217页】《与林郡博（七）》：前此所谕，命之理以下数段亦甚精到有味，愧不时复。

案："前此所谕，命之理以下数段"，是指成化七年辛卯正月二十五日林光《奉陈石斋先生书》中"天命之理流行而不已者"以下数段文字。④据此，"命之理"应作"天命之理"。故此处句读应作：前此所谕，"[天]命之理"以下数段，亦甚精到有味，愧不时复。

【第242页】《与林时矩》

案：《陈献章集》中收录"与林时矩"书信三封。胡居仁（1434—1484）在《与罗一峰》书中，引述其中第一封信时，说是"公甫《与何时矩书》"。⑤在湛若水所编撰的、大概梓行于嘉靖五年丙戌（1526）的《白沙先生诗教解》所附录的"诗教外传"中，摘录了其中的第一、第三两

---

① 文章修、张文海纂：《嘉靖增城县志》，《天一阁藏明代方志选刊续编》，第65册，第531页。
② 陈献章撰：《陈献章集》，下册，第858页。
③ 林光撰：《南川冰蘗全集》（罗邦柱点校），北京：中国文史出版社，2004年，第451页。
④ 同上书，第101页。
⑤ 胡居仁撰：《胡文敬集》，《景印文渊阁四库全书》，台北：商务印书馆，1986年，第1260册，第18页。

封,均称"子语时矩云";①在由湛若水校订、由其弟子高简等人于嘉靖十二年癸巳(1533)所刊刻的《白沙子》中,则将这三封书信题为"与时矩";②《四库全书》所收录的由湛若水校订的《陈白沙集》,亦题为"与时矩"。③(由湛若水编辑或校订的《白沙先生诗教解》所附录的"诗教外传"、《白沙子》与《陈白沙集》,均仅书"时矩"之名而不书其姓。个中缘由,耐人寻味。疑与何时矩后来背叛师门之事相关。何时矩,即何廷矩。)黄宗羲在其所撰《明儒学案》之"白沙学案"中,也选录了其中的第一、第三两封,而将其题为"与何时矩"。④综上所述,"与林时矩",应改题为"与何时矩"。至少应出校记说明。

【第397页】《病中咏梅》:坐恐芳时暮,扶衰了一枝。

案:据白沙先生此诗之墨迹图片,"枝"作"诗"。⑤

【第411页】《辛丑元旦试笔》:酒杯不与年颜老,诗思还随物候新。

案:据白沙先生此诗之墨迹图片,"年颜"作"容华","物候"作"岁月"。⑥

【第414页】《游心楼,为丁县尹作》:高阁祗宜封断简,半年方许读《西铭》。

案:据白沙先生此诗之墨迹图片,"半年方许读《西铭》"作"半年刚好及《西铭》"。⑦

【第545页】《闻榄山近有车马之迹,因赠缉熙并寄竹斋丈》:白日传呼搅翠崖,谁家玉树碧云埋。只疑冬酒开松径,定有山灵怨竹斋。

案:此诗在林光《南川冰蘗全集》,为《读胡金宪访缉熙榄山诗,因为三绝句,寄题山中书舍,兼呈竹斋老丈》之第二首,作:白日传呼索翠

---

① 湛若水撰:《白沙先生诗教解》,《四库全书存目丛书》,济南:齐鲁书社,1997年影印本,集部,第35册,第600页。
② 陈献章撰:《白沙子》,《四部丛刊》三编,第73—74册,上海书店,1985年影印本,第3卷,第49—51页。
③ 陈献章撰:《陈白沙集》,《景印文渊阁四库全书》,第1246册,第95—96页。
④ 黄宗羲撰:《明儒学案》,上册,第86页。
⑤ 陈福树撰:《陈白沙的书法艺术》,第66—67页。
⑥ 同上书,第40—41页。
⑦ 同上书,第51页。

崖，仙家玉树碧云埋。却疑冬酒开松径，便有山灵怨竹斋。①

【第694页】《登厓山观奇石》：长年碑读洗残潮，□□还□野火烧。来往不知亡国恨，只看□石□□□。

案：此诗又见阮榕龄撰《编次陈白沙先生年谱》。②章沛先生、欧济霖先生先后根据明万历三十五年（1607）新会黄淳纂修的《崖山志》，录此诗全文为："长年碑读洗残潮，野鬼还将野火烧。来往不知亡国恨，只看奇石问渔樵。"③程明先生亦曾辑录此诗，其中"□□还□野火烧"句，录作"墅石还经野火烧"。④

【第979页】《与林缉熙书（二十四）》：碑刻已三之一，月间可了。（二月十一日）

案：据白沙先生此书信之墨迹图片，此数句作"碑刻已三之一，三月间可了。二月十一日章书缉熙足下。"⑤且此书信前，有《筮仕示张诩》、《元旦试笔》二诗。

（二）根据校本正其校勘之误者

【第46页】《潮州三利溪记》：菲以奉身而燕及茕嫠，……

案："茕嫠"，四库全书本《陈白沙集》作"茕嫠"。⑥应以作"茕嫠"为是。

【第57页】《无后论》：君子一心足以开万世；小人百感足以丧邦家。

案："百感"，高简等刻《白沙子》作"百惑"。⑦以作"百惑"为是。

---

① 林光撰：《南川冰蘗全集》，第470页。
② 陈献章：《陈献章集》，下册，第820页。
③ 章沛撰：《陈白沙哲学思想研究》，广州：广东人民出版社，1984年，第231页；欧济霖撰：《白沙子全集补遗》，王曙星等主编《陈白沙新论》，广州：花城出版社，1995年，第222页。
④ 程明撰：《陈白沙诗文补遗》，《岭南文史》，1992年，第2期，第38页。
⑤ 陈福树撰：《陈白沙的书法艺术》，第40页。
⑥ 陈献章撰：《陈白沙集》，《景印文渊阁四库全书》，第1246册，第31页。
⑦ 陈献章撰：《白沙子》，《四部丛刊》三编影印本，第1卷，第68页。案：此前，黄明同女士已经提到"百感"应作"百惑"，且说作"百惑"，才与上文的"一心"以及下文的"不存则惑"之说法相对应。（黄明同撰：《陈献章评传》，南京，南京大学出版社，2001年，第115页）

【第 93 页】《何廷矩母周氏墓志铭》：事针缕刀尺巧，不俟教绝人，临事恪而有法，劳不厌也。

案："绝人"，四库全书本《陈白沙集》作"接人"。①作"接人"，于义为长。其句读应作：事针缕刀尺，巧不俟教；（绝）[接]人临事，恪而有法，劳不厌也。

【第 106 页】《祭菊坡像文》：淮蜀委之而有馀，凝丞尊之而不屑。

案："凝"，高简等刻《白沙子》作"疑"。②

【第 109 页】《祭诚庵先生文》：甲寅之春，公委斋斧，帝命还台，以亲四辅。

案："甲寅"，高简等刻《白沙子》作"甲辰"。③以作"甲辰"为是。甲辰为成化二十年，是年朝廷召朱英为右都御史。

【第 119 页】《告伍光宇文》：敢告孔易新刊《来鹤亭诗》并拙作数首，奉去冥览。

案："孔易"，高简等刻《白沙子》作"孔昜"，且"孔昜"与"新刊"互乙。④孔昜，庄昶之字。此处句读应作：敢告。孔昜新刊《来鹤亭诗》并拙作数首，奉去冥览。

【第 129 页】《复彭方伯书》：亦仆所以报执事之万一。

案："万一"下，高简等刻《白沙子》有"也"字。⑤

【第 275 页】《湖山雅趣赋》：复取道萧山，泝桐江艤望天台峰，入杭观于西湖。

案："艤舟"，高简等刻《白沙子》作"舣舟"。⑥以作"舣舟"为是。舣舟，指泊船于岸边。此处句读应作：复取道萧山，泝桐江，舣舟望天台峰，入杭观于西湖。

---

① 陈献章撰：《陈白沙集》，《景印文渊阁四库全书》，第 1246 册，第 107 页。
② 陈献章撰：《白沙子》，《四部丛刊》三编影印本，第 4 卷，第 23 页。
③ 同上书，第 17 页。
④ 同上书，第 38 页。
⑤ 陈献章撰：《白沙子》，《四部丛刊》三编影印本，第 2 卷，第 11 页。
⑥ 陈献章撰：《白沙子》，《四部丛刊》三编影印本，第 4 卷，第 39 页。

《陈献章集》点校补正　29

【第278页】《示湛雨》：得山莫杖，临济莫渴。

案："渴"，高简等刻《白沙子》、湛若水《白沙子古诗教解》均作"喝"。① 以作"喝"为是。

【第424页】《梦崔清献坐床上，李忠简坐床下，野服搭飒，而予参其间》：山斋破梦今何在，夜半歌声彻四邻。

案："今"，高简等刻《白沙子》作"公"。②

【第540页】《题庄子泉》：闲看千丈雪，飞下玉台山。争知白沙子，不是南华山。

案："南华山"，四库全书本《陈白沙集》作"南华仙"。③ 以作"南华仙"为是。

【第700页】《重刻诗教解序》：时维甘泉湛氏领会最真，盖得于亟丈者邃矣，……

案："亟丈"，王韶生先生撰《读湛甘泉诗教解并申论白沙学说》据碧玉楼刊本《白沙子全集》引作"函丈"。④ 以作"函丈"为是。

【第718页】《飞罍横翠》：虬，龙子有角者。

案："虬，龙子有角者"，《白沙先生诗教解》作"虬，龙之无角者"。⑤

【第731页】《寄题三洲岩》：苍梧，即今苍州之地。

案："苍州"，《白沙先生诗教解》作"梧州"。⑥ 以作"梧州"为是。

【第754页】《梦中作》：虽有恶人，斋戒沐浴，被服明鲜；……

案："沐"，《陈献章集》及《白沙先生诗教解》均作"沭"。⑦

---

① 陈献章撰：《白沙子》，《四部丛刊》二编影印本，第8卷，第76页；湛若水撰：《白沙子古诗教解》，《陈献章集》，下册，第703页。
② 陈献章撰：《白沙子》，《四部丛刊》三编影印本，第7卷，第88页。
③ 陈献章撰：《陈白沙集》，《景印文渊阁四库全书》，第1246册，第311页。
④ 王韶生撰：《读湛甘泉诗教解并申论白沙学说》，《白沙学刊》，香港：1963年，第1期，第9页。案：因身边资料有限，碧玉楼刊本《白沙子全集》之原本及影印本均未得见，故据王先生文转引。
⑤ 湛若水撰：《白沙先生诗教解》，《四库全书存目丛书》，集部，35册，第538页。
⑥ 同上书，第545页。
⑦ 陈献章撰：《陈献章集》，上册，第52页；湛若水撰：《白沙先生诗教解》，《四库全书存目丛书》，集部，第35册，第560页。

【第763页】《观自作茅笔书》：神往气自随，氤氲觉初沭。

案："沭"，《陈献章集》及《白沙先生诗教解》均作"沐"。①

【第763页】《观自作茅笔书》：氤氲太和，如初沭之时。……氤氲若初沭者，……

案：两"沭"字，《白沙先生诗教解》均作"沐"。②

【第784页】《对竹》：故周濂溪窗前草木除去，……

案："木"，《白沙先生诗教解》作"不"。③以作"不"为是。《周敦颐集》卷三"遗事"记载，"周茂叔窗前草不除去。问之，云：'与自家意思一般。'"④

【第789页】《梦后作（其二）》：日月之往来，流水之潮汐，万物之生意，……

案："生意"，《白沙先生诗教解》作"生息"。⑤据上下文意，作"生息"，于义为长。

【第789页】《梦后作（其三）》：此皆实理也，而以为幻者，以其无常对道之不变而有常者则如幻耳。有常之道，万古不变，……此亦梦后诗。言世人知有去来之迹而不知有常之道，故但为之长啸。

案：三"有常"，《白沙先生诗教解》均作"真常"。⑥

【第810页】《编次陈白沙先生年谱卷一》：复取道萧山，沂桐江艤舟望天台峰，入杭观于西湖。

案："艤舟"，《陈献章集》第275页所载《湖山雅趣赋》同。应以作"艤舟"为是。说见前。

（三）根据其他资料正其校勘之误者

【第97页】《志孙杬圹》：成化丙午之岁秋九月七日，景旸之妇苑氏生

---

① 陈献章撰：《陈献章集》，上册，第302页；湛若水撰：《白沙先生诗教解》，《四库全书存目丛书》，集部，第35册，第565页。
② 湛若水撰：《白沙先生诗教解》，《四库全书存目丛书》，集部，第35册，第565页。
③ 同上书，第580页。
④ 周敦颐撰：《周敦颐集》（陈克明点校），北京：中华书局，2009年，第82页。
⑤ 湛若水撰：《白沙先生诗教解》，《四库全书存目丛书》，集部，第35册，第583页。
⑥ 同上。

次孙。以《周易》筮之,得《涣》之比,占曰:"涣奔其机,悔亡。"因以"杌"名之。明年春夏之间,疫作,里中之儿十五亡于疹。杌朝病夕愈,面光射人,见者咸惊其异。未几,妇携杌如外氏,得疾,将归,俄而风雨暴至,连数日不止。比归,疗弗及,张目视左右,泪潸然下,如不忍舍其母然,少顷遂绝,七月十六日也。杌生质异常儿,清扬婉兮。太夫人抚之喜曰:"似其祖。"又熟察其寝兴啼笑蚤夜之有常,曰:"无不似。"天畀我杌,将恤我后。我固无以活之,痛哉!是月己丑,塟白沙萌园冈冢妇梁氏墓左。志其圹以毕予哀云:生之异,保之未至。愧极生哀,哀极生愧,何以写之?为圹记。

案:《周易》"涣卦"九二之爻辞为"涣奔其机,悔亡"。白沙先生此孙,乃据此占辞命名,故篇题及文中诸"杌"字,均应改为"机"字。

【第186页】《与张廷实主事(六十一)》:某不幸七月间丧小孙杌,哭之连日,近况可知。

案:"杌",应改为"机"字,说见前。

【第295页】《怀古田舍》:出门转穷厄,得已聊一欣。

案:"已",根据湛若水《白沙子古诗教解》"此时而出,转为穷厄而不失(已)[己]者,庶可一欣也"的解释,[1] 应作"己"。

【第688页】《寿湛丈》(甘泉父也。二首)

有客曾过世寿堂,笑索尊中白酒尝。此客姓名人不识,传与君家不老方。

世寿堂前春似海,好花还为老人开。老人不看花颜色,也爱花香落酒杯。

案:李君明先生误以这两首诗为逸诗,并根据《明崇祯肇庆府志·艺文志》将其辑出,题为"《题陈氏世寿堂(高要)》"。[2] 又:湛若水(号甘泉)之父湛瑛卒于成化十二年丙申(1476;一说卒于成化二十年甲辰,1484)。弘治七年甲寅(1494)二月,湛若水始从学于白沙。白沙无作诗为湛甘泉之父寿之可能。可见,诗题中所说的"湛丈",绝非"甘泉父

---

[1] 湛若水撰:《白沙子古诗教解》,《陈献章集》,下册,第744页。
[2] 李君明撰:《陈白沙诗辑逸》,《岭南文史》,2006年,第3期,第52页。

也";"甘泉父也"这样的小注,应非白沙先生之手笔,而为碧玉楼本文集之编者所误加。依据《明崇祯肇庆府志·艺文志》,这两首诗与湛氏无关。

【第711页】《答张内翰廷祥书,括而成诗,呈胡希仁提学》:……<u>周子</u>谓不专一则不能直遂,不翕聚则不能发散,皆是此意。

案:"不专一则不能直遂,不翕聚则不能发散",见《河南程氏遗书》卷十一,为程明道语,①而非周敦颐语。故"周子谓"应作"程子谓"。

【第744页】《怀古田舍》:出门转穷厄,得已聊一欣。

案:"已",根据湛若水"此时而出,转为穷厄而不失(已)[己]者,庶可一欣也"的解释,应作"己"。

【第778页】《题端阳李刺史甘霖重应卷》:去年禾欲稿,公寝不安席。

案:"稿",《白沙先生诗教解》同;②《陈献章集》作"槁"。③

【第779页】校注[二]:如<u>象山</u>云'千古不磨心',……

案:"千古不磨心",据陆九渊《鹅湖和教授兄韵》之原文,应作"斯人千古不磨心"。④《白沙先生诗教解》引用象山此诗句,亦作"斯人千古不磨心"。⑤

【第800页】《白沙年谱征引书目》:双槐岁钞。(黄榆)

案:"黄榆",根据《双槐岁钞》刊行本之署名,应作"黄瑜"。

【第803页】《编次陈白沙先生年谱卷一》:读书一日数行,……

案:"一日数行",应作"一目数行"。⑥

【第808页】《编次陈白沙先生年谱卷一》:盖验其弊而废也。(《明儒学案》白沙条)

案:"废",《明儒学案》作"发"。又:"《明儒学案》白沙条",应作

---

① 程颢、程颐撰:《二程集》(王孝鱼点校),北京:中华书局,1984年,第1册,第129页。案:白沙撰《书莲塘书屋册后》即据《程氏遗书》引述此语。(《陈献章集》,上册,第65页)
② 湛若水撰:《白沙先生诗教解》,《四库全书存目丛书》,集部,第35册,第575页。
③ 陈献章撰:《陈献章集》,上册,第310页。
④ 陆九渊撰:《陆九渊集》(锺哲点校),北京:中华书局,1980年,第301页。
⑤ 湛若水撰:《白沙先生诗教解》,《四库全书存目丛书》,集部,第35册,第577页。
⑥ 参张诩撰:《白沙先生行状》,《陈献章集》,下册,第868页。

"《明儒学案》'记白沙语'"。①

【第809页】《编次陈白沙先生年谱卷一》：时学士钱溥谪知顺德县，雅重先生，劝亟起，毋诒太夫人忧。

案："诒"，疑应作"贻"。②

【第820页】《编次陈白沙先生年谱卷二》：辛丑彦诚来尹古冈三年，为楼于治之北，……

案：孙通海先生作校记云："辛丑，原作'丁丑'，刻误。"然据林光撰《游心楼记》，此两句作"丁君彦诚来尹古冈三年，为楼于治之北"。③可见"丁丑"，实为"丁君"之误。孙先生以为"丁丑"属刻误，因而改为"辛丑"，非是。

【第820页】《编次陈白沙先生年谱卷二》：予过白沙，丁尹来拜，求为记。

案："丁尹"，林光撰《游心楼记》作"丁君"。④

【第824页】《编次陈白沙先生年谱卷二》：……盖合内外该本末之事，未尝偏主独胜，以是而学既成矣。人不知吾器器若将终身焉，苟知而求我，则起而从之。推所有以及物，以经济显扬为务，未尝狭视斯也，而曰是何足与言仁义？亦未尝厚诬吾民，而曰转渐浇讹也。于是遂膺君命，陈力就列，不出位，不旷官。若遭时行志，则傅说武侯、伊川、鲁斋其人，……

案·"盖合内外该本末之事"，黄瑜《双槐岁钞》作"盖合内外之道、该本末之事"；"以是"，作"以为是"；"斯也"，作"斯世"；"膺君命"，作"应君命"；"傅说"，作"傅说"。⑤此处句读应作：……盖合内外[之道]、该本末之事，未尝偏主独胜以[为]是。而学既成矣，人不知，吾器器若将终身焉；苟知而求，我则起而从之，推所有以及物，以经济显扬为

---

① 黄宗羲撰：《明儒学案》，上册，第105页。
② 张诩撰：《白沙先生行状》，《陈献章集》，下册，第869页。
③ 林光撰：《南川冰蘖全集》，第38页。
④ 同上。
⑤ 黄瑜撰：《双槐岁钞》（魏连科点校），北京：中华书局，2006年，第194页。

务，未尝狭视斯（也）[世]而曰是何足与言仁义，亦未尝厚诬吾民而曰转渐浇讹也。于是遂（膺）[应]君命，陈力就列，不出位，不旷官。若遭时行志，则<u>傅说</u>、<u>武侯</u>、<u>伊川</u>、<u>鲁斋</u>其人，……

【第 824 页】《编次陈白沙先生年谱卷二》：<u>新会陈公甫</u>先生隐学三十年馀矣，巡抚大臣贤之，荐。所司劝驾，……

案："巡抚大臣贤之，荐。所司劝驾"，黄瑜《双槐岁钞》作"巡抚大臣贤之，荐于朝，下所司劝驾"。①

【第 825 页】《编次陈白沙先生年谱卷二》：自得者，不累于外，不累于耳目，不累于一切，鸢飞鱼跃在我。

案："在我"之前，黄瑜《双槐岁钞》有"其机"二字。② 又：此数句文字，黄宗羲《白沙学案》引作："自得者，不累于外物，不累于耳目，不累于造次颠沛，鸢飞鱼跃，其机在我"。③

【第 827 页】《编次陈白沙先生年谱卷二》：考壬寅赴召，当十二月时已在江门将至南京。

案："江门"，应作"江西"。④

【第 836 页】《编次陈白沙先生年谱卷二》：□□初七日，次孙杌生。（次子景旸之妇范氏出。《孙杌圹志》云："以《易》筮之，占：涣奔其机，悔亡。因以名之。"）

案：两"杌"字，均应改为"机"字，说见前。又："范氏"，《陈献章集》作"苑氏"。

【第 838 页】《编次陈白沙先生年谱卷二》：七月十六日，孙杌殇。（《孙杌圹志》："春夏间，疫作，里儿十五亡于疹。妇携杌如外氏，得疾。归，风雨暴至，数日不止。疗弗及，遂绝。"）

案：两"杌"字，均应改为"机"字，说见前。

---

① 黄瑜撰：《双槐岁钞》，第 194 页。
② 同上书，第 195 页。
③ 黄宗羲撰：《明儒学案》，上册，第 90 页。
④ 阮榕龄撰：《编定白沙年谱例引》，《陈献章集》，下册，第 796 页。

【第864页】《明儒学案师说陈白沙案语》：今考先生燈学诸语，……

案："燈学"，《明儒学案·师说》"陈白沙献章"条作"證学"。①

【第867页】《明儒学案白沙学案案语》：既已受职，乘轿张盖，分之攸宜，揽之以为话柄，则凡讲学者涕唾亦不得矣。

案"揽"，《明儒学案·白沙学案》作"搅"。②

【第867页】《明儒学案白沙学案案语》：薛中离，阳明之高第弟子也，于正德十四年上疏请白沙从祀孔庙，是必有以知师门之学同矣。

案：《明儒学案·白沙学案》原文如此。③根据张廷玉等撰《明史》、饶宗颐撰《薛中离年谱》记载，薛侃疏请白沙从祀孔庙事在嘉靖九年。④

【第878页】《白沙先生行状》：先生德气粹面盎背，……

案："粹"，何九畴刻《白沙子全集》所收录《白沙先生行状》同；应直接改为"睟"。"睟面盎背"，语出《孟子·尽心上》"其生色也，睟然见于面，盎于背，施于四体；四体不言而喻。"

【第885页】《白沙先生改葬墓碑铭》：不答著述之请，寓诸诗也。

案："請"，《甘泉先生文集》嘉靖十五年刻本所收此文作"精"。⑤此处句读似应作：不答，著述之（請）[精]寓诸诗也。

【第886页】《白沙先生应召录》：成化十五年壬寅，……

案：经查，成化十五年为"己亥"年，成化十八年为"壬寅"年。⑥故此处或应作"成化十五年己亥"，或应作"成化十八年壬寅"。

【第906页】《重刻陈白沙先生集序》：林侍用谓其立志甚专，向道甚勇，涵养其熟，……

案："涵养其熟"，据林俊《邑城白沙祠碑记》，应作"涵养甚熟"。⑦

---

① 黄宗羲撰：《明儒学案》，上册，第5页。
② 同上书，第81页。
③ 同上书，第79页。
④ 张廷玉等撰：《明史》，北京：中华书局，2003年，第5册，第1300页；饶宗颐撰：《薛中离年谱》，《选堂集林》，台北：明文书局，1982年，下册，1146—1148页。
⑤ 湛若水撰：《甘泉先生文集》，嘉靖十五年刻本，内编，第20卷，第6—9页。
⑥ 《中国历史年代简表》，北京：文物出版社，1982年，第169页。
⑦ 陈献章撰：《陈献章集》，下册，第939页。

【第923页】《送白沙陈先生序》：周子曰："见其大则心泰，心泰则无不足，无不足则富贵贫贱处之一之。"

案：此所引周子语，出自周敦颐《通书》。"处之一之"，《通书·颜子二十三》作"处之一也"。

【第931页】《奠白沙先师文》：举鸢飞以示本虚之仁，……

案："鸢飞"，《甘泉先生文集》嘉靖十五年刻本所收此文作"鸢鱼"。①

【第932页】《奠白沙先师文》：二百三十峰晴云，……

案："二百三十峰"，《甘泉先生文集》嘉靖十五年刻本所收此文作"四百三十峰"。②

【第937页】《嘉会楼记》：维斯道之在人心，犹日月之丽于天，川岳之列地也。

案："犹日月之丽于天"，《东所先生文集》所收此文无"于"字。③

【第937页】《嘉会楼记》：弘治癸亥，吉水罗君维斗以名进士来知县事，……

案："罗君维斗"，《东所先生文集》所收此文作"罗君维升"。④罗维升，即罗侨。

【第941页】《粤秀山白沙书院记》：既曰'人者天地之心'，……

案："既"，《甘泉先生文集》嘉靖十五年刻本所收此文作"记"。⑤以作"记"为是。记，指《礼记》。"人者天地之心"，语出《礼记》之《礼运》篇。⑥

【第942页】《粤秀山白沙书院记》：尧舜禹汤文武之所谓惟精惟一，所谓无偏无党，即孔子之所谓经也。孔子之所谓经，即孟子所谓勿忘勿助也。孟子之勿忘勿助，即周程之所谓勿忘勿助之间，正当处而不假丝毫人

---

① 湛若水撰：《甘泉先生文集》，嘉靖十五年刻本，内编，第18卷，第1—2页。
② 同上。
③ 张诩撰：《东所先生文集》，《四库全书存目丛书》，集部，第43册，第396页。
④ 同上书，第397页。
⑤ 湛若水撰：《甘泉先生文集》，嘉靖十五年刻本，内编，第14卷，第29—31页。
⑥ 朱彬撰：《礼记训纂》（饶钦农点校），北京：中华书局，1996年，上册，第348页。

力也。程子之不假丝毫人力，即白沙先生之所谓自然也。皆所以体认乎天之理也，故至于自然焉。尧、舜、禹、汤、文、武、孔、孟、周、程之道尽之矣。

案：两"孔子之所谓经"，《甘泉先生文集》嘉靖十五年刻本所收此文均作"孔子之所谓敬"；"即周程之所谓勿忘勿助之间正当处而不假丝毫人力也"，《甘泉先生文集》作"即周程之所谓一、所谓勿忘勿助之间正当处而不假丝毫人力也"；"皆所以体认乎天之理也，故至于自然焉"，《甘泉先生文集》作"皆所以体认乎天之理也。夫自然者，天之理也。故学至于自然焉"。①

【第968页】《与林缉熙书》：缉熙独负子于背，……

案："子"，据林光《南川冰蘗全集》附录所收此信，应作"予"。②

【第968页】《与林缉熙书（二）》：始子之寓京师也。

案："子"，据林光《南川冰蘗全集》附录所收此信，应作"予"。③

【第976页】《与林缉熙书（十六）》：《象》曰："君子见几而作，不俟终日。"

案："《象》"，应作"《易》"。此处引文为《周易》经文，见"明夷"初九。

【第981页】《与林缉熙书（二十七）》：弘治元年戊午

案："弘治元年戊午"，应为"弘治元年戊申"之误。经查，弘治元年为戊申年。④

（四）虽无本可据、然可依文义正其校勘之误者

【第94页】《何廷矩母周氏墓志铭》：二子皆已出，二女皆已有归。

案："已出"，应作"己出"。形近而误。

【第104页】《伍光宇行状》：晓夕约己以进，……

---

① 湛若水撰：《甘泉先生文集》，嘉靖十五年刻本，内编，第14卷，第29—31页。
② 林光撰：《南川冰蘗全集》，第440页。
③ 同上。
④ 《中国历史年代简表》，第169页。

案:"已",应作"己"。形近而误。

【第 150 页】《与张宪副廷学》:必行已志,不为利诱。

案:"已",应作"己"。形近而误。

【第 165 页】《与张廷实主事(十四)》:章因起倒伤烦,诸疾乘之,自汗耳鸣,心气虚损,肌肤由是不实。

案:"起倒伤烦","伤烦"二字颇为难解。白沙先生在给张诩的另一封信中说,"四月二十七夜起索衣,往来房户间,遭跌伤面,是虽咎在不谨,亦衰年胫足无力之验也";此外,又有《四月廿七日五鼓起索衣,往来房户间,失脚仆地伤面,咎在不谨,然亦衰年久病,气弱无力之验也,为诗以自悼》之诗以纪之。① 所述均说及"伤面",似与此所说"伤烦"有关。"伤烦",疑应作"伤颊",似属形近而误。详情有待进一步考证。

【第 182 页】校注[二]:献章疏土地曹大孝苦次。

案:"土",应作"上"。形近而误。

【第 270 页】《答戴惠》:先王教民,以耻在礼。未成妇不庙见,故三月而后庙见,古礼也。

案:"在礼",疑应作"古礼",详情有待进一步考证。此处句读似应作:先王教民以耻。在礼:"未成妇不庙见"。故三月而后庙见,古礼也。

【第 322 页】《戏题张千户画松》:上千青霄下盘石,……

案:"千",应作"干"。形近而误。

【第 673 页】《次韵姜仁夫留别》:仁夫,浙之兰溪。

案:"兰溪"后疑脱"人"字。

【第 702 页】《和杨龟山此日不再得韵》:不可不掺存而任其斲丧。……圣人千言万语只要教人收恰此心。

案:"掺存",疑应作"操存";"收恰",疑应作"收拾"。

【第 711 页】《答张内翰廷祥书,括而成诗,呈胡希仁提学》:放之弥六合,非"发用不穷"?

---

① 陈献章撰:《陈献章集》,上册,第 179、362 页。

案：据上下文，"发用不穷"后疑脱"乎"字。

【第711页】《答张内翰廷祥书，括而成诗，呈胡希仁提学》：喜怒哀乐未发，为天下大本，则"本"非"虚"乎？发皆中节，乃为天下达道，非"形乃实"乎？

案："则'本'非'虚'乎"句，据白沙诗原文"本虚形乃实"，以及上下文"非'……'乎"之句型，疑应作"则非'本虚'乎"。

【第744页】《怀古田舍》：此时而出，转为穷厄而不失已者，庶可一欣也。

案："已"，应作"己"。形近而误。

【第765页】《遊圭峰，同世卿作》：未得手，言已望道未得，谦辞也。

案："已"，应作"己"。形近而误。

【第806页】《编次陈白沙先生年谱卷一》：按吴与弼，字子傅，也称康斋先生，崇仁人。

案："也称"，应作"世称"。形近而误。

【第810页】《编次陈白沙先生年谱卷一》：跪而講教。

案："講教"，应作"請教"。形近而误。

【第833页】《编次陈白沙先生年谱卷二》：三月十二日，余千布衣胡居仁卒。

案："余千"，应作"余干"。形近而误。胡居仁为余干人。

【第860页】《编次陈白沙先生年谱卷二》：南海伦、文、叙会试殿皆第一。（庸门徒多以科第显，伦、文、叙最著。）

案：伦文叙为一个人，而非三个姓氏。又："殿"后脱"试"字。伦文叙（1467—1513），字伯畴，号迂冈，广东南海人，弘治十二年（1499）会试、殿试皆第一。① 此处句读应作：南海伦文叙会试殿[试]皆第一。（庸门徒多以科第显，伦文叙最著。）

【第878页】《白沙先生行状》：入京师时，经南安，知府张某仿曹参

---

① 国立中央图书馆编：《明人传记资料索引》，台北：文史哲出版社，1978年，第452页。

师盍公礼以待先生。

案："盍公"，应作"盖公"。

【第880页】《白沙先生行状》：其后造诣日深，则又以进乎颜氏之卓尔。虽欲从之，末由也己之地位，……

案："己"，应作"已"。（《陈献章集》1987年、1993年版均作"已"，不误；2008年版误改作"己"。）文中所引述颜渊语，见《论语·子罕》。此处句读应作：其后造诣日深，则又以进乎颜氏之"卓尔，虽欲从之，末由也已"之地位，……

【第892页】《论白沙子》：故求先生之诗文者，当求先生之道于言外之意，以合于古训，而不当求先生于言词之间，则惑也。

案："则惑也"，根据上下文意，"则"前疑脱去"否"字，疑应作"[否]则惑也"。湛若水的《论白沙子》，乃其《滦州刻白沙先生全集序》一文之节略。《滦州刻白沙先生全集序》原文亦作"则惑也"，① 亦疑脱去"否"字。

【第907页】《重刻陈白沙先生文集序》：予何客赘？

案："客"，应为"容"字。形近而误。

【第910页】《序》：而究之俻词立其诚，……

案："俻"，应作"脩"。形近而误。

【第917页】《重刻白沙子全集后序》：学宪翁充细心详订，……

案："充"，疑应作"尤"。形近而误。

【第919页】《白沙要语补》：愚惧孰此以求先生，……

案："孰"，疑应作"执"。形近而误。

【第927—928页】《从祀文庙疏议》：然而士知惇质行已矣，……

案："已"，应作"己"。形近而误。

【第979页】《与林缉熙书（二十二）》：孔易、东白辈为墓表、为神道碑，……

---

① 湛若水撰：《甘泉先生文集》，嘉靖十五年刻本，内编，第12卷，第15页。

案："孔昜"，应作"孔昜"。形近而误。孔昜，庄昶之字。

【第979页】《与林缉熙书（二十二）》：且挽□数篇，皆在人口，……

案："挽□"，所脱疑为"诗"字。

（五）根据底本（何九畴刻《白沙子全集》）或本集（《陈献章集》）正其校勘之误者

【第36页】《肇庆府城隍庙记》：子曩从吴聘君游，……

案："子"，何九畴刻《白沙子全集》作"予"。

【第117页】《奠容彦昭文》：告于灵曰彦昭之：……

案："告于灵曰彦昭之"，何九畴刻《白沙子全集》作"告于彦昭之灵曰"。①

【第122页】《与邓督府》：别奉钧帖，令本县结白米一石，拨人夫二名。

案："结"，何九畴刻《白沙子全集》作"给"。②

【第806页】《编次陈白沙先生年谱卷一》：予以景泰甲戌游小坡，与克贞先后至。

案："小坡"，白沙先生撰《书莲塘书屋册后》作"小陂"。③

【第806页】《编次陈白沙先生年谱卷一》：予年二十七游小坡，闻其论学由濂洛关闽以上达洙泗。

案："小坡"，白沙先生撰《书玉枕山诗话后》作"小陂"。④

【第810页】《编次陈白沙先生年谱卷一》：说经不离口，示我入德方。……诮德乃膏腴，交辞固粃糠。

案：据白沙此诗原文，"经"作"敬"，"交辞"作"文辞"。⑤

【第814页】《编次陈白沙先生年谱卷一》：伍光宇君于白沙筑台曰

---

① 高简等刻《白沙子》亦作"告于彦昭之灵曰"。（陈献章撰：《白沙子》，《四部丛刊》三编影印本，第4卷，第36页）
② 高简等刻《白沙子》亦作"给"。（陈献章撰：《白沙子》，《四部丛刊》三编影印本，第2卷，第2页。）
③ 陈献章撰：《陈献章集》，上册，第65页。
④ 同上书，第70页。
⑤ 同上书，第279页。

寻乐。

案："君"，白沙先生撰《伍光宇行状》作"别"。①

【第820页】《编次陈白沙先生年谱卷二》：《庚子岁九月中于西田获早稻》七古。

案：据《陈献章集》，《庚子岁九月中于西田获早稻》为五言古诗，②故"七古"，应改为"五古"。

【第856页】《编次陈白沙先生年谱卷二》：《与湛民泽书》："吴明府事未白，尚可少留。"

案：据《陈献章集》所收此信，"尚可少留"前有"世卿"二字。③应补出"世卿"二字，否则，"尚可少留"者则为"吴明府"矣。

【第859页】《编次陈白沙先生年谱卷二》：人自南海回，……

案：据《陈献章集》所收此信，"南海"应作"海南"。④

【第864页】《明史·陈献章传》：如马之卸勒也。

案：《明史·陈献章传》原文如此。⑤"如马之卸勒也"，据白沙《复赵提学佥宪（一）》，应作"如马之御衔勒也"。⑥

【第915页】《重刻白沙子全集后序》：延平充专提此教人。

案："充"，据白沙《与罗一峰（二）》，应作"尤"。⑦

二、标点方面

在标点方面，孙通海先生点校的《陈献章集》，亦存在一些错误。其中，有因不熟悉文献或不了解地名而导致的错误，有因不理解文义或疏忽

---

① 陈献章撰：《陈献章集》，上册，第103页。
② 同上书，第295页。
③ 同上书，第189页。
④ 同上书，第203页。
⑤ 张廷玉等撰：《明史》，第24册，第7262页。
⑥ 陈献章撰：《陈献章集》，上册，第145页。
⑦ 同上书，第157页。

而导致的错误。① 兹略加补正。

（一）正其因不熟悉文献或不了解地名而导致的错误

【第47页】《寻乐斋记》：周子、程子，大贤也，其授受之旨，曰：'寻仲尼、颜子乐处。'所乐何事，当是时也，弟子不问，师亦不言。

案：此处句读应作：周子、程子，大贤也，其授受之旨，曰'寻仲尼、颜子乐处，所乐何事'。当是时也，弟子不问，师亦不言。

【第64页】《书孔高州平贼诗卷后》：吾意副使之贤劳，谦而不伐，……

案："劳谦"为一词，见《周易》"谦卦"九三。此处句读应作：吾意副使之贤，劳谦而不伐，……

【第65页】《书莲塘书屋册后》：周子《太极图说》："圣人定之以中正仁义而主静。问者曰：'圣可学欤？'曰：'可。''孰为要？'曰：'一为要。'一者，无欲也。"

案："圣人定之以中正仁义而主静"，语出周敦颐《太极图说》；"圣可学欤"至"一者无欲也"，语出周敦颐《通书·圣学第二十》，但文字略有改动。此处句读似应作：周子《太极图说》："圣人定之以中正仁义而主静。""问者曰：'圣可学欤？'曰：'可。''孰为要？'曰：'一为要。一者，无欲也。'"

【第100页】《罗伦传》：孟子称豪杰之士"虽无文，王犹兴"，……

案：所引孟子称赞豪杰文字，见《孟子·尽心上》。此处句读应作：孟子称豪杰之士"虽无文王犹兴"，……

【第147页】《复赵提学佥宪（三）》：孔子教人文、行、忠、信，后之学孔氏者则曰："一为要。"一者，无欲也。无欲则静虚而动直，然后圣可学而至矣。

案："一为要。一者，无欲也。无欲则静虚而动直"，语出周敦颐《通书·圣学第二十》。此处句读应作：孔子教人文、行、忠、信；后之学孔

---

① 由于因不理解文义而导致的错误与因疏忽而导致的错误，有时实在难以辨别，故将其合并为一类。

氏者则曰:"一为要。一者,无欲也。无欲则静虚而动直",然后圣可学而至矣。

【第192页】《与湛民泽(七)》:《易》曰:"初筮告,再三渎。"渎则不告,此教者之事,夫岂有所隐哉?

案:"初筮告,再三渎,渎则不告",语出《周易》"蒙卦"之象辞。此处句读应作:《易》曰:"初筮告,再三渎,渎则不告。"此教者之事,夫岂有所隐哉?

【第697页】《与易赞书》:《易》曰:"安土敦仁。"故能爱,否则未见其能爱也。

案:"安土敦仁故能爱",语出《易·系辞上》。此处句读似应作:《易》曰"安土敦仁故能爱",否则未见其能爱也。

【第711页】《答张内翰廷祥书,括而成诗,呈胡希仁提学》:周子之论学圣也,曰:"一为要。"一者,无欲也。无欲则静虚动直,其即先生主静致虚之学乎?

案:"一为要。一者,无欲也。无欲则静虚而动直",语出周敦颐《通书·圣学第二十》。此处句读应作:周子之论学圣也,曰:"一为要。一者,无欲也。无欲则静虚而动直。"其即先生主静致虚之学乎?

【第729页】《藤蓑(其四)》:孟子学问以求放心。程子圣贤,千言万语,只是欲人将已放之心反复入身来,亦此意也。

案:"学问以求放心"为《孟子·告子上》所说"学问之道无他,求其放心而已矣"之节录。此处句读应作:孟子"学问以求放心"、程子"圣贤千言万语,只是欲人将已放之心反复入身来",亦此意也。

【第777页】《晓枕》:圣人寂然不动,感而遂通,天下之故无情可以入道而谓无情为道则非也。

案:"寂然不动,感而遂通天下之故",语出《周易·系辞》。此处句读应作:圣人寂然不动,感而遂通天下之故。无情可以入道,而谓无情为道则非也。

【第834页】《编次陈白沙先生年谱卷二》:寻改师宗州。

案：师宗，地名，在云南。此处句读应作：寻改师宗州。

【第835页】《编次陈白沙先生年谱卷二》：按兼素谪师宗州，寻卒于家。

案：此处句读应作：按兼素谪师宗州，寻卒于家。

【第902页】《重刻白沙子序》：孔子曰："文王既没，文不在兹乎！文其可少乎哉！"

案："文王既没，文不在兹乎"，语出《论语·子罕》。此处句读应作：孔子曰："文王既没，文不在兹乎！"文其可少乎哉！

【第928页】《从祀文庙疏议》：会稽则曰："以蓄其德为心，则多识。"前言往行，孰非蓄德之事？

案：会稽，指王阳明。此处引述王阳明语，见《传习录（中）》。①此处句读应作：会稽则曰："以蓄其德为心，则多识前言往行，孰非蓄德之事？"

【第936页】《嘉会楼记》：楼为重斯道而作者也，而其名则取于《易》。嘉会，足以合礼之义也。

案："嘉会足以合礼"，语出《周易·乾·文言》。此处句读应作：楼为重斯道而作者也，而其名则取于《易》"嘉会足以合礼"之义也。

（二）正其因不理解文义或因疏忽而导致的错误

【第7页】《东晓序》：苟无所事乎？畏则怠而入于忘，其主于畏乎？

案：此处句读似应作：苟无所事乎畏，则怠而入于忘。其主于畏乎！

【第24页】《周氏族谱序》：自通甫君以下六传至封君，鼎以其子，今吾省少参公之贵，封礼部员外郎。

案：此处句读应作：自通甫君以下六传至封君鼎，以其子、今吾省少参公之贵，封礼部员外郎。

【第38页】《新迁电白县儒学记》：其地广可以容其城，固可以守。

案：此处句读应作：其地广可以容，其城固可以守。

【第45页】《潮州三利溪记》：古之人，人也；今之人，人也。一也判而两之，……

---

① 王守仁撰：《王阳明全集》（吴光等编校），上海：上海古籍出版社，1992年，上册，第51页。

案：此处句读应作：古之人，人也；今之人，人也，一也。判而两之，……

【第58页】《仁术论》：夫人情之欲在于生，圣人即与之生；人情之恶在于死，圣人不与之死，恶众人之所恶也。圣人即进除奇夷，恶难施也。

案：此处句读似应作：夫人情之欲在于生，圣人即与之生；人情之恶在于死，圣人不与之死。恶，众人之所恶也，圣人即进除奇夷，恶难施也。

【第67页】《跋张声远藏康斋真迹后》：以示东吴张声远，锳一见惊绝，……

案：张锳，为张声远之名。此处句读应作：以示东吴张声远锳，一见惊绝，……

【第68页】《书自题大塘书屋诗后》：颔联言为学当求诸心必得。所谓虚明静一者为之主，徐取古人紧要文字读之，……

案：此处句读应作：颔联言为学当求诸心，必得所谓虚明静一者为之主，徐取古人紧要文字读之，……

【第78页】《示学者帖》：今区区以不完之行而冒过情之誉毁，固其所也。

案：此处句读应作：今区区以不完之行，而冒过情之誉，毁固其所也。

【第93页】《何廷矩母周氏墓志铭》：予惧与廷矩，比诸生进曰："是生廷矩者也，非是母不生，是子征贤母也。子宜以其贤铭。"

案：此处句读应作：予惧与廷矩比。诸生进曰："是生廷矩者也，非是母不生是子，征贤母也。子宜以其贤铭。"

【第122页】《与西涯李学士》：藤蓑尚欠补，章能复赐之否乎？

案：此处句读疑应作：《藤蓑》尚欠补章，能复赐之否乎？

【第162页】《与张廷实主事（八）》：老朽所望于贤夫，岂浅浅哉？

案：此处句读应作：老朽所望于贤，夫岂浅浅哉？

【第165页】《与张廷实主事（十三）》：凡学皆然，不止学诗即此，便是科级，学者须循次而进，渐到至处耳。

案：此处句读应作：凡学皆然，不止学诗，即此便是科级，学者须循次而进，渐到至处耳。

【第165页】《与张廷实主事（十四）》：又恐分薄，缘浅者无以当之，如何？

案：此处句读应作：又恐分薄缘浅者无以当之，如何？

【第166页】《与张廷实主事（十五）》：溽暑不审体况，何似朋友凋落，交道陵夷，士风颓靡，莫甚此时。

案：此处句读应作：溽暑，不审体况何似。朋友凋落，交道陵夷，士风颓靡，莫甚此时。

【第190页】《与湛民泽（三）》：假令见机而作，当不俟终日遑恤，其它特患不得其时耳。

案：此处句读应作：假令见机而作，当不俟终日，遑恤其它，特患不得其时耳。

【第228页】《与范规》：能用定山之交，亦不可谓浅。浅者，何爱一行？

案：此处句读应作：能用、定山之交，亦不可谓浅浅者，何爱一行？

【第267页】《答易隐求》：细茗尤佳，惠愧无以报。

案：此处句读应作：细茗尤佳惠，愧无以报。

【第433页】《寄太虚上人，用旧韵》：一床秋月定山高。

案：此处句读应作：一床秋月定山高。

【第531页】《卜筑西溪》：且疏子、下民、浚河渠、禁贿赂等十事，于朝皆赐可。松之地，狭于苏而漕数反出其上，……

案：此处句读应作：且疏子下民、浚河渠、禁贿赂等十事于朝，皆赐可。松之地狭于苏，而漕数反出其上，……

【第691页】校注［一］：按既云弘治十四年举人，时先生已没焉。有送之京事，……

案：此处句读应作：按既云弘治十四年举人，时先生已没，焉有送之京事？……

【第708页】《丁氏祠堂钟铭》：喻丁公积治新会，德政及人，……

案：据白沙《丁知县行状》，"积"为丁公之名。① 故此处句读应作：喻丁公积治新会，德政及人，……

【第709页】《世赖堂铭》：渭川先生，祖之别号也。

案：此处句读应作：渭川，先生祖之别号也。

【第726页】《赠陈秉常（其三）》：或曰，以中土比本心僾舍，朝鲜比慕外，……

案：此处句读应作：或曰，以中土比本心，僾舍朝鲜比慕外，……

【第727页】《赠陈秉常（其四）》：如清渊。然何不反求自得，……

案：此处句读应作：如清渊然。何不反求自得，……

【第729页】《藤蓑（其五）》：至于本体，复明其真境，可乐如此。

案：此处句读应作：至于本体复明，其真境可乐如此。

【第736页】《拉马玄真看山》：江门，地名，先生所居之，左两山夹江如门也。

案：此处句读应作：江门，地名，先生所居之左，两山夹江如门也。

【第745页】《止迁萧节妇墓赋》：带，衣带，即犹近也。

案：此处句读应作：带，衣带。即，犹近也。

【第749页】《牌山樵唱》：各得所乐，如此，樵夫则虽贫贱将奈尔何哉？

案：此处句读应作：各得所乐，如此樵夫，则虽贫贱将奈尔何哉？

【第811—812页】《编次陈白沙先生年谱卷一》：且曰："彼戴秀才头巾尔动人，若是脱居要路，当何如耶？"

案：此处句读应作：且曰："彼戴秀才头巾尔，动人若是，脱居要路，当何如耶？"

【第824页】《编次陈白沙先生年谱卷二》：孔子论士以行己有耻、使命不辱为先修，孝弟、谨言行者次之。

案：此处句读应作：孔子论士以行己有耻、使命不辱为先，修孝弟、

---

① 陈献章撰：《陈献章集》，上册，第100页。

《陈献章集》点校补正　49

谨言行者次之。

【第830页】《编次陈白沙先生年谱卷二》：乞休，作《招鹤诗》："寓意家居攻学齿，德隐然为东南望。"卒年九十。

案：此处句读应作：乞休，作《招鹤诗》寓意。家居攻学，齿德隐然为东南望。卒年九十。

【第853页】《编次陈白沙先生年谱卷二》：何生之言，似乃翁也。

案：此处句读应作：何生之言似乃翁也？

【第870页】《白沙先生行状》：且曰："彼戴秀才头巾动人，若是脱居要路，当何如耶？"

案：此处句读应作：且曰："彼戴秀才头巾，动人若是，脱居要路，当何如耶？"

【第888页】《白沙先生应召录》：惜乎当时宰相不悟以为实，然言之上，……

案：此处句读应作：惜乎当时宰相不悟，以为实然，言之上，……

【第888页】《白沙先生应召录》：嗟夫，此脱然势利者所以称难，而于二公应召故独详之也。与陈建《通纪》曰：……

案：此处句读应作：嗟夫，此脱然势利者所以称难，而于二公应召故独详之也与！陈建《通纪》曰：……

【第897页】《重刻白沙先生全集序》：前人作之，后人继之，又皆内江产也。已见内江之多贤让大美，以居于前辈，又以见士风之厚也。

案：此处句读应作：前人作之，后人继之，又皆内江产也，已见内江之多贤；让大美以居于前辈，又以见士风之厚也。

【第905页】《重刻白沙先生全集序》：常试辟之：如镜，然静者明体也，良知其明之彻也。如事理然，主静者不落因应也，致良知者其不昧因应也。

案：此处句读应作：常试辟之：如镜然，静者明体也，良知其明之彻也；如事理然，主静者不落因应也，致良知者其不昧因应也。

【第908页】《序》:《白沙子集》之行于今世者，先高王父、封冢宰泰宇公、继邑宰罗侯侨而再刻者也。

案:"高王父",犹言"高祖",不必加专名线。随后两"高王父"亦然。此处句读应作:《白沙子集》之行于今世者,先高王父、封冢宰泰宇公继邑宰罗侯侨而再刻者也。

【第 910 页】《序》:是以不急急于著述而发挥于咏歌,舒啸往来,酬酢间者,……

案:此处句读应作:是以不急急于著述而发挥于咏歌舒啸、往来酬酢间者,……

【第 915 页】《重刻白沙子全集后序》:千古集大成者,惟孔子。孔子之道,《大学》者未易遍观而尽识也。故各随其质之所近,以为入道之门。

案:此处句读应作:千古集大成者,惟孔子。孔子之道大,学者未易遍观而尽识也,故各随其质之所近,以为入道之门。

【第 916 页】《重刻白沙子全集后序》:陈清澜之作《学蔀通辨》也,以公'致养在我'之言,为象山闭目养神工夫矣。以公'终日乾乾,收拾此理'之言,为禅家作弄精神之学。以公'宇宙在我'之言,为发明象山宇宙之旨矣。于答赵提学之书,则截去'此心此理未凑合'及'日用种种酬应'数语,改头换面,便俨然西来种子矣。更可异者,其作《通纪》也,遂诬公为杜门端默,以明心为务矣。然此特谤公者,其截改影响以相迁就,原无足怪。乃不解世之爱公者,其为诗文扬诩也,亦往往以影响之言相夸美:有以指点虚无,为公赞者;有以嘿求心体,为公赞者;有以静悟元机,为公赞者;更有以忘形骸、捐耳目、去心志,为公赞者。种种不可胜举,究其说,始于好异者一时之率作,而耳食者遂传为美谈,以致诋毁者,即缘为口实。毁誉虽殊,无稽则一宜乎!谢祭酒见之叹其亏了公甫,南川子因亟为驳正,……

案:此段文字之句读似应为:陈清澜之作《学蔀通辨》也,以公'致养在我'之言为象山闭目养神工夫矣,以公'终日乾乾,收拾此理'之言为禅家作弄精神之学,以公'宇宙在我'之言为发明象山宇宙之旨矣;于答赵提学之书,则截去'此心此理未凑合'及'日用种种酬应'数语,改头换面，便俨然西来种子矣；更可异者，其作《通纪》也，遂诬公为杜门端默，以明心为务矣。然此特谤公者，其截改影响以相迁就，原无足怪。乃不解世之爱公者，其为诗文扬诩也，亦往往以影响之言相夸美：有以指点虚无为公赞者，有以嘿求心体为公赞者，有以静悟元机为公赞者，更有以忘形骸、捐耳目、去心志为公赞者。种种不可胜举。究其说，始于好异者一时之率作，而耳食者遂传为美谈，以致诋毁者即缘为口实。毁誉虽殊，无稽则一。宜乎！谢祭酒见之，叹其亏了公甫，南川子因亟为驳正。……

【第920页】《纂辑白沙至言跋》：暨我皇明御宇，表章正学时，则有若白沙陈先生出焉。

案：此处句读应作：暨我皇明御宇，表章正学，时则有若白沙陈先生出焉。

【第928页】《从祀文庙疏议》：此亦未深究。夫先生之学者，……

案：此处句读应作：此亦未深究夫先生之学者。……

【第942页】《粤秀山白沙书院记》：世之执有者以为过泥，空者以为不及，岂足以知中正之心之道乎？

案：此处句读应作：世之执有者以为过，泥空者以为不及，岂足以知中正之心之道乎？

【第944页】《改建邑城马山祠碑记》：是岁仲冬，按新会首谒祠拜之，祠弗称，人士从行者咸请改作。

案：此处句读应作：是岁仲冬，按新会，首谒祠拜之，祠弗称人，士从行者咸请改作。

【第947页】《改创白沙家祠碑记》：白沙先生生都会里。里俗悍，先生长迁白沙，小庐山下筑春阳台、碧玉楼，奉太夫人居之。

案：此处句读应作：白沙先生生都会里。里俗悍。先生长，迁白沙小庐山下，筑春阳台、碧玉楼，奉太夫人居之。

【第948页】《改创白沙家祠碑记》：大令丰城袁侯奎至，自邑相对太息，有改创之议。

案：此处句读应作：大令丰城袁侯奎至自邑，相对太息，有改创之议。

【第 948 页】《改创白沙家祠碑记》：逾二年，出就试计，偕至京师，取友天下。

案："计偕"为一词，指举人赴会试。故此处句读应作：逾二年，出就试，计偕至京师，取友天下。

【第 952 页】《修复钓台记》：顾予念古之钓者，多有渭滨之钓，非钓功也，而功从之；……

案：此处句读应作：顾予念古之钓者多有，渭滨之钓，非钓功也，而功从之；……

【第 953 页】《白沙先生像赞》：所以能回洙泗千百载、垂绝之正脉，投宇宙无纪极、续命之真汤。

案：此处句读应作：所以能回洙泗千百载垂绝之正脉，投宇宙无纪极续命之真汤。

【第 970 页】《与林缉熙书（四）》：与陈先生书，意好，辞亦不费，今附。德孚转达张内翰寄到《苏文》，今亦附达左右。

案：此处句读应作：与陈先生书，意好，辞亦不费，今附德孚转达。张内翰寄到《苏文》，今亦附达左右。

【第 974 页】《与林缉熙书（十四）》：老人往矣，缉熙其私审度之，尚无辱斯文也，批破一字与之否也，则勿示焉。

案：此处句读应作：老人往矣，缉熙其私审度之，尚无辱斯文也，批破一字与之；否也，则勿示焉。

【第 975 页】《与林缉熙书（十六）》：近睹诏内一款，言监生有不愿出仕听选者，授以从七品，有司职名；依亲坐监者，授以正八品，有司职名，俱令冠带。闲住，有司以礼相待，免其杂派差徭。

案：此处句读应作：近睹诏内一款言："监生有不愿出仕听选者，授以从七品有司职名；依亲坐监者，授以正八品有司职名，俱令冠带闲住，有司以礼相待，免其杂派差徭。"

【第 976 页】《与林缉熙书（十七）》：世之游于山水者皆是也，而卒无此耳目之感:非在外也。……

案:此处句读似应作:世之游于山水者皆是也,而卒无此。耳目之感,非在外也。……

【第 978 页】《与林缉熙书(二十一)》:近见邝洪云、何时矩自负地理,每与人阅一地,索谢三十金,竟未有偿之者。可笑也。此子近发狂甚矣。

案:据白沙及其门人之说法,"自负地理"者为何时矩一人。信中"此子近发狂甚矣"一语之"此子",即指何时矩,亦可为证。若依孙先生之句读,则"自负地理"者为"邝洪云、何时矩"两人,而非何时矩一人矣。(《陈献章集》1987 年、1993 年版均作"近见邝洪云,何时矩自负地理",不误;2008 年版误改为"近见邝洪云、何时矩自负地理"。)此处句读应作:近见邝洪,云:"何时矩自负地理,每与人阅一地,索谢三十金,竟未有偿之者。"可笑也。此子近发狂甚矣。

综上所述,孙通海先生点校的《陈献章集》,在校勘方面,由于不太注重高简等人刊刻的《白沙子》、四库全书本的《陈白沙集》以及其他资料的校勘价值,致使《陈献章集》中某些重要的差异与错漏未能校出;在标点方面,由于孙先生对一些经典文献不太熟悉、对一些地名不了解以及对部分段落的文义不理解等原因,亦时有错误。顺便说一句,在诗文补遗方面,孙先生根据其他版本、其他书籍,补录了各体诗四十九首、赋一首、题跋二首、书信五十一首,但还是有一些陈献章的诗文没有被收录。[①] 此外,在"附录"之陈白沙传记资料辑录方面,孙先生没有将白沙高足林光撰《明故翰林院检讨白沙陈先生墓碣铭》(载《南川冰蘖全集》卷六)等资料加以收录,这似乎也是一个比较重要的遗漏。总之,孙通海先生点校

---

① 参程明撰:《陈白沙诗文补遗》,《岭南文史》,1992 年,第 2 期;管林撰:《〈陈献章集〉诗文补遗》,《五邑大学学报》(社会科学版),1993 年,第 2 期;欧济霖撰:《〈白沙子全集〉补遗》,王曙星等主编《陈白沙新论》,广州:花城出版社,1995 年,第 221—227 页;李君明撰:《陈白沙诗辑逸》,《岭南文史》,2006 年,第 3 期。

的《陈献章集》，虽然在版本调查、标点校勘、诗文补遗等方面做了大量工作，但是，还有一些地方是需要改善的。

（本文原载北京大学《儒藏》编纂中心编《儒家典籍与思想研究》第二辑，北京：北京大学出版社，2010年5月）

《陈献章集》点校补正（续编）

对于孙通海先生整理点校本《陈献章集》（中华书局2008年修订版）所存在之错漏，我曾冒昧撰《〈陈献章集〉点校补正》一文加以罗列[1]，其中涉及白沙先生诗作者，仅得二十馀条。近承中山大学陈永正先生、陈斯鹏先生寄赠《白沙先生诗近稿》之复印件，乃取以与《陈献章集》相关篇章对照，见其中异文甚多，多至以百计[2]，因连同后来检读《陈献章集》时所见其中校勘之错漏、句读之舛误，择要抄出，以为《〈陈献章集〉点校补正》之续编。

一、校勘方面

在校勘方面，除《〈陈献章集〉点校补正》经已罗列者外，孙通海先生点校之《陈献章集》，仍存在一些错漏。这些错误与疏漏，尤其是疏漏，多可加以补正。其中，有可以根据校本补正者，有可以根据其他资料补其阙文、校其异文者，有可以根据其他资料补正者，有虽无本可据、然可依文义补正者，此外，还有可以根据底本（何九畴刻《白沙子全集》）或本集（《陈献章集》）补正者[3]。

---

[1] 载北京大学《儒藏》编纂中心编：《儒家典籍与思想研究》第二辑，北京：北京大学出版社，2010年版，第314—340页。
[2] 此前，陈永正先生经已对其中十多处异文加以论列，且谓《白沙先生诗近稿》"在校勘方面有很大的价值"。（陈永正撰：《〈白沙先生诗近稿〉校读小记》，《岭南文史》2008年第2期，第29—30页）
[3] 在补正其校勘错漏时，若所摘引字句、段落之句读亦有错误者，亦顺便补正之，且不再在标点部分罗列，以免繁复。

（一）根据校本补正其校勘之错漏者

【第 41 页】《新会县辅城记》：公从事于兹馀二十年，……

案："二十年"，高简等刻《白沙子》作"三十年"①。

【第 62 页】《跋清献崔公题剑阁词》：今书遗其后七世孙同寿云。

案："七世孙"，高简等刻《白沙子》作"后世孙"②。

【第 95 页】《渔读居士墓志铭》：归则焚香呫哔，坐牖下吟哦，过夜分不寐，以为常。

案："呫哔"，孙通海先生校记云，"疑为'占毕'之误"。然而，高简等刻《白沙子》、黄之正刻《白沙子全集》、四库全书本《陈白沙集》作"佔毕"③。以作"佔毕"为是。

【第 137 页】《与葛侍御》：凡所得一十九州、三军、一百八十县，可谓有功矣，武惠视之若无有也。

案："三军"，高简等刻《白沙子》作"三兵"④；四库全书本《陈白沙集》则作"三府"⑤。

【第 202 页】《与林春官》：仆非不愿为此，顾无阁下之才与阁下之位，况今发日就种，老逐病来。

案："况"，高简等刻《白沙子》、黄之正刻《白沙子全集》、四库全书本《陈白沙集》作"矧"⑥。

---

① 陈献章撰：《白沙子》第一卷，明嘉靖十二年高简等刻本（《四部丛刊》三编，上海：上海书店，1985 年影印本），第 48 页。

② 陈献章撰：《白沙子》第四卷，第 57 页。

③ 陈献章撰：《白沙子》第四卷，第 19 页；陈献章撰：《白沙子全集》第 4 卷，清顺治十二年黄之正刻本，第 19 页；陈献章撰：《陈白沙集》，《景印文渊阁四库全书》第 1246 册，第 108 页。

④ 陈献章撰：《白沙子》第二卷，第 17 页。

⑤ 陈献章撰：《陈白沙集》，《景印文渊阁四库全书》第 1246 册，台北：商务印书馆，1986 年版，第 46 页。

⑥ 陈献章撰：《白沙子》第三卷，第 6 页；陈献章撰：《白沙子全集》第三卷，清顺治十二年黄之正刻本（王云五主编《景印岫庐现藏罕传善本丛刊》，台北：商务印书馆，1973 年影印本），第 6 页；陈献章撰：《陈白沙集》，《景印文渊阁四库全书》第 1246 册，第 74 页。

【第204页】《与汪提举（二）》：……待与阮从事过江门一次，依准还海上耳，高明必能亮之。

案："待与"，高简等刻《白沙子》、黄之正刻《白沙子全集》、四库全书本《陈白沙集》作"徒于"①。此处句读应作：……待与阮从事过江门，一次依准还海上耳，高明必能亮之。

【第246页】《慰马默斋丧子》：吾子厚积阴德，终必有凤雏麟种降以为家宝。此未足深惜也。

案："终"，孙通海先生校记云，"原作'于'，据罗本、林本、高本、萧本、何本改，碧玉本作'殆'"。四库全书本《陈白沙集》作"知"②。

【第298页】《题万硕司训风木图》：嗟哉鼎与茵，充足时所钦。

案："万硕"，《白沙先生诗近稿》作"黄万硕"；"充足"，作"君子"③。

【第300页】《赠世卿》：敬此之谓修，怠此之谓流。

案：两"之谓"，《白沙先生诗近稿》均作"谓之"④。

【第300页】《赠世卿》：下化囿其迹，上化归其根。

案："囿其迹"，《白沙先生诗近稿》作"囿乎迹"⑤。

【第300页】《赠世卿》：老夫尝用力，兹以告吾子。

案："用力"之"用"，孙通海先生校记云，"碧玉本作'自'"。《白沙先生诗近稿》亦作"自"⑥。

【第303页】《八月二十四日飓作，多溺死者》：颠浪雷殷江，流云墨推障。

案："墨推障"之"推"，孙通海先生校记云，"碧玉本作'堆'"。"墨

---

① 陈献章撰：《白沙子》第三卷，第9页；陈献章撰：《白沙子全集》第三卷，清顺治十二年黄之正刻本，第9页；陈献章撰：《陈白沙集》，《景印文渊阁四库全书》第1246册，第75页。
② 陈献章撰：《陈白沙集》，《景印文渊阁四库全书》第1246册，第97页。
③ 陈献章撰：《白沙先生诗近稿》第三卷，明弘治九年吴廷举刊本，第18页。
④ 陈献章撰：《白沙先生诗近稿》第四卷，第35页。
⑤ 同上。
⑥ 同上。

推障"，《白沙先生诗近稿》作"黑堆障"[1]；湛若水撰《白沙子古诗教解》、《白沙先生诗教解》则作"墨堆嶂"[2]。

【第304页】《赠针灸杨飞》：昔吾见尔翁，卖药金陵市。

案："尔翁"，《白沙先生诗近稿》作"而翁"[3]。

【第314—315页】《送梁国镇》：徘徊思远道，欲往悲定跛。

案："定"，孙通海先生校记云，"碧玉本作'足'"。《白沙先生诗近稿》亦作"足"[4]。作"足"，于义为长。

【第321页】《答惠菊》：近者击壤歌二千，菊花之音如响泉。

案："二千"，《白沙先生诗近稿》作"三千"[5]。

【第322页】《梦匡庐》：望湖亭边延五老，远之近之无不可。

案："望湖亭边"，《白沙先生诗近稿》作"望湖亭中"[6]。

【第357页】《菊节后五日，丁明府彦诚携酒来饮白沙社赋补会》：遥怜张闿幕，相忆在长安。

案："相忆"，《白沙先生诗近稿》作"想忆"[7]。

【第357页】《对菊》：路旁杨柳树，颇颜不成疎。

案："《对菊》"，《白沙先生诗近稿》作"《对酒》"；"路旁"，作"路傍"[8]。

【第358页】《陈方伯耻庵挽诗》：公自沧溟水，人无觳觫君。

案："沧溟"，《白沙先生诗近稿》作"沧浪"[9]。

【第358页】《苦热》：手提弱絲去，风撼社门开。

---

[1] 陈献章撰：《白沙先生诗近稿》第九卷，第93页。
[2] 湛若水撰：《白沙子古诗教解》，《陈献章集》下册，北京：中华书局，2008年版，第766页；湛若水撰：《白沙先生诗教解》，《四库全书存目丛书·集部》第35册，济南：齐鲁书社，1997年影印本，第567页。
[3] 陈献章撰：《白沙先生诗近稿》第九卷，第99页。
[4] 同上书，第83页。
[5] 陈献章撰：《白沙先生诗近稿》第六卷，第59页。
[6] 陈献章撰：《白沙先生诗近稿》第四卷，第31页。
[7] 陈献章撰：《白沙先生诗近稿》第一卷，第3页。
[8] 同上书，第4页。
[9] 陈献章撰：《白沙先生诗近稿》第二卷，第7页。

案："弱絲",《白沙先生诗近稿》作"弱孫"①。

【第359页】《崔清献公裔孙潜示遗芳卷，复许示遗像，予既书纪梦之作，于其还也赠诗》：谁为门下客，公是菊坡孙。

案："门下",《白沙先生诗近稿》作"门外"②。

【第359页】《太夫人晚归，携诸孙候于贞节桥下》：殷勤望四崦，风急暮云飘。

案："贞节桥",《白沙先生诗近稿》作"忠节桥"；"四崦"，作"西崦"③。

【第360页】《枕上偶成》：懒甚陶元亮，闲于魏仲先。

案："闲于",《白沙先生诗近稿》作"贫于"④。

【第360页】《次韵秋兴感事，录寄东所》：松下泉来冷，鸡鸣日过中。

案："泉",《白沙先生诗近稿》作"年"⑤。

【第364页】《春日江村》：时候花先觉，阴晴鸟自知。

案："时候",《白沙先生诗近稿》作"气候"⑥。

【第364页】《驿吏送酒》：市槛通邮吏，三杯洗侍儿。十分春意思，一副酒肝脾。

案："三杯",《白沙先生诗近稿》作"山杯"；"一副"，作"一借"⑦。

【第364页】《春日醉中言怀》：春风开我琖，流水到谁琴。

案："谁琴",《白沙先生诗近稿》作"吾琴"⑧。

【第372页】《久雨》：朝朝嵇叔夜，谁辦不梳头。

案："辦",《白沙先生诗近稿》作"辨"⑨。作"辨"，于义为长。

【第373页】《病疥，用后山韵写怀》：同袍谁问疾，端愧玉台僧。

---

① 陈献章撰：《白沙先生诗近稿》第二卷，第7页。
② 同上书，第8页。
③ 同上书，第12页。
④ 陈献章撰：《白沙先生诗近稿》第三卷，第15页。
⑤ 同上书，第16页。
⑥ 陈献章撰：《白沙先生诗近稿》第四卷，第29页。
⑦ 同上书，第29—30页。
⑧ 同上书，第30页。
⑨ 陈献章撰：《白沙先生诗近稿》第七卷，第67页。

案:"谁问疾",《白沙先生诗近稿》作"问谁疾";"端愧",作"端坐"[1]。

【第376页】《雨中栽竹》:微雨土初覆,北风天正寒。

案:"正寒",《白沙先生诗近稿》作"尚寒"[2]。

【第377页】《生日答吴明府献臣》:凭轩一长啸,风日满江山。

案:"风日",《白沙先生诗近稿》作"风月"[3]。

【第378页】《赠世卿游山》:朝来生紫气,此地一函关。

案:"一",孙通海先生校记云,"林本、高本、萧本、何本、碧玉本作'亦'"。《白沙先生诗近稿》也作"亦"[4]。

【第378页】《世卿将归》:台榜明朝旭,松堂闭夜凉。

案:"闭夜",《白沙先生诗近稿》作"闲夜"[5]。作"闲夜",似于义为长。

【第379页】《梅花》:冰霜仙骨瘦,桃李世情腥。

案:"世情",《白沙先生诗近稿》作"世尘"[6]。

【第380页】《张地曹寄林县博用韵答之》

案:"张地曹"后,《白沙先生诗近稿》有"见和"二字[7]。

【第380页】《再用韵示诸生》

案:"诸生",《白沙先生诗近稿》作"诸友"[8]。

【第381页】《秋坐碧玉楼》

案:"碧玉楼"后,《白沙先生诗近稿》有"偶成"二字[9]。

【第382页】《梦杨敷道定山事》

案:此诗题下,《白沙先生诗近稿》有小注云:"敷,罗一峰门人。"[10]

---

[1] 陈献章撰:《白沙先生诗近稿》第七卷,第72页。
[2] 陈献章撰:《白沙先生诗近稿》第八卷,第75页。
[3] 同上书,第83页。
[4] 陈献章撰:《白沙先生诗近稿》第九卷,第90页。
[5] 同上书,第91页。
[6] 同上书,第100页。
[7] 陈献章撰:《白沙先生诗近稿》第十卷,第105页。
[8] 同上书,第108页。
[9] 同上书,第113页。
[10] 陈献章撰:《白沙先生诗近稿》第十卷,第114页。案:此条,陈永正先生经已论列。(陈永正撰:《〈白沙先生诗近稿〉校读小记》,《岭南文史》2008年第2期,第29—30页)

【第382页】《九日嘉会楼登高》：试问千云桧，何如小汧黄。

案："千"，《白沙先生诗近稿》、高简等刻《白沙子》、黄之正刻本《白沙子全集》均作"干"①。

【第407页】《宿榄山书屋》：长与白云为洞主，自裁香树作斋邻。

案："裁"，高简等刻《白沙子》作"栽"②，林光《南川冰蘖全集》附录此诗亦作"栽"③。作"栽"于义为长。

【第421页】《次韵张侍御见寄》：吐月山前坐四更，一凉何不献先生。鸊鹈翅短那能去，骏马蹄轻只欲行。

案："何不"，《白沙先生诗近稿》作"何敢"；"翅短"，作"栖稳"；"蹄轻只欲行"，作"步高将欲行"④。

【第426页】《次韵定山先生种树》：桥下泉流十丈洼，桥头草屋万株花。

案："泉流"，《白沙先生诗近稿》作"流泉"⑤。

【第427页】《至日病初起》：至日哦诗起坐床，梅花墙角为谁香。……赤藤杖点庐冈石，向晚犹须望八荒。

案："起坐床"，《白沙先生诗近稿》作"起在床"；"八荒"，作"八方"⑥。

【第431页】《谒诸墓》：……赤泥浅土嗟何及，早晚床金尽一挥。

案：此诗之末，《白沙先生诗近稿》有小注云："时将修赤泥冈墓。"⑦

【第440页】《与世卿闲谈，兼呈李宪副》：风光何处可怜生，共把闲愁向酒倾。

案："何处"，《白沙先生诗近稿》作"随处"⑧。

【第443页】《六十一自寿》：十数曾孙罗膝下，两三杯酒笑灯前。

---

① 陈献章撰：《白沙先生诗近稿》第十卷，第115页；陈献章撰：《白沙子》第七卷，第49页；陈献章撰：《白沙子全集》第七卷，清顺治十二年黄之正刻本，第49页。
② 陈献章撰：《白沙子》第七卷，第69页。
③ 林光撰：《南川冰蘖全集》（罗邦柱点校），北京：中国文史出版社，2004年版，第471页。
④ 陈献章撰：《白沙先生诗近稿》第一卷，第2页。
⑤ 陈献章撰：《白沙先生诗近稿》第二卷，第8页。
⑥ 同上书，第11页。
⑦ 陈献章撰：《白沙先生诗近稿》第三卷，第20页。
⑧ 陈献章撰：《白沙先生诗近稿》第四卷，第31页。

案："曾孙",《白沙先生诗近稿》作"孙曾"①。

【第447页】《秋夕偶成,小儿失解,聊以慰之》:崔颢赋诗黄鹤楼,白云黄鹤两悠悠。

案："黄鹤楼",《白沙先生诗近稿》作"何处楼"②。

【第453页】《何宗濂书来,推许太过,复以是诗》:何地可扳文献驾,平生愿执菊坡鞭。泰山北斗诸公地,明月清风病叟天。

案："扳",《白沙先生诗近稿》作"攀";"明月"作"朗月"③。

【第453页】《题两山居山图,为新淦李文光大贾》:万杯春覆酒遗老,一枕日高天与闲。水墨残巾藏措大,江湖前梦说邯郸。

案："春覆",《白沙先生诗近稿》作"春復";"水墨",作"水黑"④。

【第457页】《种树》:江门亦是东门地,我独胡为不种瓜。

案："江门亦是东门地,我独胡为不种瓜",《白沙先生诗近稿》作"东门地主江门是,因甚东门只种瓜"⑤。

【第457页】《种树》:长日山斋不弄棋,只凭种树遣衰迟。

案："长日山斋不弄棋,只凭种树遣衰迟",《白沙先生诗近稿》作"送老山斋不用棋,每凭种树遣衰迟"⑥。

【第458页】《刘进盛书来,劝著述,用旧韵答之》:青天试问东南上,何处凌空拄杖飞。

案："试问"之"问",孙通海先生校记云,"林本、萧本作'望'"。《白沙先生诗近稿》亦作"望"⑦。

【第459页】《用前韵寄罗养明》:风雨挥毫千丈竹,江湖回首十年诗。

案："千丈竹",《白沙先生诗近稿》作"千尺竹"⑧。

---

① 陈献章撰:《白沙先生诗近稿》第四卷,第34页。
② 陈献章撰:《白沙先生诗近稿》第五卷,第45页。
③ 陈献章撰:《白沙先生诗近稿》第六卷,第51页。
④ 同上书,第51页。
⑤ 陈献章撰:《白沙先生诗近稿》第六卷,第60页。案:此条,陈永正先生经已论列。
⑥ 同上书,第60页。
⑦ 陈献章撰:《白沙先生诗近稿》第七卷,第63页。
⑧ 同上书,第63页。

【第 460 页】《赠赵日新还潮州》：雨馀帽顶天如洗，花落船头水亦香。

案："船头"，《白沙先生诗近稿》作"船旁"①。

【第 464 页】《代简答林蒙庵先生》：浪求去马真堪笑，欲报来鸿未有因。

案："浪求去马真堪笑"后，《白沙先生诗近稿》有小注云："事出《庄子》。"②

【第 464 页】《次韵兴化王太守诸公会饮顾通府宅，见忆白沙联句》：子规枕上无人唤，枳壳江边有酒赊。

案："子规枕上无人唤，枳壳江边有酒赊"，《白沙先生诗近稿》作"不求地僻无人到，也爱居旁有酒赊"③。

【第 465 页】《次韵吴献臣明府》：乾坤许我具雙眼，名利真谁破两关。

案："雙眼"，《白沙先生诗近稿》作"隻眼"④。当以作"隻眼"为是。

【第 465 页】《小酌次韵》：醉睡不知春事晚，风飘红雨点苔茵。

案："次韵"，《白沙先生诗近稿》作"次前韵"；"春事晚"，作"春事晓"⑤。

【第 466 页】《次韵世卿，赠蔡亨嘉还饶平》：大厓居士此弹琴，谁系孤舟绿渚寻。

案："寻"，《白沙先生诗近稿》作"浔"⑥。当以作"浔"为是。

【第 466 页】《世卿赴顺德吴明府之召，五日不返，诗以促之》：索笑梅花催拄杖，照眠山月满行窝。

案："催"，《白沙先生诗近稿》作"闲"⑦。

【第 467 页】《次韵顾通判夜泊江门见示》：版筑又劳今别驾，风花带管老先生。

案："版筑"，孙通海先生校记云，"高本、何本、碧玉本作'版籍'"。

---

① 陈献章撰：《白沙先生诗近稿》第七卷，第 67 页。
② 陈献章撰：《白沙先生诗近稿》第八卷，第 74 页。案：此条，陈永正先生经已论列。
③ 同上书，第 74 页。案：此条，陈永正先生经已论列。
④ 同上书，第 76 页。
⑤ 同上书，第 78 页。
⑥ 同上书，第 81 页。
⑦ 同上书，第 84 页。

《白沙先生诗近稿》亦作"版籍"①。

【第467页】《送罗服周解馆》:几个儿童供白发,一年灯火伴青袍。

案:"几个儿童供白发"后,《白沙先生诗近稿》有小注云:"冕有老母。"②

【第468页】《寻梅饮李鸿宅,用服周韵》:香影句中无乐府,梅花村里有招提。

案:"有招提",《白沙先生诗近稿》作"觅招提"③。

【第469页】《次韵顾别驾江门夜泊》:眼中别驾如君少,倾到尊前接后生。

案:"如君",《白沙先生诗近稿》作"如公";"倾到",作"倾倒"④。

【第470页】《次韵伍南山贺碧玉楼新成》:乡里过从卢行者,海山或遇羡门生。

案:"遇",《白沙先生诗近稿》作"见"⑤。

【第470页】《再和碧玉楼韵》:乾坤真妙此台开,一一皆因造化裁。

案:"此台",《白沙先生诗近稿》作"此图"⑥。

【第470页】《读世卿芑卿挽五羊锺狂客卷,次韵》:天地好人还自好,古今狂者岂皆狂?碧油帐遶青丝鞚,紫锦囊封白雪章。

案:"古今狂者",《白沙先生诗近稿》作"古今狂客";"锦囊",作"锦云"⑦。

【第471页】《饮酒》:竹弓挽住闲人手,渐觉年来射鸭多。

案:"射鸭",《白沙先生诗近稿》作"射雁"⑧。

【第472页】《张主事报林县博归过五羊,用饮酒韵》

---

① 陈献章撰:《白沙先生诗近稿》第八卷,第85页。
② 同上书,第86页。案:此条,陈永正先生经已论列。
③ 同上。
④ 陈献章撰:《白沙先生诗近稿》第九卷,第97页。
⑤ 同上书,第98页。
⑥ 同上。
⑦ 同上书,第100页。
⑧ 陈献章撰:《白沙先生诗近稿》第十卷,第103页。

案:"用饮酒韵"后,《白沙先生诗近稿》有"写意"二字①。

【第472页】《张地曹见和饮酒数篇,复韵答之》

案:"复韵",《白沙先生诗近稿》作"复用韵"②。

【第473页】《和景孚游山》:树底樵歌鸟欲飞,涧边苔色上人衣。

案:"苔色",《白沙先生诗近稿》作"苔草"③。

【第473页】《和景孚游山》:江山到我无前辈,造物磨人是小儿。

案:"造物",《白沙先生诗近稿》作"造化"④。

【第476页】《送左秀才次韵》:孤村水月能看客,一路梅花直到山。

案:"能",《白沙先生诗近稿》作"如"⑤。

【第477页】《张生以诗来谒,次其韵答之》:在处云山皆我乐,后来衣钵是谁传。诸生莫有登瀛步,爱结而今病鹤缘。

案:"云山",《白沙先生诗近稿》作"山云";"登瀛步",作"瀛洲步"⑥。

【第517页】《梅下杂诗》:久共宽闲地,侬熏自在香。

案:"侬熏",《白沙先生诗近稿》作"浓熏"⑦。作"浓熏",于义为长。

【第518页】《题扇》:何如此庵中,红日抱膝坐。

案:"《题扇》",《白沙先生诗近稿》作"《题扇面画》";"红日",作"终日"⑧。作"终日",于义为长。

【第521页】《题扇》:日暮船正归,前江风拔木。

案:"《题扇》",《白沙先生诗近稿》作"《偶题扇面》"。"正归"之"正",孙通海先生校记云,"林本、萧木作'不'"。《白沙先生诗近稿》亦作"不"⑨。

---

① 陈献章撰:《白沙先生诗近稿》第十卷,第104页。
② 同上书,第105页。
③ 同上书,第106页。
④ 同上书,第107页。
⑤ 同上书,第120页。
⑥ 同上书,第122页。
⑦ 陈献章撰:《白沙先生诗近稿》第五卷,第46页。
⑧ 陈献章撰:《白沙先生诗近稿》第六卷,第51页。案:此条,陈永正先生经已论列。
⑨ 陈献章撰:《白沙先生诗近稿》第九卷,第92页。

【第 522 页】《漫笔》：伎俩人共知，长篇事标榜。

案："事"，《白沙先生诗近稿》作"自"①。

【第 524 页】《张克修别驾迁梧州守，来别白沙，赠之》：甲兵满一船，江门来访别。

案："甲兵"，《白沙先生诗近稿》作"兵甲"②。

【第 524 页】《张克修别驾迁梧州守，来别白沙，赠之》：少年恣行游，老病徒拘缀。

案："老病"，《白沙先生诗近稿》作"老大"③。

【第 525 页】《送李子长往怀集取道谒张梧州》：不闻端别驾，敬士如子长。问道苍梧下，登歌刺史堂。

案：此诗后，《白沙先生诗近稿》有小注云："克修由肇庆同知转梧州知府。"④

【第 525 页】《赠范能用》：如何传别教，衲被坐蒙头。

案："衲被"，《白沙先生诗近稿》作"袖被"⑤。

【第 526 页】《题宋丞相陈俊卿画像》：至今湖峤月，犹作太师看。

案："湖峤"，《白沙先生诗近稿》作"壶顶"⑥。

【第 526 页】《晓枕偶成》：遥遥望西山，千古嵯峨独。

案："嵯峨"，《白沙先生诗近稿》作"嗟我"⑦。

【第 539 页】《乡贤咏七首·伍隆起》：中原不可复，志士耻为□。

案："志士耻为□"之"□"，黄之正刻本《白沙子全集》作"夷"⑧。《陈献章集》之底本何九畴刻《白沙子全集》将"夷"字作"□"，当出于对清廷文字狱之忌讳。四库全书本《陈白沙集》将"志士耻为夷"句篡改

---

① 陈献章撰：《白沙先生诗近稿》第九卷，第 94 页。
② 陈献章撰：《白沙先生诗近稿》第十卷，第 102 页。
③ 同上书，第 102 页。
④ 同上书，第 103 页。案：此条，陈永正先生经已论列。
⑤ 同上书，第 106 页。
⑥ 同上书，第 118 页。
⑦ 同上书，第 121 页。案：此条，陈永正先生经已论列。
⑧ 陈献章撰：《白沙子全集》第九卷，清顺治十二年黄之正刻本，第 6 页。

为"志士愿终违"①,亦可作为旁证。

【第567页】《春中杂兴》:香烟袅入袖中蛇,读《易》山斋日未斜。

案:"杂兴",《白沙先生诗近稿》作"杂诗";"袖中蛇",作"酒中蛇"②。

【第567页】《九日木犀未开》:菊来栗里何须酒,梅到孤山不欠诗。

案:"何须酒",《白沙先生诗近稿》作"还须酒"③。

【第568页】《谢九江惠菊》:谁将此菊种江滨,物色当年灑酒巾。

案:"谢九江"后,《白沙先生诗近稿》有"人"字④。又:"灑酒巾",《白沙先生诗近稿》、高简等刻《白沙子》、黄之正刻《白沙子全集》、四库全书本《陈白沙集》作"漉酒巾"⑤。以作"漉酒巾"为是。

【第568页】《马肇文惠油酒,并录示哭一峰先生诗及送林缉熙掌教绝句,复以香一束,赋三绝见意》:一词亦到君亲地,何处无人覆马龙。

案:此诗题目,《白沙先生诗近稿》作"马肇文录示哭一峰先生诗";"君亲",作"君前"。"无人"之"人",孙通海先生校记云,"林本、高本、萧本、何本、碧玉本作'天'"。《白沙先生诗近稿》亦作"天"⑥。

【第570页】《沽酒》:酒店无钱与酒迟,初晴天气菊残时。

案:"初晴",《白沙先生诗近稿》作"初寒"⑦。

【第572页】《赠人》:谁将儿女浪干情,春雨来时草又生。

案:"又生",《白沙先生诗近稿》作"自生"⑧。

【第572页】《悼周镐》:何人摆脱浮生事,得似周郎易箦时。

案:"何人摆脱浮生事,得似周郎易箦时",《白沙先生诗近稿》作"不

---

① 陈献章撰:《陈白沙集》,《景印文渊阁四库全书》第1246册,第310页。
② 陈献章撰:《白沙先生诗近稿》第一卷,第1页。案:此条,陈永正先生经已论列。
③ 同上书,第4页。
④ 同上书,第5页。
⑤ 陈献章撰:《白沙先生诗近稿》第一卷,第5页;陈献章撰:《白沙子》第五卷,第85页;陈献章撰:《白沙子全集》第五卷,清顺治十二年黄之正刻本,第84页;陈献章撰:《陈白沙集》,《景印文渊阁四库全书》第1246册,第175页。
⑥ 陈献章撰:《白沙先生诗近稿》第一卷,第6页。
⑦ 陈献章撰:《白沙先生诗近稿》第二卷,第9页。
⑧ 同上书,第10页。

知灭却将迎后，何似当年未灭时"①。

【第 573 页】《望白龙池》：西望不见<u>昆仑</u>池，白龙上天归何时。

案："昆仑池"，《白沙先生诗近稿》作"白龙池"②。

【第 574 页】《题袁氏知归卷》：万古乾坤流不尽，<u>望湖亭</u>下更分明。

案："更分明"，《白沙先生诗近稿》作"最分明"③。

【第 575 页】《界江八景·驿馆槐阴》：槐阴覆庭日早午，小吏夜出迎当路。

案："早午"之"早"，孙通海先生校记云，"林本、高本作'卓'"。《白沙先生诗近稿》亦作"卓"④。"卓午"，即正午。作"卓"，于义为长。

【第 575 页】《界江八景·古埠渔灯》：埠头半点夜燃枯，钓得<u>松江</u>一尾鲈。渔父联舟向东岸，东岸人家有酒沽。

案："半点"，《白沙先生诗近稿》作"数点"；"渔父"，作"渔妇"⑤。

【第 580 页】《过东涌》：小儿莫道无灵性，也傍寒塘望笋舆。

案："傍"，《白沙先生诗近稿》作"旁"⑥。

【第 580—581 页】《寄袁晖林敬》：若道<u>鸥夷</u>解了心，五湖何用更千金。<u>鲁连</u>长揖平原去，风月无边碧海深。

案：此诗之末，《白沙先生诗近稿》有小注云："此亦有感而发。"⑦

【第 585 页】《次韵吴县博别后见寄》

案："吴县博"，高简等刻《白沙子》作"吾县博"⑧。以作"吾县博"为是。"吾县博"，即弘治十一年戊午秋来广东主持乡试之吾廷介。相关考证，详后。

【第 588 页】《书易隐求铭旌后，感而有作》：一题八字八低回，满眼

---

① 陈献章撰：《白沙先生诗近稿》第二卷，第 11 页。案：此条，陈永正先生经已论列。
② 同上书，第 11 页。
③ 陈献章撰：《白沙先生诗近稿》第三卷，第 17 页。
④ 同上书，第 17 页。
⑤ 同上。
⑥ 同上书，第 20 页。
⑦ 同上。
⑧ 陈献章撰：《白沙子》第六卷，第 8 页。

凄凉笔下来。春社去年人不见，茅檐燕子又飞来。

案："低回"，《白沙先生诗近稿》作"低徊"。"飞来"，孙通海先生校记云，"林本、高本、萧本、何本、碧玉本作'[飞]回'"。《白沙先生诗近稿》亦作"飞回"①。作"低徊"、作"飞回"，于义为长。

【第590页】《有怀故友张兼素》：意中我了牛医子，且放山斋水墨中。

案："山斋"，《白沙先生诗近稿》作"方斋"②。

【第592页】《麦秀夫于城南小渚中累土结茅居之，容一之、马伯幹取酒共醉桃花下，各赋诗为乐，秀夫谒余同作，附其韵》

案："附其韵"，《白沙先生诗近稿》作"因附其韵"③。

【第594页】《赠张进士入京》：有心谁莫弄儿嬉，孔老枝条我亦知。

案："儿嬉"，《白沙先生诗近稿》作"儿戏"④。

【第594页】《赠张进士入京》：能将糟粕委诸书，影响人间不受驱。五百年中名世出，先王政教果何如？

案："能将糟粕委诸书，影响人间不受驱。五百年中名世出，先王政教果何如"，《白沙先生诗近稿》作"能将糟粕委诸书，灯火千秋对卷舒。两汉名家多少在，亦知轮扁是真儒"⑤。

【第595页】《饮马氏园，赠童子马国馨》：日转芭蕉双窦鸣，飞飞蜂蝶喜新晴。衰翁醉卧溪园里，一曲春牛和国馨。（六岁能诵予"春牛"之句。）

案："新晴"，《白沙先生诗近稿》作"初晴"；"溪园里"，作"溪园暖"⑥。

【第595页】《得沈大参时旸漳州发来书，答之》：前后题缄两度收，春风无雁过漳州。

案："过漳州"之"过"，孙通海先生校记云，"林本、高本、萧本、何

---

① 陈献章撰：《白沙先生诗近稿》第四卷，第27页。
② 同上书，第33页。
③ 陈献章撰：《白沙先生诗近稿》第五卷，第38页。
④ 同上书，第40页。
⑤ 同上。案：此条，陈永正先生经已论列。
⑥ 同上书，第39页。

本作'到'"。《白沙先生诗近稿》亦作"到"①。

【第 597 页】《六月一日不雨》：愢眼阴晴晓未分，一年忧乐稍相寻。

案："晓"，《白沙先生诗近稿》作"早"②。

【第 597 页】《图新书舍中植蕉数本，壁间李世卿题句，潮州饶鑑至，读之有所兴起，勉以小诗》

案："数本"，《白沙先生诗近稿》作"数十本"；"壁间"作"壁间有"③。

【第 597 页】《梦亡友袁德纯侍御》

案："侍御"，《白沙先生诗近稿》作"御史"④。

【第 598 页】《周侍御文化将访白沙，阻风江上连日，以诗迓之》：长风不打画船回，更为山灵扫玉台。

案："以诗迓之"，《白沙先生诗近稿》作"诗以迓之"；"山灵"作"山人"⑤。

【第 598 页】《怀胡大参希仁》

案："怀"前，《白沙先生诗近稿》有"奉"字⑥。

【第 599 页】《题瑞鹊卷有序》：成化十九年，余被荐入京，过江浦，访孔旸庄先生。

案："成化十九年"，《白沙先生诗近稿》作"成化十九年春"⑦。

【第 599 页】《赠化州守郑顺解官归》：湖上鸥夷久买舟，清风明月几宜休。

案："久"，《白沙先生诗近稿》作"又"⑧。

【第 600 页】《挽林别驾汝和》

案："汝和"，《白沙先生诗近稿》作"孟和"⑨。

---

① 陈献章撰：《白沙先生诗近稿》第五卷，第 41 页。
② 同上书，第 41 页。
③ 同上书，第 43 页。
④ 同上书，第 45 页。
⑤ 同上书，第 46 页。
⑥ 同上。
⑦ 同上。
⑧ 同上书，第 47 页。
⑨ 陈献章撰：《白沙先生诗近稿》第六卷，第 49 页。

【第604页】《对菊》：秋到若无诗与酒，看花元似不曾知。

案："看花"，《白沙先生诗近稿》作"菊花"①。

【第604页】《对菊》：西北酒姬解人意，问人沽酒压糟尝。

案："西北"之"西"，孙通海先生校记云，"林本、萧本作'溪'"。《白沙先生诗近稿》亦作"溪"②。

【第605页】《赠袁晖，用林时嘉韵》：何时得见春风面，更到明年二月来。

案："何时"，《白沙先生诗近稿》作"如何"③。

【第605—606页】《赠袁晖，用林时嘉韵》：赖是山人无诉牒，有人真本卖山来。

案："《赠袁晖，用林时嘉韵》"之第二、三、四首，《白沙先生诗近稿》题为"赠二生"；"山人"，作"山灵"④。

【第607页】《得萧文明寄自作草书至》：却疑醉点风花句，四海于今几定山？

案："却疑"，《白沙先生诗近稿》作"不知"⑤。

【第609页】《对影》：风月情真诗浩荡，江湖水阔蓑飘翩。丹青不是江门影，又画瞿昙又画仙。

案：此诗，《白沙先生诗近稿》作"风月情真诗浩荡，江湖迹远蓑飘翩。丹青细认江门影，不是瞿昙不是仙"⑥。

【第609页】《题陶宪长画范蠡图》：同在五湖烟水内，是鸱夷不是鸱夷。

案："范蠡"，孙通海先生校记云，"高本、何本作'唐诗'"；"烟水"之"水"，孙通海先生校记云，"林本、高本作'景'"。《白沙先生诗近稿》

---

① 陈献章撰：《白沙先生诗近稿》第六卷，第54页。
② 同上书，第55页。
③ 同上书，第57页。
④ 同上。
⑤ 同上书，第59页。
⑥ 陈献章撰：《白沙先生诗近稿》第七卷，第64—65页。

亦分别作"唐诗"、作"景"①。

【第610页】《金宪莆阳李公自海南征黎过白沙》：清时欲献征黎颂，血刃犹夸甲胄雄。

案："犹夸"之"犹"，孙通海先生校记云，"林本、萧本作'休'"。《白沙先生诗近稿》亦作"休"②。

【第610页】《观竞渡》：快意深时恨亦深，千戈何处不相寻？

案："千戈"之"千"，孙通海先生校记云，"林本、高本、萧本、何本、碧玉本作'干'"。《白沙先生诗近稿》亦作"干"③。

【第611页】《次韵马广重过白沙》

案："白沙"，《白沙先生诗近稿》作"白泥"④。

【第612页】《睡起》：道人试画无穷看，月在西岩日在东。

案："岩"，《白沙先生诗近稿》作"兮"⑤。

【第616页】《李评事题其弟世卿诗卷曰采菊，盖取予赠世卿古诗首句语名之，因题》：是处江山有钓蓑，相逢休要问如何。

案："江山"，《白沙先生诗近稿》作"江湖"⑥。

【第617页】《偕一之、世卿诣楚云台，偶作呈世卿》：小立三人静楚云，水田漠漠向秋分。

案："水田"，《白沙先生诗近稿》作"水日"⑦。

【第618页】《秋夜楚云台小集，赠俞溥》：江山阔幅无人话，六七青袍一病翁。

案："无人话"，《白沙先生诗近稿》作"无人画"⑧。

【第618页】《忆衡山呈世卿》：今日山斋拥弊绵，幽怀抱膝又经年。

---

① 陈献章撰：《白沙先生诗近稿》第七卷，第65页。
② 同上书，第65页。
③ 同上书，第67页。
④ 同上书，第69页。
⑤ 同上书，第71页。案：此条，陈永正先生经已论列。
⑥ 陈献章撰：《白沙先生诗近稿》第八卷，第79页。
⑦ 同上书，第81页。
⑧ 同上书，第82页。案：此条，陈永正先生经已论列。

案："今日",《白沙先生诗近稿》作"今雨"①。

【第619页】《闻东山先生领都宪之命修理黄河,以诗寄之》:疏凿分更日已多,乾坤无奈一黄河。

案:"以诗寄之",《白沙先生诗近稿》作"以是诗寄之";"分更",作"更纷"②。

【第621页】《次韵陈冕》:秋雨闭门人不见,依稀犹记下江年。

案:"闭门",《白沙先生诗近稿》作"到门"③。

【第622页】《悼马龙有序》:龙从一峰先生游,颇见意趣,……

案:"龙从",《白沙先生诗近稿》作"龙始从"④。

【第623页】《次韵顾别驾留宿碧玉楼》:弘治七年夏六月,按治广东侍御熊公欲创楼于白沙水湄,为往来相接之地,谋始事于我郡主林先生,遂尽闻于藩宪诸公。议既定,别驾以按治之命来相地。是夕,宿白沙碧玉楼。遂次韵奉答。

案:"创楼",《白沙先生诗近稿》作"创亭";"遂次韵奉答",作"赋诗,碧玉主人陈献章次韵答奉"⑤。

【第624页】《湛民泽携诸生游圭峰甚适,奉寄小诗呈文定上人》:君逐我来无记性,东坡言是德云僧。

案:"言是",《白沙先生诗近稿》作"言过"⑥。

【第625页】《次韵廷实见示》

案:"次韵",《白沙先生诗近稿》作"和"⑦。

【第625页】《寄题张主事小西湖次韵》:山禽自斗声音好,来傍竹林眠处呼。

---

① 陈献章撰:《白沙先生诗近稿》第八卷,第85页。
② 陈献章撰:《白沙先生诗近稿》第九卷,第90页。
③ 同上书,第99页。
④ 陈献章撰:《白沙先生诗近稿》第十卷,第107页。
⑤ 同上书,第111—112页。
⑥ 同上书,第113页。
⑦ 同上书,第117页。

案："自鬮"，《白沙先生诗近稿》作"似鬮"①。

【第 625 页】《谢生得京酝以为美，致使白沙，开幕视之，空樽而已，因发一笑》：十千美誉酒家闻，屋里茅柴且赏真。

案："十千"，黄之正刻本《白沙子全集》作"十年"②。

【第 642 页】《寄李白州都宪》

案："李白州"，高简等刻《白沙子》作"李白洲"③。以作"李白洲"为是。李士实，字若虚，号白洲。

【第 650 页】《怀张诩》

案："怀张诩"，高简等刻《白沙子》作"寄张诩"④。

【第 692 页】《秋夕偶成明日揭榜》：犬子初试笔，老妻浪惊起。滔滔终夜心，四海皆名利。

案："犬子初试笔，老妻浪惊起"，《白沙先生诗近稿》作"犬子试初毕，老妻浪惊喜"；"终夜"，作"中夜"⑤。白沙先生此诗，收入《白沙先生诗近稿》第五卷"己酉诗稿"。己酉，为弘治二年（1489）。诗中所谓"犬子"，指陈景旸。据李承箕《陈奉时传》，陈景旸卒于弘治十二年（1499），一生"为邑庠生廪饩者十馀年，不得志于有司者四举矣"⑥。而白沙先生成化二十二年《与宝安诸友》已有"景旸今秋不免随俗应试"之说⑦。然则，陈景旸之赴弘治二年秋试，并非"初试笔"。是故，"犬子初试笔，老妻浪惊起"，《白沙先生诗近稿》作"犬子试初毕，老妻浪惊喜"，于义为长。

（二）根据其他资料补其阙文、校其异文者

【第 37 页】《恩平县儒学记》：当道者以恩平地四达难守，简畀我邑令。

---

① 陈献章撰：《白沙先生诗近稿》第十卷，第 118 页。
② 陈献章撰：《白沙子全集》第六卷，清顺治十二年黄之正刻本，第 47 页。
③ 陈献章撰：《白沙子》第六卷，第 65 页。
④ 同上书，第 71 页。
⑤ 陈献章撰：《白沙先生诗近稿》第五卷，第 44 页。案：此条，陈永正先生经已论列。
⑥ 李承箕：《大厓李先生诗文集》，《四库全书存目丛书·集部》第 43 册，第 565 页。
⑦ 陈献章撰：《陈献章集》上册，第 218—219 页。

鬱林陶侯素有威略，至则急捣其巢穴，亦既杀其桀黠者，遂以其众还各郡县且数万人。

案：此记之碑刻尚存，据陈志平先生所录释文，"鬱林陶侯"后有"鲁侯"二字①。此处句读似应作：当道者以恩平地四达难守，简畀我邑令鬱林陶侯[鲁侯]素有威略，至则急捣其巢穴，亦既杀其桀黠者，遂以其众还各郡县且数万人。

【第37页】《恩平县儒学记》：成化丙申，右都御史郴阳朱公奉勅总督两广军务。

案：此记之碑刻尚存，据陈志平先生所录释文，"朱公"后有"英"字②。

【第37—38页】《恩平县儒学记》：自有边患以来，狼吞虎噬以残民之生，人所知也；汤沸火烈以贼民之性，人未必知也。颠沛流离，死生利害怵于前；而父子失其亲，兄弟失其爱，鼓之以鬪争之风，置之于水火之地，则五品之伦、五常之性与生俱灭，诚不可不惧也。卫灵公问军旅之事，孔子辞以未学，曰："俎豆之事则尝闻之矣。"自今观之，昔者军旅之兴，虽以拯民，亦以弊民。弊民之政，孔子所不忍言，岂得已哉！今地方宁谧，文教聿新，俎豆之事安可一日而不讲耶？邑长俎豆其政而忠信发之，学宫俎豆其教而忠信导之，诸士子俎豆其志而忠信体之。习端而俗正，教立而风行；民乐生而好乱者息，士有耻而慕义者众，则刑罚可省，礼义可兴，囹圄可空，干戈可戢，守令之责尽矣，而君之志宁不亦乐于斯乎！

案：孙通海先生校记云："自'而父子失其亲'至'诸士子俎豆其志而忠信体之'一段，碧玉本文异，因文义不畅，故不移录。"白沙先生此记之碑刻尚存，据陈志平先生所录释文，此节文字作："自有寇患以来，狼吞虎噬以残民之生，人所知也；汤沸火烈以贼民之性，人未必知也。颠沛流离，死生利害怵于前；而父子失其亲，兄弟失其爱，水火之患不息，争鬪之情日炽，则五品之伦、五常之性，几何不与生俱灭耶？故夫君子之政，

---

① 陈志平撰：《陈献章书迹研究》，北京：文物出版社，2009年版，第163页。
② 同上书，第163页。

在于拯民,则军旅之兴有时而不获已;在于防民,则俎豆之事不可一日不讲也。今寇患虽平,民俗未新,邑长以是为政而忠信发之,学官以是为教而忠信导之,诸士子以是为志而忠信体之。习端而俗正,教立而风行;民乐生而好乱者息,士有耻而慕义者众,则刑罚可省,礼义可兴,囹圄可空,干戈可戢,守令之责尽矣,而君之心宁不亦乐于斯乎!"① 两相比较,异文颇多。碑刻文字,或为碧玉本之所据。

【第66页】《跋沈氏新藏考亭真迹卷后》:杨铁厓评其诗谓:"宣公有古风思致。"于考亭惟曰:"朱子之辞不敢评。"

案:据白沙《跋沈氏新藏考亭真迹卷》墨迹图片,"古风"后有"人"字,"惟曰"前有"则"字②。

【第91页】《处士容君墓志铭》:处士姓容氏,名某,字某,娶阮氏,生四男一女。

案:白沙先生此文碑刻尚存,其中"名某,字某",碑刻作"名恪,字允敬"③。

【第116页】《奠表兄何处素文》:维弘治八年,岁次乙卯四月甲寅朔,越二十一日甲戌,孤哀子陈某,谨以牲特柔毛、粢盛酒果,遣子景云等奠于表兄处素何君之灵曰:当披发袒跣之初,闻兄之讣。兄不幸属纩与先妣同日,某摧裂肺腑之馀,无由往哭。乌虖哀哉,乌虖痛哉!兄年七十,不为不寿。兄有二子,不为无后。死生昼夜,万物刍狗。复何言哉!尚享。

案:此文墨迹尚存。"孤哀子陈某"之"陈某",墨迹作"陈献章";"遣子景云等"后,墨迹有"哭"字;"披发袒跣"前,墨迹有"献章"二字;"某摧裂肺腑之馀",墨迹作"献章摧裂肝肺之馀"④。

【第214—215页】《与林郡博(三)》:万里之行,无可为赠,徒深凄

---

① 陈志平撰:《陈献章书迹研究》,第163页。
② 陈福树撰:《陈白沙的书法艺术》,广州:广东旅游出版社,2008年版,第90—91页。
③ 陈福树撰:《陈白沙的书法艺术》,第45页。
④ 陈应耀编注:《白沙先生遗迹》,香港:陈氏耕读堂,1959年版,第17页。

黯而已。辱书，具悉诸况。某七十病翁，理不久生，安知今日之言非永诀耶？三十年游好之情，尽于是矣。异日过定山先生，问我，亦以是告之。

案：林光《南川冰蘗全集》卷末附录白沙先生此书信，作："辱书为别，念缉熙万里之行，无可为赠，徒深凄黯而已。七十病翁，来日无多，又安知今日之言非永诀也耶？三十年游好之情，尽于是矣。异日过江浦，见定山先生，问我，亦以是告之。"① 两相比较，异文颇多②。

【第215页】《与林郡博（四）》：李世卿自嘉鱼来，与湛民泽往游罗浮，今殆一月矣，未知所得何如。老朽亦欲深潜远去，为终老计。

案：罗邦柱先生点校本《南川冰蘗全集》所收录此书信，无"未知所得何如。老朽亦欲深潜远去，为终老计"十八字③。

【第392页】《题筼巢卷》：手把筼巢卷，口咏筼巢诗。白头心折处，碧玉梦醒时。梦将人待远，心与此君期。想见千林暮，还同一鹤栖。

案：据白沙先生此诗之墨迹图片，"手把筼巢卷"，作"手把扶溪卷"；"梦将人待远"作"梦将人代远"④。

（三）根据其他资料补正其校勘之错漏者

【第86页】《李子高墓志铭》：君，名臣之后。八世祖文溪先生忠简公讳昴英，英宗龙图阁待制、尚书、吏部侍郎。

案：孙通海先生校记云，"'英宗'二字，罗本、林本、萧本作'宋'"。李昴英，字俊明，号文溪，南宋时期番禺人，生于宋宁宗赵扩嘉泰元年（1201），卒于宋理宗赵昀宝祐五年（1257）。据记载，宋理宗淳祐十二年（1252）十月，因徐清叟之荐，李昴英得除直宝谟阁江西提刑兼知赣州。宋理宗宝祐二年（1254），李昴英应召入京，除大宗正卿、兼国史院编修实录检讨；未几，兼翰林侍讲学士，升太常卿，除右史，迁左史兼权吏部右侍郎；寻除龙图阁待制、尚书、吏部左侍郎，兼翰林学士监修

---

① 林光撰：《南川冰蘗全集》，第453页。
② 此前，罗邦柱先生点校《南川冰蘗全集》，对此书信之异文，经已一一出校。（林光撰：《南川冰蘗全集》，第513页）
③ 林光撰：《南川冰蘗全集》，第496页。
④ 秦有朋主编：《陈献章书法集》，广州：岭南美术出版社，2008年版，第29页。

国史。宝祐三年（1255），李昂英归隐羊城文溪之上①。而宋英宗赵曙为北宋时皇帝，在位仅四年（1064—1067）。可见，"英宗"应为"理宗"之误。

【第162页】《与张廷实主事（七）》：又举庄子语云："置之一处，无事不办。"

案："置之一处，无事不办"，并非庄子之语，而为佛者之言。《广弘明集》云，"今欲缄其言而正其身者，未若先挫其心而次析其意，故经云：'制之一处，无事不办'"②。《法苑珠林》云，"《遗教经》云：'纵此心者，丧人善事。制之一处，无事不办'"③。《朱子语类》云，"先生语过以为学须要专一用功，不可杂乱，因举异教数语云：'用志不分，乃凝于神'；'置之一处，无事不办'"④。又云，"佛者云'置之一处，无事不办'，也只是教人如此做工夫，若是专一用心于此，则自会通达矣。故学禅者只是把一个话头去看，'如何是佛'、'麻三斤'之类，又都无义理得穿凿。看来看去，工夫到时，恰似打一个失落一般，便是参学事毕。庄子亦云，'用志不分，乃凝于神'，也只是如此教人，但他都无义理，只是个空寂。儒者之学，则有许多义理，若看得透彻，则可以贯事物、可以洞古今"⑤。可见，所谓"置之一处，无事不办"，并非庄子之语，而为佛者之言。白沙先生以"置之一处，无事不办"为庄子之语，当属一时误记。

【第477页】《八年春，部书复至，顾别驾以两司之命来劝驾，用旧写怀韵赋诗见示，答之》

案：孙通海先生校记云："八年，据史料记载，应为[成化]十八年。"然而，此诗收入《白沙先生诗近稿》第10卷"甲寅诗稿"之末⑥。根据李

---

① 参郭棐撰：《粤大记》，广州：中山大学出版社，1998年版，下册，第459页；毛庆耆主编：《岭南学术百家》，广州：广东人民出版社，第145页。
② 道宣辑：《广弘明集》，《弘明集、广弘明集》，上海：上海古籍出版社，1991年版，第318页。
③ 道世《法苑珠林校注》第5册（周叔迦、苏晋仁校注），北京：中华书局，2003年版，第2159页。又，同书第3册第1071、1424页亦有"制之一处，无事不办"之类说法。
④ 朱熹撰：《朱子语类》第7册（王星贤点校），北京：中华书局，1988年版，第2857页。
⑤ 朱熹撰：《朱子语类》第8册，第3018页。
⑥ 陈献章撰：《白沙先生诗近稿》第十卷，第123页。

承箕《石翁先生诗集序》,《白沙先生诗近稿》乃"成都府同知吴君献臣廷举录先生诗,自成化甲辰至弘治乙卯正月,得六百八篇,刻之"①。然则,此诗当作于弘治八年乙卯(1495)正月。孙先生之说,非是。

【第490页】《次韵吴县博见寄》

案:孙通海先生校记云:"'吴',林本、高本、萧本、何本作'吾'。"其实,"吴"字应据林本、高本、萧本、何本改为"吾"。"吾县博",即弘治十一年戊午(1498)秋来广东主持乡试之吾廷介。相关考证,见"【第578页】《戊子秋,开化吴廷介县博校文于我省,念太夫人初度之辰在十月十八日,撤棘之后,幸公程之便,趋归为寿,诗以送之》"条。

【第492页】《次韵吴县博登嘉会楼见寄》

案:孙通海先生校记云:"'吴',原本及林本、萧本作'吾',据碧玉本改。前诗《次韵吴县博见寄》本集正作'吴'。"其实,"吾"字应依照底本及林本、萧本保留,不必,亦不能根据碧玉本改为"吴"。"吾县博",即弘治十一年戊午秋来广东主持乡试之吾廷介。相关考证,见"【第578页】《戊子秋,开化吴廷介县博校文于我省,念太夫人初度之辰在十月十八日,撤棘之后,幸公程之便,趋归为寿,诗以送之》"条。

【第504页】《宋行宫》:三闽四广成虚语,金□□元尽下风。

案:"金□□元",戴璟、张岳等纂修《广东通志初稿》所录此诗,作"金虏元胡"②。

【第536页】《鸲鹆》:白头书小楷,不及蔡君模。

案:"蔡君模",应作"蔡君谟"。蔡襄(1012—1067),字君谟,仙游人,"工书法,小楷、草书为笔甚劲而姿媚有余,人称当时第一"③。白沙先生《风采楼记》亦曾提及"蔡君谟"④。

【第578页】《戊子秋,开化吴廷介县博校文于我省,念太夫人初度之

---

① 李承箕撰:《大厓李先生诗文集》,《四库全书存目丛书·集部》第43册,第595页。
② 戴璟、张岳等纂修:《广东通志初稿》,《四库全书存目丛书·史部》第189册,第626页。
③ 广东、广西、湖南、河南辞源修订组与商务印书馆编辑部编:《辞源》(修订本)下册,北京:商务印书馆,1991年,第2710页。
④ 陈献章撰:《陈献章集》上册,第26页。

辰在十月十八日，撤棘之后，幸公程之便，趋归为寿，诗以送之》：高下原从脚板分，江山富贵几般人。吴家子弟官情薄，欲把行藏寿老亲。

案：孙通海先生校记云："'戊子'，林本、高本、萧本、何本作'戊午'。"孙先生所谓"高本"，乃指明嘉靖十二年高简刻本《白沙子》。高简刻本《白沙子》所收此诗，其题目为"戊午秋，开化吾廷介县博校文于我省，念太夫人初度之辰在十月十八日，撤棘之后，趋归为寿，诗以送之"①。戊午，为弘治十一年（1498）。弘治十五年壬戌（1502）夏六月晦日，白沙先生之高足林光作《跋石斋赠吾廷介诗》，略云："吾廷介岭南选士时，拜石斋先生于白沙，得寿母诗一绝。时值重九，廷介出《和赠诗》一律，又《别后和舟中见寄》一律。余官在太学，廷介新中进士榜，相聚京师，出此卷观之。计石翁此作，去属纩仅一年馀耳。字观其筋骨，诗味其风韵，妙处盖不在多也。言外不尽之意，廷介当自得之。后二绝，子侄辈代答，观者当自辨。"②依据林光此跋，可确知白沙先生此诗乃作于弘治十一年，诗题之"戊子秋"有误，当依林本、高本、萧本、何本改正为"戊午秋"。又："吴廷介"，高简刻本《白沙子》与林光之《跋石斋赠吾廷介诗》，均作"吾廷介"。当以作"吾廷介"为是③。孙通海先生校记又云，"吴家子弟官情薄"之"吴"，"原作'吾'，据碧玉本改"。孙先生根据碧玉本改"吾"为"吴"，非是。

【第806页】《编次陈白沙先生年谱卷一》：又云：其门人最著者，<u>胡居仁</u>、<u>陈献章</u>、<u>娄谅</u>。《次日胡九韶谢复郑伉》<u>娄谅</u>，字克贞，<u>上饶</u>人。少有志，绝学。闻<u>吴与弼</u>在<u>临川</u>，往从之。一日与<u>弼</u>治地，召<u>谅</u>往视，云："学者须亲切务。"

案："次日胡九韶谢复郑伉"，并非书名或者篇名。据《明史·儒林

---

① 陈献章撰：《白沙子》第六卷，第1页。
② 林光撰：《南川冰蘖全集》，第67—68页。
③ 章懋撰：《文山先生吾君墓表》云：吾畀，字景瑞，号默斋，开化人。其次子吾禼，由文安教谕登弘治十五年壬戌进士第。（参章懋《枫山集》，《景印文渊阁四库全书》第1254册，第95—98页）吾廷介，亦开化人，亦曾任教谕（县博），亦于弘治十五年壬戌登进士第。疑吾廷介即吾禼。

传》,"次日"作"次曰","胡九韵"作"胡九韶"。又:"切务"作"细务"①。此处句读应作:又云:其门人最著者,胡居仁、陈献章、娄谅;次曰胡九韶、谢复、郑伉。娄谅,字克贞,上饶人。少有志绝学,闻吴与弼在临川,往从之。一日与弼治地,召谅往视,云:"学者须亲细务。"

【第807页】《编次陈白沙先生年谱卷一》:朱英,字时杰,桂阳人。……天顺十年,巡抚甘肃。冬,总督两广。

案:明英宗以"天顺"年号之纪年,仅八年。无"天顺十年"之说。依据《明史·朱英传》,朱英"成化初服阕,补陕西。……十年以右副都御史巡抚甘肃,先后陈安边二十八事。其请徙居戍、安流离、简贡使,于时务尤切。明年冬,两广总督吴琛卒,廷议以英前在广东有威信,遂以代琛。"②可见,朱英之巡抚甘肃,乃在成化十年(1474);明年冬,总督两广。故"天顺十年,巡抚甘肃。冬,总督两广",应作"成化十年,巡抚甘肃。明年冬,总督两广"③。

【第811页】《编次陈白沙先生年谱卷一》:本集诗:《九月送吴廷介归开化》七绝。(序:"戊子秋,开化吴廷介县博校文于我省,念太夫人初度之辰在十月十八日,撤棘之后趋归,为寿诗以送之。")

案:"戊子秋",应作"戊午秋";"吴廷介",应作"吾廷介"。相关考证见前。此处句读应作:本集诗:九月,《送(吴)[吾]廷介归开化》七绝。(序:"戊(子)[午]秋,开化(吴)[吾]廷介县博校文于我省,念太大人初度之辰在十月十八日,撤棘之后,趋归为寿,诗以送之。")顺便言之,阮榕龄将此诗系于成化四年戊子(1468),乃因不察"戊子秋"之讹而误。当将其改系于弘治十一年戊午(1498),且将"吴廷介"改正为"吾廷介"。

【第811页】《编次陈白沙先生年谱卷一》:先是,先生寓神乐观,科

---

① 张廷玉等撰:《明史》第24册,北京:中华书局,2003年版,第7241、7263页。
② 张廷玉等撰:《明史》第16册,第4741页。
③ 案:阮榕龄《编定白沙年谱例引》所引《明史·朱英传》,乃作朱英"成化十年巡抚甘肃,明年冬总督两广"。(陈献章撰:《陈献章集》,下册,第795页)不误。阮氏此所谓朱英"天顺十年,巡抚甘肃。冬,总督两广",其错误或为疏忽所致,或为手民误刻。

道诸公往来请益无虚日,既而某科道被劾,疑出先生,故恶之深……

　　案:"某科道被劾",张诩《白沙先生行状》作"某被科道劾"①。以作"某被科道劾"为是。

【第 818 页】《编次陈白沙先生年谱卷一》:儒士<u>陈琮妻林化,献章母也</u>。

　　案:"林化",阮元修、陈昌齐等纂《广东通志》作"林氏"②。以作"林氏"为是。

【第 829 页】《编次陈白沙先生年谱卷二》:<u>陈白沙征到京,吏部尚书问曰:"贵省官如何?"曰:"与天下省官同。"请独坐,即坐无辞。此尽朴实有所养。(《明儒学案》引《泾野语录》)</u>

　　案:"请独坐"之"独",《泾野子内篇》、《明儒学案》均作"对"③。

【第 840 页】《编次陈白沙先生年谱卷二》:<u>李士实,字白洲,新建人。成化二十三年任按察副使。(阮《通志》)</u>

　　案:"字白洲",应作"号白洲"。李士实,字若虚,新建人④。

【第 862—863 页】《编次陈白沙先生年谱卷二》:<u>李世卿三至白沙,始居一月,继也一岁,又继则二岁矣。(《广东新语》)</u>

　　案:"始居一月",屈大均《广东新语》作"始居七月"⑤。

【第 936 页】《嘉会楼记》:……议甫定,即檄通判顾文特来卜地。

　　案:"特",张诩《东所先生文集》作"时"⑥。

【第 953 页】《白沙先生像赞》:冒风衡雨,殆亿万回而睇日月。

　　案:"衡雨",张诩《东所先生文集》作"衝雨"⑦。

---

① 陈献章撰:《陈献章集》下册,第 870 页。
② 阮元修、陈昌齐等纂:《广东通志》,《续修四库全书》第 675 册,上海:上海古籍出版社,2002 年版,第 428 页。
③ 吕柟撰:《泾野子内篇》(赵瑞民点校),北京:中华书局,1992 年版,第 54 页;黄宗羲《明儒学案》修订本上册(沈芝盈点校),北京:中华书局,2008 年版,第 139 页。
④ 国立中央图书馆:《明人传记资料索引》,台北:文史哲出版社,1978 年,第 190 页。
⑤ 屈大均撰:《广东新语》上册,北京:中华书局,2006 年版,第 311 页。
⑥ 张诩撰:《东所先生文集》,《四库全书存目丛书·集部》第 43 册,第 396 页。
⑦ 同上书,第 419 页。

（四）根据底本（何九畴刻《白沙子全集》）或本集（《陈献章集》）补正其校勘之错漏者

【第24页】《诔李亨诗序》：李亨之交于予十六载，意笃而业不光，……

案：对篇题之"李亨"，孙通海先生校记云，"碧玉本作'潘季亨'"；对内文之"李亨"，孙先生校记云，"碧玉本作'季亨'，下同"。然所得见之何九畴刻本《白沙子全集》①，其篇题及内文均作"季亨"，不作"李亨"。

【第125页】《与朱都宪（二）》：密被征时，密之心盖自揆安于事刘，止则为中而行非中也。

案："止则为中"，何九畴刻《白沙子全集》作"则止为中"②。

【第136页】《与丘侍御》：承差二十裏来，得至苍梧书。

案："二十裏"，何九畴刻《白沙子全集》作"廿裏"③。

【第166页】《与张廷实主事（十五）》：近得林子逢书，颇悉平湖履任来消息，……

案："近得"，何九畴刻《白沙子全集》作"近来"④。

【第275页】《湖山雅趣赋》：所过之地，盼高山之漠漠，涉惊波之漫漫；……

案："盼"，何九畴刻《白沙子全集》作"眄"⑤。

---

① 案：所得见之何九畴刻本《白沙子全集》为影印线装本，六卷，六册一函。其封面书名下有"百岁后学卢湘父敬署"字样，第一册扉页书名之左有"理堂藏板"四字。因该书缺版权页，其出版者、出版地点以及出版时间均无法确定，疑为20世纪60年代香港白沙教育基金会影印本。
② 高简等刻《白沙子》亦作"则止为中"。（陈献章撰：《白沙子》第二卷，第6页）
③ 高简等刻《白沙子》、黄之正刻《白沙子全集》、四库全书本《陈白沙集》亦作"廿裏"。（参陈献章撰：《白沙子》第二卷，第16页；陈献章：《白沙子全集》第二卷，清顺治十二年黄之正刻本，第16页；陈献章撰：《陈白沙集》，《景印文渊阁四库全书》第1246册，第46页）案："承差廿裏来"，颇难理解。疑"廿裏"为来人姓名。若然，则"廿裏"或为"甘裏"之误。此仅属臆测，详情有待进一步考证。
④ 黄之正刻《白沙子全集》、四库全书本《陈白沙集》亦作"近来"。（陈献章撰：《白沙子全集》第二卷，清顺治十二年黄之正刻本，第50页；陈献章撰：《陈白沙集》，《景印文渊阁四库全书》第1246册，第63页）高简等刻《白沙子》则作"近得"。（参陈献章撰：《白沙子》第二卷，第51页）
⑤ 高简等刻《白沙子》、黄之正刻《白沙子全集》亦作"眄"。（参陈献章撰：《白沙子》第四卷，第38页；陈献章撰：《白沙子全集》第四卷，清顺治十二年黄之正刻本，第38页）

【第429页】《太子少保诚庵朱公归葬郴阳，适会宪长陶公遣生员陈谏偕景旸往祭其墓，遂并以公意作诗赠之》

案："景旸"，根据白沙先生"《景云如郴阳未返，怀之，用旧韵》"诗①；以及《祭诚庵先生文》所谓"遣子陈景云致祭于诚庵老先生太子少保朱公之灵"、《与林郡博（六）》所云"景云如桂阳未返，张佥宪日夕至学，景旸惟课访是急忙，诸侄营葬事，往候无人"等说法②，应作"景云"。

【第658页】《枳壳》：南州花草虽无敌，敢与东风枳壳争。

案：孙通海先生校记云，"敢与东风枳壳争，原空缺，据萧本补"。然所见何九畴刻《白沙子全集》作"□□□□□敢争"，并非空缺。"□□□□□敢争"，疑应作"东风枳壳亦敢争"。详情有待进一步考证。

【第812页】《编次陈白沙先生年谱卷一》：成化己丑三月，行李出京，是日次析木之店，以示东吴张声远，锁一见惊绝，闻阅之竟日不瞬。

案："闻阅之竟日不瞬"，白沙先生撰《跋张声远康斋真迹》作"阅之竟日不目瞬"③。此处句读应作：成化己丑三月，行李出京，是日次析木之店，以示东吴张声远锁，一见惊绝，（闻）阅之竟日不[目]瞬。

【第813页】《编次陈白沙先生年谱卷一》：明年，复于吾第之左，结草居三间。

案："草居"，白沙先生撰《寻乐斋记》作"草屋"④。

【第815页】《编次陈白沙先生年谱卷一》：野人有妇亦以伐臼之劳而已。

案："伐臼白之劳"，白沙先生撰《与胡金宪提学》作"代臼春之劳"⑤。

【第819页】《编次陈白沙先生年谱卷一》：《承张方伯报旌表家慈书至》五律，……

案：《承张方伯报旌表家慈书至》，据《陈献章集》，应作"《承张

---

① 陈献章撰:《陈献章集》下册，第431页。
② 陈献章撰:《陈献章集》上册，第108、216页。
③ 同上书，第67页。
④ 同上书，第47页。
⑤ 同上书，第151页。

方伯报旌表家慈贞节》、《旌表家慈书至》"①。

【第819页】《编次陈白沙先生年谱卷一》:《赠马龙如湖南奠罗一峰先生》五古。

案:"湖南",《陈献章集》作"湖西"②。

【第835页】《编次陈白沙先生年谱卷二》:原注:"丁县长告子谢病不果行。"

案:"子",《陈献章集》作"予"③。

【第840页】《编次陈白沙先生年谱卷二》:白沙先生年六十。

案:"年六十",《陈献章集》作"六十年"④。

【第843页】《编次陈白沙先生年谱卷二》:此日江山初见子,向来风月更因谁?春波浩荡舟难系,晓树啼莺枕欲欹。

案:"风月",《陈献章集》作"风韵";"浩荡",作"荡柳"⑤。

【第848页】《编次陈白沙先生年谱卷二》:匪石征《药石记》,已托邹汝愚具稿,早晚录上。

案:据《陈献章集》所收《与刘方伯东山先生》,"《药石记》"应作"《乐记》"⑥。

【第848页】《编次陈白沙先生年谱卷二》:孤儿四月初离乳,夫子风流尽盖棺。

案:"四月",《陈献章集》作"岁月"⑦。

【第848页】《编次陈白沙先生年谱卷二》:《张克修别驾梧州守来别白沙二首》五绝。

案:"张克修别驾"后,《陈献章集》有"迁"字⑧。应将"迁"字补出。

---

① 陈献章撰:《陈献章集》上册,第396页。
② 同上书,第286页。
③ 陈献章撰:《陈献章集》下册,第570页。
④ 同上书,第432页。
⑤ 同上书,第438页。
⑥ 陈献章撰:《陈献章集》上册,第126页。
⑦ 陈献章撰:《陈献章集》下册,第497页。
⑧ 同上书,第524页。

【第851页】《编次陈白沙先生年谱卷二》：顧执事复按治之命，……

案："顾"，《陈献章集》作"愿"①。

【第853页】《编次陈白沙先生年谱卷二》：丧次溽暑不可处，近迁碧玉楼西，正南开窗户，又为东南风揽不得睡。

案：据《陈献章集》所收《与湛民泽（二）》，"揽"作"揽枕"②。

【第854页】《编次陈白沙先生年谱卷二》：吾事不了，安知其终不汨没于尘耶？

案：据《陈献章集》所收《与湛民泽（三）》，"尘"后有"土"字③。

【第856页】《编次陈白沙先生年谱卷二》：《次世卿韵再至白沙》七绝，……

案："次世卿韵"，《陈献章集》作"次韵世卿"④。

【第857页】《编次陈白沙先生年谱卷二》：本集：作《速句丁知县庙疏》。

案："句"，《陈献章集》作"勾"⑤。

【第857页】《编次陈白沙先生年谱卷二》：林郡博何日归五羊，不留一字耶？

案：据《陈献章集》所收《与张廷实主事（四）》，"归"作"过"⑥。

【第859页】《编次陈白沙先生年谱卷二》：戊午二月初二，石翁在碧玉楼力疾书。

案：据《陈献章集》所收《与湛民泽（十一）》，"二月"作"三月"⑦。

【第859页】《编次陈白沙先生年谱卷二》：春日溪边送阮郎，落花半落流水香。

案：据《陈献章集》，"落花"作"桃花"，"流水"作"溪水"⑧。

【第861页】《编次陈白沙先生年谱卷二》：北窗一卷羲皇前，青镫碧

---

① 陈献章撰：《陈献章集》上册，第205页。
② 同上书，第189页。
③ 同上书，第190页。
④ 陈献章撰：《陈献章集》下册，第616页。
⑤ 陈献章撰：《陈献章集》上册，第81页。
⑥ 同上书，第161页。
⑦ 同上书，第194页。
⑧ 陈献章撰：《陈献章集》下册，第633页。

玉眠三年。

案："一卷",《陈献章集》作"一榻"①。

（五）虽无本可据、然可依文义补正其校勘之错漏者

【第206页】校注[一]：文后，罗本、林本、萧本有"弘治戊午八月九日，某顿首海北汪侯足下"十七字。

案：此为《与余通守（一）》之校记。与余通守书，而其落款却为"某顿首海北汪侯足下"，于情于理均不合。以情理言，"弘治戊午八月九日，某顿首海北汪侯足下"十七字，应为《与汪提举（一）》②之落款。此或为手民误植。

【第206页】校注[二]：文后，罗本、林本、萧本有"月日，某再拜海北汪大人足下"十二字。

案：此为《与余通守（二）》之校记。与余通守书，而其落款却为"某再拜海北汪大人足下"，于情于理均不合。以情理言，"月日，某再拜海北汪大人足下"十二字，应为《与汪提举（二）》③之落款。此或为手民误植。

【第623页】《偶忆廷实迁居之作次韵示民泽》：人或有疑容未信，已如深信不妨疑。

案："已"，应作"己"。"人"、"己"相对。

【第797页】《编定白沙年谱例引》：今榕是谱，盖窃续其未意之绪云尔。

案："未意之绪"，应作"未竟之绪"。形近而误。

二、标点方面

同样，在标点方面，孙通海先生点校之《陈献章集》，依然存在一些错误。其中，有因不熟悉文献或不了解地名而导致之错误，有因不理解文

---

① 陈献章撰：《陈献章集》上册，第324页。
② 同上书，第203—204页。
③ 同上书，第204页。

义或疏忽而导致之错误。兹亦对其略加补正。

（一）补正其因不熟悉文献或不了解地名而导致之错误

【第 48 页】《风木图记》：吾闻之曾子再仕而心再化，曰："吾及亲，仕三釜而心乐；后仕，三千锺不洎，吾心悲。"弟子问于仲尼曰："若参者，可谓无所县其罪乎？"曰："既已县矣。夫无所县者，可以有哀乎？彼视三釜、三千锺，如鹳雀蚊虻相过乎前也。"

案："吾闻之"之后文字，语出《庄子·寓言》①。此处句读应作：吾闻之："曾子再仕而心再化，曰：'吾及亲仕，三釜而心乐；后仕，三千锺不洎，吾心悲。'弟子问于仲尼曰：'若参者，可谓无所县其罪乎？'曰：'既已县矣。夫无所县者，可以有哀乎？彼视三釜、三千锺，如鹳雀蚊虻相过乎前也。'"

【第 208 页】《与左知县（二）》：由邓生之言，知明府遗爱仁化已多。今者，邻封得此贤牧，幸甚，幸甚。

案：仁化，地名，在广东北部。此处句读应作：由邓生之言，知明府遗爱仁化已多。今者，邻封得此贤牧，幸甚，幸甚。

【第 217 页】《复梁二教伯鸿》：尹秀才至，辱书，兼拜汝帖之贶，感感。

案："《汝帖》"为汝州知州王寀汇集自夏至五代之金文及名家书法，于北宋大观三年刻制成书之丛帖，共十二卷②。此处句读应作：尹秀才至，辱书，兼拜《汝帖》之贶，感感。

【第 839 页】《编次陈白沙先生年谱卷二》：吏科给事中闽人林粹夫廷玉，父芝司训导信宜，母没，留葬焉。及父迁韩府纪善，占籍。平凉，遂领陕西解首，连第进士。

案：平凉，地名，明朝属陕西，现今属甘肃。此处句读应作：吏科给事中闽人林粹夫廷玉，父芝司训导信宜，母没，留葬焉。及父迁韩府纪善，占籍平凉，遂领陕西解首，连第进士。

---

① 郭庆藩撰：《庄子集释》第 4 册（王孝鱼点校），北京：中华书局，1993 年版，第 954—955 页。
② 陈志平撰：《陈献章书迹研究》，第 51 页。

【第860页】《编次陈白沙先生年谱卷二》:《易》曰"安土敦仁。"故能爱,否则未见其能爱也。

案:"安土敦乎仁,故能爱",语出《周易·系辞上》。此处句读应作:《易》曰"安土敦仁,故能爱",否则,未见其能爱也。

【第866页】《明儒学案白沙学案案语》:罗文庄言:"近世道学之昌,白沙不为无力;而学术之误,亦恐自白沙始。""至无而动,至近而神",此白沙自得之妙也。彼徒见夫至神者,遂以为道在是矣,而深之不能极,几之不能研,其病在此。缘文庄终身认心性为二,遂谓先生明心而不见性,此文庄之失,不关先生也。

案:罗文庄,即罗钦顺。自"近世道学之昌"至"其病在此"数句,语出罗钦顺《困知记》①。此处句读应作:罗文庄言:"近世道学之昌,白沙不为无力;而学术之误,亦恐自白沙始。'至无而动,至近而神',此白沙自得之妙也。彼徒见夫至神者,遂以为道在是矣,而深之不能极,几之不能研,其病在此。"缘文庄终身认心性为二,遂谓先生明心而不见性,此文庄之失,不关先生也。

(二)补正其因不理解文义或因疏忽而导致之错误

【第10页】《澹斋先生挽诗序》:益之子执馈于我,云也;今为梁氏甥,戚也。

案:"云",当指白沙先生之子陈景云。故此处句读应作:益之子执馈于我,云也今为梁氏甥,戚也。

【第23页】《周氏族谱序》:世祖尝手抚其肩宠之,时人为之号曰"御搭手"。周云,……

案:此处句读应作:世祖尝手抚其肩宠之,时人为之号曰"御搭手周"云。……

【第32页】《重修梧州学记》:……况于广大尊严,端凝洒落,默契乎人心;正大之所存,与山岳而并峙,显著乎烟霞;岁月之所积,与大化而

---

① 罗钦顺《困知记》(阎韬点校),北京:中华书局,1990年版,第39页。

同流，不可动摇，不可束缚也哉！

案：此处句读疑应作：……况于广大尊严、端凝洒落，默契乎人心正大之所存，与山岳而并峙；显著乎烟霞岁月之所积，与大化而同流，不可动摇、不可束缚也哉！

【第45页】《永慕堂记》：彼幼而慕，壮而衰，老而遂忘，慕之不至而迁于物，是之谓情；其性非知内外轻重之别者也。

案：此处句读应作：彼幼而慕，壮而衰，老而遂忘，慕之不至而迁于物，是之谓情其性，非知内外轻重之别者也。

【第74页】《跋潘氏族谱后》：夫惟君子以神之没身焉，其孝至于通神明，光上下。存乎孝悌，形于事君为良，临大节为忠，感于人心、措诸天下为事业。存乎推延，光于简册，存乎名。勉而行之，存乎诚。

案：此处句读应作：夫惟君子以神之没身焉，其孝至于通神明、光上下，存乎孝悌；形于事君为良，临大节为忠，感于人心、措诸天下为事业，存乎推延；光于简册，存乎名；勉而行之，存乎诚。

【第76页】《苍梧纪行》：会按察佥宪翁侯谪、北流簿都给事黄坦、广西参政黄埙、佥宪萧苍。

案：此处句读应作：会按察佥宪翁侯、谪北流簿都给事黄坦、广西参政黄埙、佥宪萧苍。

【第85页】《朱君惟庆墓志铭》：其才如此，与太保俱学，其不迁业于戎伍，以需其成，其亦可观也。夫君娶何氏，生男子四人……

案：此处句读应作：其才如此，与太保俱学，其不迁业于戎伍，以需其成，其亦可观也夫！君娶何氏，生男子四人……

【第89页】《宝安林彦愈墓志铭》：君性快朗，赡于才而周于事，有忤之者，声色为突然，其消也，可立而待。

案：此处句读应作：君性快朗，赡于才而周于事。有忤之者，声色为突；然其消也，可立而待。

【第92页】《朱夫人胡氏墓志铭》：吾入其室，神爽顿清，便如向夜入三洲岩，秉烛读苏子瞻，题名陶长官。不以家累自随，公舍人自桂阳来者，老苍头一人而已。

案：此处句读应作：吾入其室，神爽顿清，便如向夜入三洲岩，秉烛读苏子瞻题名。陶长官不以家累自随，公舍人自桂阳来者，老苍头一人而已。

【第95页】《王徐墓志铭》：过此以往，举无所用。其心黜陟不闻，理乱不知，老死岩穴之间，盖福人也，……

案：此处句读应作：过此以往，举无所用其心。黜陟不闻，理乱不知，老死岩穴之间，盖福人也，……

【第132页】《与贺克恭黄门（一）》：今之论人于出处曰贺黄门，贺黄门亦蒙厕贱名于黄门之下，岂不以同志者少，不同者多耶！

案：此处句读应作：今之论人于出处，曰"贺黄门"、"贺黄门"，亦蒙厕贱名于黄门之下，岂不以同志者少、不同者多耶？

【第144页】《复陶廉宪（七）》：伏惟执事念旧济贫之盛，心非言语所能宣也。

案：此处句读应作：伏惟执事念旧济贫之盛心，非言语所能宣也。

【第146页】《复赵提学佥宪（二）》：……只如此诗者，《偶读宋文鉴》、《和得半山诗》数首，论者云陈公甫喜荆公辈人。直如此草草，仆平生得无巴鼻之谤多类此，可怪也。

案：此处句读疑应作：……只如此诗者。偶读《宋文鉴》，和得半山诗数首。论者云陈公甫喜荆公辈人，直如此草草。仆平生得无巴鼻之谤多类此，可怪也。

【第179页】《与张廷实主事（四十三）》：德纯先生竟止于此道路，谤言不知何所从起。

案：此处句读应作：德纯先生竟止于此。道路谤言，不知何所从起。

【第194页】《与陈进士时周》：贤者审择内外取舍之宜，以事其亲爱，日之诚而无不及之，悔在我而已。

案："爱日"为一词。《辞源》云："汉扬雄《法言·孝至》：'不可得而久者，事亲之谓也，孝子爱日。'后因称子奉侍父母之日为爱日。《论语·里仁》'父母之年不可不知也'宋朱熹《集注》：'而于爱日之诚，自有不能已者。'"① 此处句读应作：贤者审择内外取舍之宜，以事其亲，爱日之诚而无不及之悔，在我而已。

【第 195 页】《与袁进士》：时人或铮铮自许，其不欺反出足下下。

案：此处句读应作：时人或铮铮自许其不欺，反出足下下。

【第 200 页】《与丘苏州》：承谕，周翠渠守广德有声，因记。曩岁周侯《赠贺克恭诗》云：……

案：此处句读应作：承谕周翠渠守广德有声，因记曩岁周侯《赠贺克恭诗》云：……

【第 215 页】《与林郡博（六）》：比得南京李学录书，中间报庄验封以去，秋八月履任，寻得疾卧家，至冬间发此书时，已闻定山将出谢病，未审然否？

案：庄验封，指庄昶。据湛若水《明定山庄先生墓志铭》，庄昶于"[弘治]八年乙卯三月，升南京吏部验封司郎中，八月日到任"②。此处句读应作：比得南京李学录书，中间报庄验封以去秋八月履任，寻得疾卧家，至冬间发此书时，已闻定山将出谢病，未审然否？

【第 248 页】《与沈都宪》：承录示晦翁《南轩古诗》，令作跋。此骥尾之附，孰不以为荣？

案：此处句读应作：承录示晦翁、南轩古诗，令作跋，此骥尾之附，孰不以为荣？

【第 249 页】《复陈方伯（二）》：贤人屈伸在道，公所存忧乐，安能夺之？

案：此处句读应作：贤人屈伸在道，公所存，忧乐安能夺之？

【第 414 页】《游心楼，为丁县尹作》：乾坤一点龙门意，分付当年尹彦明。

案：孙通海先生校记云："彦明，碧玉本作'彦诚'。按丁积，字彦

---

① 广东、广西、湖南、河南辞源修订组与商务印书馆编辑部编：《辞源》（修订本）上册，第 1151 页。
② 湛若水《甘泉先生文集》外编第九卷，明嘉靖十五年刻本，第 13 页。案："八年"，原文误作"八月"。

诚。彦明或是别字。"白沙先生此诗墨迹正作"彦明"[1]，不作"彦诚"。碧玉本作"彦诚"，非是。而孙先生以为"彦明"或是丁积"别字"，亦非。其实，尹彦明即尹焞（1071—1142），洛阳人，程颐弟子。此处句读应作：乾坤一点龙门意，分付当年尹彦明。

【第443页】《得邓俊圭书》：汉老岂非徐孺子，宋人何独薛居州？

案：徐穉，字孺子，东汉南昌人；薛居州，见《孟子·滕文公章句下》。此处句读应作：汉老岂非徐孺子，宋人何独薛居州？

【第556页】《题朴轩》：莫将甲子编年看，人道翁生大挠前。

案：大挠，"黄帝史官，相传他始作甲子，以干支相配以纪日"[2]。此处句读应作：莫将甲子编年看，人道翁生大挠前。

【第696页】《遇雨诗》：易菊主偕其侄塔杨和从子庸信宿白沙，……

案：此处句读应作：易菊主偕其侄塔杨和、从子庸信宿白沙，……

【第812页】《编次陈白沙先生年谱卷一》：本集《告罗一峰墓文》："成化己丑夏，予遇先生于南畿，盍簪之欢，忘形尔。汝既三宿而后去。"

案：此处句读应作：本集《告罗一峰墓文》："成化己丑夏，予遇先生于南畿，盍簪之欢，忘形尔汝。既三宿而后去。"

【第813页】《编次陈白沙先生年谱卷一》：予邑西南四十里菌头蒋山有阮公兰亭墓碑，有曰："君为外兄弟，谊不可辞。"是何与阮为戚。属文凡二百五十馀字，惜残缺者已五十许字。

案：此处句读应作：予邑西南四十里菌头蒋山有阮公兰亭墓碑，有曰："君为外兄弟，谊不可辞。"是何与阮为戚属。文凡二百五十馀字，惜残缺者已五十许字。

【第837页】《编次陈白沙先生年谱卷二》：听讼不事刑，朴民化其德，皆不忍欺。

案：此处句读应作：听讼不事刑朴，民化其德，皆不忍欺。

---

[1] 陈福树撰：《陈白沙的书法艺术》，第51页。
[2] 广东、广西、湖南、河南辞源修订组与商务印书馆编辑部编：《辞源》（修订本）上册，第674页。

【第854页】《编次陈白沙先生年谱卷二》：金泽，字玉润，鄞县人。升广东布政，百废俱兴。无何，赣寇，陆梁命泽为右都御史，巡抚江西。(《氏姓谱》)

案："陆梁"，犹言"猖獗"①。非人之姓名也。此处句读应作：金泽，字玉润，鄞县人。升广东布政，百废俱兴。无何，赣寇陆梁，命泽为右都御史，巡抚江西。(《氏姓谱》)

【第858页】《编次陈白沙先生年谱卷二》：弘治十年春，韶守钱君镛作《风采楼》。

案："风采楼"，并非书名或篇名，而为楼名，不当加书名号。此处句读应作：弘治十年春，韶守钱君镛作风采楼。

综上所述，孙通海先生点校《陈献章集》时，在校勘方面，由于未能见到像《白沙先生诗近稿》之类重要版本，由于不太注其他资料之校勘价值，致使《陈献章集》中某些重要差异与错漏未能校出。《白沙先生诗近稿》于弘治九年由成都府同知吴廷举刊刻，为白沙先生生前刊行之诗集，所收录诗作，"自成化甲辰至弘治乙卯正月，得六百八篇"②。以此六百馀诗篇，与《陈献章集》之相关篇章对照，其异文即多至以百计，由此可见其校勘价值。陈永正先生云，对《白沙先生诗近稿》之类重要版本，孙通海先生当时"未能觅得，至为憾事"③。其言当非虚语。在标点方面，孙先生之错误，多由于其对一些经典文献不太熟悉、对一些地名不了解以及对部分段落之文义不理解等原因所导致。

(本文原载北京大学《儒藏》编纂中心编《儒家典籍与思想研究》第三辑，北京：北京大学出版社，2011年4月)

---

① 广东、广西、湖南、河南辞源修订组与商务印书馆编辑部编：《辞源》(修订本)下册，第3277页。
② 李承箕撰：《大厓李先生诗文集》，《四库全书存目丛书·集部》第43册，第595页。
③ 陈永正撰：《〈白沙先生诗近稿〉校读小记》，《岭南文史》2008年第2期，第29—30页。

湛若水对陈白沙静坐学说的阐释

——以《白沙子古诗教解》为中心

湛若水（1466—1560），字元明。初名露，字民泽，避祖讳改名为雨，后定今名。广东增城县甘泉都（今增城市新塘镇）人，学者称之为甘泉先生。湛若水是白沙的最重要弟子之一、是白沙亲自认可的衣钵传人，这是没人否认的事实。然而，湛若水是如何继承与发展白沙学说的，一直是学术界比较关心的问题，甚至是颇具争议性的问题。就见闻所及，目前围绕这个问题发表的专题论文，已有多篇[1]。要了解湛若水是如何继承与发展白沙学说这个问题，首先得了解湛若水对白沙学说的阐释。而要了解湛若水对白沙学说的阐释，其《白沙子古诗教解》（或其修订本《白沙先生诗教

---

[1] 王韶生撰《读湛甘泉〈诗教解〉并申论白沙学说》(《白沙学刊》，1963年，创刊号）；荒木见悟撰《陈白沙与湛甘泉》(李凤全译，《中国人民大学学报》，1991年，第6期）；李锦全撰《湛甘泉哲学思想纵横谈》(《学术研究》，1992年，第5期）与《白沙与甘泉在认识方法上的异同——兼对"静坐"问题的评述》(章继光等主编：《陈白沙研究论文集》，长沙：湖南大学出版社，2001年，第262—265页）；罗邦柱撰《辨儒释之异同，继白沙之绝学——甘泉遵道管窥》、陈占标撰《湛若水师承白沙学说略论》、李育中撰《从陈白沙到湛甘泉——提出一个"陈湛学派"问题》(关步勋等主编：《湛甘泉研究文集》，广州：花城出版社，1993年，第55—62、127—135、208—214页）；陈裕荣撰《陈白沙与湛甘泉》(王曙星、杨伟雄主编：《陈白沙新论》，广州：花城出版社，1995年，第290—301页）；方国根撰《湛若水心学思想的理论特色——兼论湛若水与陈献章、王阳明心学的异同》(《哲学研究》，2000年，第10期）；刘兴邦撰《论江门学派》(《五邑大学学报》社会科学版，2004年，第1期）；方映灵撰《试论陈白沙与湛甘泉哲学的师承关系——兼与陈来先生商榷》(《广东社会科学》，2004年，第3期）；陈宪猷撰《论湛甘泉对陈白沙的继承与扬弃》(《华南师范大学学报》社会科学版，2005年，第4期）。

解》）无疑是最重要的资料①。但是，在以往的研究中，在讨论湛若水对白沙学说的阐释、湛若水对白沙学说的继承与发展时，许多人都忽略了这一重要资料，而没有加以重视与利用②，这无疑是一种严重的缺失。在这里，我们即以《白沙子古诗教解》（及其修订本《白沙先生诗教解》）为中心，就湛若水对白沙静坐学说的阐释这个问题略为论述。

一

在陈白沙学说中，有一个重要内容，这就是对"静坐"的强调。白沙在《复赵提学佥宪》中，自述其为学经历云："仆才不逮人，年二十七始发愤从吴聘君学。其于古圣贤垂训之书，盖无所不讲，然未知入处。比归白沙，杜门不出，专求所以用力之方。既无师友指引，惟日靠书册寻之，忘寝忘食，如是者亦累年，而卒未得焉。所谓未得，谓吾此心与此理未有凑泊吻合处也。于是舍彼之繁，求吾之约，惟在静坐，久之，然后见吾此心之体隐然呈露，常若有物。日用间种种应酬，随吾所欲，如马之御衔勒也。体认物理，稽诸圣训，各有头绪来历，如水之有源委也。于是涣然自信，曰：'作圣之功，其在兹乎！'有学于仆者，辄教之静坐，盖以吾所经历粗有实效者告之，非务为高虚以误人也。"③其《与林缉熙书》云："秉

---

① 根据湛若水《诗教解原序》，（湛若水撰：《白沙子古诗教解》卷首，陈献章撰《陈献章集》，北京：中华书局，2008年，下册，第699页）《白沙子古诗教解》（2卷）大概完成于正德十六年（1521）七月。其初刻本之梓行及存佚情况不详。此书后经增删、修订，改题为《白沙先生诗教解》（10卷），并附《诗教外传》（5卷）。依据陈寰的《书白沙先生诗序》，（载湛若水撰：《白沙先生诗教解》卷首，《四库全书存目丛书》，济南：齐鲁书社，1997年，集部，第35册，第524—525页）《白沙先生诗教解》梓行于嘉靖五年（1526）年底。
② 只有王韶生先生的《读湛甘泉〈诗教解〉并申论白沙学说》（《白沙学刊》，1963年，创刊号）、章沛先生的《陈白沙哲学思想研究》（广州：广东人民出版社，1984年）、罗邦柱先生的《辨儒释之异同，继白沙之绝学——甘泉遵道管窥》（关步勋等主编：《湛甘泉研究文集》，广州：花城出版社，1993年，第55—62页）比较重视《白沙子古诗教解》并加以较多的引述。
③ 陈献章撰：《陈献章集》，上册，第145页。

笔欲作一书寄克恭,论为学次第,罢之,不耐寻思,竟不能就。缉熙其代余言。大意只令他静坐,寻见端绪,却说上良知良能一节,使之自信,以去驳杂支离之病,如近日之论,可也。"① 其《与贺克恭黄门》云:"为学须从静中坐养出个端倪来,方有商量处。"② 静坐作为白沙的为学之方、教人之法,所强调的是通过身体的调适,达至心境的虚明,以"养出个端倪来"、以"见吾此心之体隐然呈露",最终使此心与此理有"凑泊吻合处",进而达到"心理合一"的境界。

在《白沙子古诗教解》中,湛若水对白沙的静坐学说有所论述。在对白沙《和杨龟山此日不再得韵》诗的解释中,湛若水说:

> 比而赋也。《此日不再得》,乃宋儒杨龟山作以示学者。先生年四十复游太学,祭酒邢让以为试题,故先生作此自言其学圣之事也。首二句,以谋衣食之急比谋道之急,以引通篇。负奇气而磨青苍,欲希天也。梦古人而悲流光,恐蹉跎也。高瞻远望,古人先得我心者,朱紫阳之说敬乎!盖敬者圣人之心,法圣德莫大于敬,则入德莫要于主敬。主敬以剖义利,则圣可学可见。圣学非难,要在心臧而已。心者,敬之主宰,万善所由发端者也。能反心以养其善端,勿为戕贼,方为道德之膏腴,若文辞不过秕糠。人身参天地,不能追古人道德之轶驾,但漱文辞之秕糠,何足贵哉?今以木钻之弱质,研弥坚之道,如磐石难入,安得不愧愤交集、夜起彷徨?盖以圣途远而心思长也,则及时精进,安可缓乎?行远自迩,进学之序也。育德含章,道德之积也。时先生年四十,此云"迩来十六载"者,白二十五岁将往学临川时始计也。归自临川,闭户尽穷古今书籍,所谓"闭门事探讨"

---

① 陈献章撰:《陈献章集》,下册,第972页。
② 陈献章撰:《陈献章集》,上册,第133页。案:"静中坐",《白沙学案》引作"静坐中"。(黄宗羲撰:《明儒学案》,北京:中华书局,2008年修订本,上册,第85页)又:白沙所谓"端倪",应该就是他在《和杨龟山此日不再得韵》、在给林光书信中所说的"善端"。(陈献章撰:《陈献章集》,上册,第279页;下册,第975页)然而,陈荣捷先生对白沙的"端倪"有这样的解释:"端者始也,以时间言;倪者畔也,以空间言。端倪实指整个宇宙。[静中养出个端倪],即谓静中可以养出生生活泼的宇宙之意。"(陈荣捷撰:《王阳明与禅》,台北:学生书局,1984年,第71页)陈先生之说似非。

也。既而叹曰："夫学贵自得也。"筑春阳台静坐数年，所谓"一室同坐忘"也。此四句言从前为学之事。及久之，又叹曰："夫道无动静也。得之者动亦定，静亦定。苟欲求静，则非静矣。"乃随动静以施功，所谓颠沛莫强、如济川之夺航。此四句乃当时学历之所到者。盖到此全体功夫，方觉从前之未尽也。顾兹以下，又自励其将来之功。一身为纲常所系，而一心实为枢纽，不可不（掺）[操]存而任其斲丧。心字应上。用心臧最是圣学要紧处，圣人千言万语只要教人收（恰）[拾]此心。操此枢纽，则万化由此出。而所以操之，不外上所言敬耳。努力回狂，则道岸可登矣。

夫先生主静而此篇言敬者，盖先生之学，原于敬而得力于静。随动静施功，此主静之全功，无非心之敬处。世不察其源流，以禅相诋，且以朱陆异同相聚讼，过矣。先生尝曰："伊川见人静坐，便叹其善学。此静字发源濂溪，程门更相授受。晦翁恐人差入禅去，故少说静只说敬，学者须自量度何如，若不至为禅所诱，仍多静方有入处。"按此则静与敬无二心、无二道，岂同寂灭哉？

此篇乃四十岁以前事，后来所造之高，所得之深，尚未及言，然即此可想矣。当时称为龟山不如，岂虚言哉！①

白沙的《和杨龟山此日不再得韵》，是其自述为学过程与为学进境的一首诗。诗中比较引人注目的，是白沙对朱子的"主敬"思想的强调（"吾道有宗主，千秋朱紫阳。说敬不离口，示我入德方。义利分两途，析之极毫芒"）、是白沙对自己的"静坐"学说的描述（"隐几一室内，兀兀同坐忘"）。在《和杨龟山此日不再得韵》的注解中，对白沙提及的"主敬"思想，湛若水尽情发挥。一则曰"盖敬者圣人之心，法圣德莫大于敬，则入德莫要于主敬。主敬以剖义利，则圣可学可见"；再则曰"夫先生主静而此篇言敬者，盖先生之学，原于敬而得力于静。随动静施功，此主静之全功，无非心之敬处"。对白沙的主静思想、静坐学说，湛若水并不讳言。

---

① 湛若水撰：《白沙子古诗教解》，《陈献章集》，下册，第701—703页。

但是，在论述白沙的主静学说时，湛若水往往将主静与主敬相提，将虚静与动实并论，主张动与静相随，静与敬无二。为了证明自己的解释合乎白沙原意，湛若水引述了白沙的语录（"夫道无动静也。得之者动亦定，静亦定。苟欲求静，则非静矣"①）、引证了白沙的书信（"伊川见人静坐，便叹其善学。此静字发源濂溪，程门更相授受。晦翁恐人差入禅去，故少说静只说敬，学者须自量度何如，若不至为禅所诱，仍多静方有入处"②）。湛若水这样做的目的，显然是要淡化白沙思想中的主静色彩。

在对白沙《答张内翰廷祥书括而成诗呈胡希仁提学》诗的解释之最后一段，湛若水说：

> 此篇乃将答张内翰书会括成诗，虽书中之言不止此，而大意不外此也。世多訾之，抑亦未深思耳。所谓至无者，即"无极而太极"之"无"。阴阳动静皆由此出，五行万物皆由此生，非"至无有至动"乎？夫妇居室之间，无非鸢飞鱼跃妙理，活泼泼地，非"至近而至神"乎？放之弥六合，非"发用不穷"[乎]？卷之藏于密，非"缄藏渊泉"乎？喜怒哀乐未发，为天下大本，则"本"非"虚"乎？发皆中节，乃为天下达道，非"形乃实"乎？朱子尝谓圣人之心至虚至明，浑然之中，万理具备，所谓虚也。而所谓一有感触则其应甚速，无所不通，皆本于此。故曰"至虚所以立本也"。先生之意，总见先静而后动，须以静为之主；有虚乃至实，须以虚为之本。若不先从静虚中加存养，更何有于省察？故戒慎恐惧，虽是行养，而以此为主、以此为本，非偏于存养也。《中庸》先戒惧而后慎独、先致中而后致和，朱子谓"体立而后用有以行"，周子谓"不专一则不能直遂，不翕聚则不能发散"，皆是此意。周子之论学圣也，曰："一为要。一者，无欲也。无欲则静虚而动直。"其即先生主静致虚之学乎！圣学

---

① 此白沙语录，似不见载白沙文集。但《白沙学案》有选录，然文字与湛若水所引略异。（黄宗羲撰：《明儒学案》，上册，第89页）
② 语见白沙《与罗一峰（二）》。（陈献章撰：《陈献章集》，上册，第145页）

精微俱括于此,奈何以禅目之!①

在这里,湛若水认为,白沙比较多的讲静,并不是不讲动,不过是"以静为之主";比较多的讲虚,并不是不讲实,不过是"以虚为之本"。在湛若水看来,白沙的主静致虚之学,与《中庸》"先戒惧而后慎独,先致中而后致和"的思想、朱子"体立而后用有以行"的说法、程子"不专一则不能直遂,不翕聚则不能发散"的观点、周子《通书·圣学篇》"无欲则静虚而动直"的主张,是一致的。

在对白沙《制布裘成偶题寄黎雪青》诗的解释之最后一段,湛若水说:

> 《传灯录》:"无住禅师尝务晏寂,于时庭树鸦鸣,杜鸿渐问:'师闻否?'曰:'闻。'鸦去,又问:'师闻否?'曰:'闻。'问:'鸦去无声,何言闻?'曰:'闻无有闻,非关闻性。本来不生,何曾有灭?有声尘自生,无声尘自灭。而此闻性,不随声生,不随声灭。悟此闻性,即免声尘之所缚。'"按此则释氏以动作声闻为生而恶之,以动作无声闻为灭而乐之。乌知望月、饮酒、放歌与时偕行者,生生不已之乐哉?先生诗文用佛事佛语者多矣,非借此以比况,则即此以辨别,其意深、其辞婉,苟不知求其故并通考其上下文之辞,未易得其真解者矣。如此篇"乐矣生灭灭",乃因雪青事佛,故致其辨别以深晓之。奈何不得其解者遂斥为媚禅乎?先生尝谓释语与吾儒似同而实异,毫厘天壤,贵择之精。先生固择之精矣,读者亦贵从而精择之。②

湛若水所引述《传灯录》无住禅师与杜鸿渐的对话,又见《五灯会元》③。从湛若水的评论看,他强调的是白沙的主静致虚之学,与禅佛的虚无寂灭

---

① 湛若水撰:《白沙子古诗教解》,《陈献章集》,下册,第710—711页。案:"不专一则不能直遂,不翕聚则不能发散",见《河南程氏遗书》卷十一,为程明道语,(程颢、程颐撰:《二程集》,北京:中华书局,1984年,第1册,第129页。白沙撰《书莲塘书屋册后》即据《程氏遗书》引述此语。见《陈献章集》,上册,第65页。)而非周敦颐语。故"周子谓"应作"程子谓"。
② 湛若水撰:《白沙子古诗教解》,《陈献章集》,下册,第753页。
③ 普济撰:《五灯会元》,北京:中华书局,1984年,上册,第82页。又:白沙《得世卿子长近诗赏之》诗有"无住山僧今我是,夕阳庭树不闻鸦"句。(陈献章撰:《陈献章集》,下册,第684页)

之说不同。对于两者的不同，在对白沙此诗之"是身如虚空，乐矣生灭灭"二句的注释中，湛若水论述说："此身如在太虚无物之中，彼释氏之乐所谓生灭者，果如是乎？然谓之如虚空则非真虚空，盖释氏以寂灭无闻为虚空，吾儒则以随事顺应不滞于物为虚空，相似而实不同也。释氏之乐在于灭，是以灭而灭生。若夫望月、饮酒、放歌，乐由此生，则先生之乐在于生，是以生而灭灭。乐灭者，窈冥昏默，与物扞格，何有于生？乐生者，日用动静，与时偕行，何有于灭？生者，人道也；灭者，鬼道也。"①湛若水并不否认白沙诗文之中多用佛事佛语，但他认为白沙之用佛事禅语，"非借此以比况，则即此以辨别"。他还引述白沙所谓"释语与吾儒似同而实异，毫厘天壤，贵择之精"之言以为证②。湛若水认为，对于白沙的这种做法，必须"求其故并通考其上下文之辞"，才能得其真解；对于白沙，不能因为他使用了像"虚空"这样的文辞、提出了"主静"这样的主张，而遂斥其为媚禅。

从上面的论述看，湛若水虽然不讳言白沙"主静"，但是他在论述白沙的"主静"思想、"静坐"学说时，又常常将主静与主敬相提，将虚静与动实并论。其实，在湛若水那里，主敬与主静是不同的。据《樵语》记载：

甘泉子语仕鸣曰："佛老之学，阴道也，故尚鬼，其学也主静；圣贤之学，阳道也，故尚人，其学也主动。主动者，其'执事敬'之

---

① 湛若水撰：《白沙子古诗教解》，《陈献章集》，下册，第753页。
② 语出白沙《与林时矩》。(陈献章撰：《陈献章集》，上册，第243页)案：《陈献章集》(及其底本康熙四十九年何九畴刻《白沙子全集》)中收入"与林时矩"书信三封。疑"与林时矩"为"与何时矩"之误。胡居仁在《与罗一峰》书中，引述其中第一封信时，说是"公甫《与何时矩书》"。(胡居仁撰：《胡文敬集》，《景印文渊阁四库全书》，第1260册，第18页)在湛若水所编撰的、大概梓行于嘉靖五年丙戌(1526)的《白沙先生诗教解》所附录的"诗教外传"中，摘录了其中的第一、第三两封，均称"子语时矩云"；(《四库全书存目丛书》，集部，第35册，第600页)在由湛若水校订、由其弟子高简等人于嘉靖十二年癸巳(1533)所刊刻的《白沙子》中，则将这三书书信题为"与时矩"；(《白沙子》，《四部丛刊》三编第73—74册，上海书店，1985年影印本，第3卷，第49—51页)《四库全书》所收录的《陈白沙集》，亦题为"与时矩"。(《景印文渊阁四库全书》，第1246册，第95—96页)黄宗羲在其所编撰的《明儒学案》之"白沙学案"中，也选录了其中的第一、第三两封，而将其题为"与何时矩"。(黄宗羲撰：《明儒学案》，上册，第86页)可见，"与林时矩"，应为"与何时矩"。"何时矩"，即何廷矩。

谓乎！是故大《易》之道，贵阳而贱阴。君子慎动。"①

启范请学，甘泉子曰："'执事敬'，其内外一本之道乎！"问敬。曰："主一。"问主一。曰："无适。"问无适。曰："无物。是故君子应万事而不与，故能一。"②

在湛若水看来，主敬就是"主动"（或"随动静施其功"）、就是"应万事而不与"。《樵语》作为湛若水隐居南海西樵山讲学之记录，与《白沙子古诗教解》为同一时期著作。从《樵语》的记载看，湛若水所说的"敬"，就是《论语·子路》中孔子回答樊迟问仁时所说的"居处恭，执事敬"之"敬"③；就是程子（伊川，或说为明道）所说的"所谓敬者，主一之谓敬"之"敬"④。而程子在论及敬与虚静的关系时说："敬则自虚静，不可把虚静唤作敬"⑤。这就是说，敬可以包括虚静，虚静却不能代替敬。看来，在主敬与主静问题上⑥，湛若水也许与程子更为接近，反而与白沙有一间之隔。

二

湛若水的《白沙先生诗教解》是由《白沙子古诗教解》修改增删而成的，如果我们将《白沙先生诗教解》与《白沙子古诗教解》加以对照，我们就不难发现两者之间的一些不同。这些不同，有文字的更正，有句子的改换，还有篇章段落的增删。其中，尤为值得注意的是，在《白沙先生诗教解》中，湛若水将我们前面引述的他对白沙《和杨龟山此日不再得韵》

---

① 湛若水撰：《泉翁大全集》，明嘉靖19年洪垣编刻本、万历21年修补本（锺彩钧主持整理、标点本之稿本），第1卷，第2页。
② 湛若水撰：《泉翁大全集》，第1卷，第18页。
③ 朱熹对"居处恭，执事敬"有这样的解释："恭主容，敬主事。恭见于外，敬主乎中。"（朱熹撰：《四书章句集注》，第172页）
④ 程颢、程颐撰：《二程集》，第1册，第169页。
⑤ 同上书，第157页。
⑥ 蒙培元先生在论述二程的"主敬"观点时说，主敬和主静的不同在于，主静"强调从本原上用功，直接体验心性本体"；主敬则"强调本体、作用同时用功，静时动时不可间断"。（蒙培元撰：《理学范畴系统》，北京：人民出版社，1998年，第406页）

的解释一整篇、对白沙《答张内翰廷祥书括而成诗呈胡希仁提学》诗的解释之最后一段、对白沙《制布裘成偶题寄黎雪青》诗的解释之最后一段，都删除了。对这些篇章、段落的删除，反映了在此期间湛若水思想的一些变化。我们认为，这些变化主要表现在两个方面：

一是对白沙的主静思想、静坐学说的看法发生了变化。在《白沙子古诗教解》中，湛若水虽然并不完全认同白沙的主静思想、静坐学说，但是他并没有对主静思想、静坐学说加以批评，而是想方设法为白沙回护。然而，到了嘉靖四、五年（1525、1526），也就是湛若水将《白沙子古诗教解》修订为《白沙先生诗教解》的时候，湛若水对白沙的主静思想、静坐学说的看法便有了较大的不同。对此，我们可以从同一时期的《雍语》中的相关记载看出。《雍语》是湛若水在南京国子监讲学语之记录，初刻于嘉靖四年季冬、重刊于嘉靖五年十一月。据《雍语》记载：

葛涧问白沙先生静中端倪之说。甘泉子曰："斯言也，其为始学者发与！人心之溺久矣，不于澄静以观其生生之几，将茫然于何用力乎？孟子四端之说，则有然者矣。"①

或问："学主静坐也，何如？"甘泉子曰："子谓忠信笃敬，视听言动，非礼之勿，果求之动乎？求之静乎？故孔门无静坐之教。"②

在回答弟子葛涧关于白沙"静中养出端倪"问题的请教时，湛若水说此为对初学者而发；在回答弟子关于"静坐"问题的请教时，湛若水说"孔门无静坐之教"③。对白沙静坐学说的看法，由回护到批评，这对于特别尊重师说的湛若水来说，无疑是一个重要变化。湛若水将《白沙子古诗教解》中论述白沙主静思想、静坐学说的这几个最重要的篇章段落全部删除，就是

---

① 湛若水撰：《泉翁大全集》，第6卷，第13页。
② 同上书，第30页。
③ 其实，在《答余督学》中，湛若水就已对"以静坐为言"、"以静为言"表示不满。（湛若水撰：《甘泉先生文集》，嘉靖十五年刻本，内编，第16卷，第10—11页）案：《答余督学》之具体撰作时间不详。疑为湛若水隐居南海西樵山时作品。若然，则湛若水之对白沙之"静坐"学说早已不满，只是在《白沙子古诗教解》中没有表露而已。详情有待进一步研究。

他对白沙主静思想、静坐学说看法发生重要变化的反映。从这个角度言，黄节先生关于"独是甘泉之学，在随处体认天理，与白沙静中养出端倪之旨不能无异。盖甘泉之学，乃求之于动者"的说法①，并不是完全没有根据的。

一是对朱熹的态度也可能发生了变化。我们之所以这样说，是因为湛若水在《白沙先生诗教解》中处理其对白沙《和杨龟山此日不再得韵》诗的解释时，并不是像处理其对白沙《答张内翰廷祥书括而成诗呈胡希仁提学》与《制布裘成偶题寄黎雪青》诗的解释那样，只删除其中的一部分，而是整篇删除。而在对白沙《和杨龟山此日不再得韵》的解释中，湛若水对白沙提到的朱熹"说敬不离口"是相当重视的。湛若水对"敬"、对"主敬"一直都十分重视。嘉靖三年（1524）下半年，湛若水到南京国子监祭酒任，筑观光馆以集居四方学者，作《心性图说》以教士②。在《心性图说》中，"敬"贯串始终，占有重要位置，他说："是故始之敬者，戒惧慎独以养其中也。中立而和发焉，万事万化自此焉达，而位育不外是矣。故位育非有加也，全而归之者耳。终之敬者，即始之敬而不息焉者也"③。但是，从湛若水同一时期所撰作的《圣学格物通》看④，他对朱熹就不是那么重视了。根据朱鸿林先生研究，湛若水的《圣学格物通》一书，"所引两宋儒者之言，共二十六家二百条。其中被引最多的，依年代顺序为周敦颐20条、张载18条、程颢28条、程颐41条、杨时32条、张栻25条。朱熹则只有8条，陆九渊只有3条。"⑤这部一百卷的大部头著作，引述朱熹之言，只有8条，说明湛若水对朱熹极不重视。朱先生还说，"揆诸当时

---

① 黄节撰：《岭学源流》，邓实、黄节主编《国粹学报》，扬州：广陵书社，2006年影印本，第9册，第4482页。
② 《明史·湛若水传》云："已，迁南京国子监祭酒，作《心性图说》以教士。"（张廷玉等撰：《明史》，北京：中华书局，1987年，第24册，第7267页）
③ 湛若水撰：《甘泉先生文集》，嘉靖本，内编，第4卷，第1页。
④ 湛若水的《圣学格物通》开始撰写于嘉靖四年。据毛宪《湛司成甘泉考绩之京序》所说，大概完成于嘉靖六年。（毛宪：《古庵毛先生文集》，《四库全书存目丛书》，集部，第67册，第477页）嘉靖七年，湛若水进《圣学格物通》于朝。（湛若水撰：《谢恩进书疏》，《甘泉先生文集》，嘉靖本，内编，第1卷，第20—22页）
⑤ 朱鸿林撰：《中国近世儒学实质的思辨与习学》，北京：北京大学出版社，2005年，第246页。

朝廷则重朱学，王阳明学派则重陆学的情况，湛若水在书中对朱、陆二家的处理，可能是他对官方及王门二种立场均不表同意的结果。"①如此强调"敬"、强调"主敬"的湛若水，在其《白沙先生诗教解》中，不惜将原来《白沙子古诗教解》中所有的论述朱熹"主敬"之言完全删除，同样说明这时的湛若水对朱熹的态度有了一些变化、对朱熹更加不重视了②。当然，我们不能因此说湛若水不尊重朱熹。颇具讽刺意味的是，如此不重视朱熹的湛若水，在其生前，有人将其学视为朱子之学③；在其身后，有人将其人列入朱子学派。④

从湛若水在《白沙子古诗教解》（及其修订本《白沙先生诗教解》）中对陈白沙学说的解释看，对于白沙的"学以自然为宗"思想、对于白沙的"学贵反求自得"主张，湛若水都毫无疑问地接受过来了，并不遗余力地加以阐扬；但是，对于白沙的"静中养出端倪"学说，湛若水却并不认同或者并不完全认同，甚至有所批评。由此，我们可以得见湛若水是如何继承与发展白沙的思想与学说之一斑。

（本文原载《哲学动态》，2009年第8期）

---

① 朱鸿林撰：《中国近世儒学实质的思辨与习学》，第247页。
② 其实，湛若水对朱熹早有微言。正德六年（1511）二月，湛若水应朱熹后代朱墅、朱陞之请，撰《朱氏增修文公事迹叙》，云："予观周、孔而降，未有文公先生精神之大者也，而用则过于周、孔。虽其体认天理，师傅宗指，反若未淳；而六籍百家，外道小说，以全道德性命，莫不详说备载，略无遗力。学者穷年莫能殚其绪，忽若亡羊于多歧，涉汗漫而无津。而先生诗谓'伊予昧前训，坐此枝叶烦'，感悟独得之妙，谁其信之？"（湛若水撰：《甘泉先生文集》，嘉靖本，内编，第6卷，第22—23页）
③ 参湛若水撰《闻言》、《复洪觉山侍御》。（湛若水撰：《泉翁大全集》，第35卷，第4页；第11卷，第14—15页）
④ 参张君劢撰、程文熙译：《新儒家思想史》，刘梦溪主编《中国现代学术经典·张君劢卷》，石家庄：河北教育出版社，1996年，第324页；黄公伟撰：《宋明理学体系论史》，台北：幼狮文化事业公司，1971年，第338—345页。日本学者荒木见悟先生则以强调"敬"还是强调"诚"作为区分朱子学与阳明学的标准，认为"从这个被甘泉所容认之事看来，尽管他怎样有非朱子学即心学的发言，还是不能不承认仍有朱子学的阴影"。（荒木见悟撰：《陈白沙与湛甘泉》，《中国人民大学学报》，1991年，第6期，第42页）

湛若水与严嵩交往述略

与一个颇有权力、但生前身后都没有得到好评、甚至被人视为奸臣或奸相的历史人物交往，或者对这样的人物有所赞扬，往往会被他人看成是趋炎附势、攀援依附、党附权奸，并视之为其盛德之累、文章之玷。例如，宋代"胡安国之于秦桧，谓其贤于张浚诸人，而卒召党魁之目；真西山之于郑清之，饰其轻举败事，而竟贻晚节之羞"[①]。正由于与一个颇有权力、但生前身后都没有得到好评、甚至被人视为奸臣或奸相的历史人物交往，或者对这样的人物有所赞扬，会被人看成其盛德之累、文章之玷，甚至为人所不齿，因此，这样的事情一旦发生在某一个人身上，他自己或者他的子弟、门人、故旧，还有他的同乡后学，都有可能为他的这种行为加以辩护或者掩饰。湛若水与严嵩的交往，便是这方面的一个典型事例。

一

严嵩（1480—1566），字惟中，号介溪，江西分宜人。明世宗时累官太子太师，居首辅，掌理朝政二十年。嘉靖四十一年壬戌（1562）被论，得旨致仕。严嵩久居政府，怨敌遂众。自严嵩下台、尤其是在他死后，由于徐阶主持修纂的《明世宗实录》对严嵩的记载、王世贞《严嵩传》对严嵩的刻画、《明史》对严嵩的归类（将其列入"奸臣"传），加上各种文艺

---

① 莫伯洢撰：《湛甘泉先生为〈钤山堂集〉作序辨》，《增城沙堤湛氏族谱》，佛山：华文书店，1923年，第28卷，第31页。

作品的渲染，四五百年以来，在人们的心目中，严嵩基本上是一个贪赃枉法、残害忠良、祸国殃民的奸臣。因而，历史上凡是与严嵩有交往的，不是被人看成趋炎附势、党附权奸，就是被人视为盛德之累、文章之玷。对于湛若水与严嵩交往，有人对他加以批评，有人为他进行辩护。以往对湛若水的批评与辩护，主要是围绕着湛若水所撰《钤山堂文集序》展开的。

嘉靖三十年辛亥（1551）四月二十一日，年近86岁的湛若水为严嵩的《钤山堂集》撰序。因此序对本文所讨论问题十分重要，兹抄录其全文如下：

> 嘉靖三十年三月朔旦，元相大学士介溪严公以其《钤山堂文集》三十二卷寓甘泉子于天关，授以首简叙之，于时水也病废文字十馀年矣。焚香对书，再拜再拜复再再拜上，以答公礼数之殊也，亦以贺公求言之笃也，曰："推公此念，人将轻千万里来进之以嘉言矣，况受知如水者乎！"展而读之，凡为赋诗古律绝句七百八十，颂序记碑五十有九，内制讲章二十有七，杂著二十有五，志铭四十有三，曰："富矣哉集乎！娴矣哉文乎！有诗不戾乎风雅汉唐矣，有言不戾乎训诰诏令矣。"于是心悦而神怿焉，恍然如入陶朱之室，开宝藏之库，万珍烁灼，光彩夺目，令人应接不暇，又爽然若自失也。乃作而扬言曰："盖尝大观天地间，文而已矣。文即道之著也。语大，天下莫能载焉；语小，天下莫能破矣。或识其大，或识其小，大小一文也，一道也。道生大地，文在天地；天地生圣人，文在圣人。是故经乎天而文，纬乎地而文，观乎人而文，三才之道，文而已耳。天之覆帱也，地之持载也，日月之代明也，星辰之朗耀也，云汉之为章也，风雨之润贲也，雷霆之轰烈[也]，山峙之巍巍也，川流之粼粼也，昆虫之喓喓也，草木之夭乔也，尧之光被四表也，舜之重华焕乎其文章也，禹汤之文命之圣谟之嘉言之洋洋孔彰也，文武之丕显丕承也，皆文也。然天地万物所以覆载、所以代明、所以决烈、所以章、所以流峙、所以鼓耀天乔，圣人所以光被、所以重华、所以文命洋洋孔彰、所以显承，其必有所以为之者矣。《诗》曰'维天之命，於穆不已'，盖曰天之所以

为天也。'於乎不显，文王之德之纯'，盖曰文王之所以为文也。孔子曰：'文王既没，文不在兹乎！'是故天地圣人，文焉尽之矣。知天之所以为天，文王之所以为文，则知钤山之文所以为钤山之文矣。"或曰："请闻其所以。"曰："神而已矣。夫神者，道之妙也，文之本也。子不闻钤山之降神乎？吾于留都已形于咏歌矣。介翁生而神气以灵，疏朗开豁。童言宿生之事，矢口成章之能，应机万变之妙，辛甘调剂之宜。履历于艰难，允媚于天子，良工心苦，人莫与知。然则非公之神之精之为之乎？"曰："请问根本之说。"曰："子谓参天之木，果假外为之者哉？所由本根也。得天之气，受地之质，气质合一，生生不测，莫知其然之谓神。故能由根而干、而枝、而叶、而华实以参天。夫华实也者，文之类也；根本也者，所以为华实之神之类也。知木之所以为华实，则知钤山之文所以为文矣。"水也年将九十矣，亦伏生言语支离之时，岂复有文乎哉？据案随笔书之，重以报公之礼意之隆也，亦将以来天下之善言从水也始，巩太平之基于无穷，而太平一老亦得以安卧于无穷无虞之天也。是故力疾为《钤山堂文集》叙。嘉靖三十年岁在辛亥夏四月二十一日，赐进士出身资政大夫前南京兵部尚书奉敕参赞机务国子祭酒翰林侍读同修国史经筵讲官林下年末八十六甘泉生湛若水顿首谨书。[1]

从序文内容看，湛若水对严嵩的颂扬，无疑是相当过分的，甚至可以说是阿谀奉承。用那些为湛若水辩护、但否认此序为湛若水所作的人的话来说就是，"公之伪序，不只赞其诗文已也。既以风雅汉唐、训诰诏令拟之，又以天地圣人载道之文拟之，以尧之光被、舜之重华、禹汤之文命、文武之丕显丕承、申甫之嵩生岳降拟之，赞其诗文并赞其品学道德，充其类至于三帝圣神天地而止，试问三代下能当此者几人乎？此等谀词，施于介溪为

---

[1] 湛若水撰：《甘泉先生续编大全》，嘉靖三十四年刻本、万历二十三年修补本（锺彩钧先生主持整理、标点本之稿本），第2卷，第1—3页；严嵩撰：《钤山堂集》，《续修四库全书》，上海：上海古籍出版社，2002年，影印本，第1336册，第1—2页。案：两版本文字略有差异，此据《钤山堂集》。

不伦，出于文简之口为不智。不伦不智，而名节扫地矣。"①

由于严嵩被人视为奸臣，而湛若水的这篇序文对严嵩颂扬有加，因此，很早就有人对湛若水表示不满并加以批评。

《四库全书总目》为薛蕙《考功集》所撰提要云："又蕙与湛若水俱为严嵩同年，嵩权极盛之时，若水年已垂耄，不免为嵩作《钤山堂集序》，反复推颂，颇为盛德之累；蕙初亦爱嵩文采，颇相酬答，迨其柄国以后，即薄其为人，不相闻问，凡旧时倡和亦悉除其稿，故全集十卷无一字与嵩相关。人品之高，迥出流辈，其诗格蔚然孤秀，实有自来，是其所树立又不在区区文字间也。"②为沈炼《青霞集》所撰提要云："炼字纯甫，会稽人。嘉靖戊戌进士，除溧阳知县，后官锦衣卫经历。疏论俺答请贡事，并劾严嵩，廷杖谪戍，复为嵩党路顺构入蔚州妖人阎浩案中，弃市，天下冤之。……其文章劲健有气，诗亦郁勃磊落，肖其为人。以词藻论，虽不及《钤山堂集》之工，然嵩集至使天下不欲读。当时为作集序者，如湛若水诸人，至以为文章之玷。而诵炼集者，至今肃然起敬。此则流芳、遗臭，视所自为。人心是非之公，有不知然而然者矣。"③《四库全书总目》之提要，一则曰"若水年已垂耄，不免为嵩作《钤山堂集序》，反复推颂，颇为盛德之累"；再则曰"然嵩集至使天下不欲读。当时为作集序者，如湛若水诸人，至以为文章之玷"。均对湛若水不满。

清朝末年，宣统元年（1909）五月十二日，给事中番禺陈庆桂上奏朝廷，请以湛若水从祀孔庙。据说，"奏入，诏大学士九卿暨四五品京堂妥议，翰林各官及部司员亦准呈递说帖。寻以御史赵炳麟纠众持异说阻之，不报"④。赵炳麟等人反对以湛若水从祀孔庙的理由是什么，因相关文献未

---

① 李钺公撰：《湛文简公钤山堂诗集叙辨》，《增城沙堤湛氏族谱》，第28卷，第35页。
② 永瑢等撰：《四库全书总目》，北京：中华书局，1995年，下册，第1503页。案：提要谓薛蕙与湛若水、严嵩为同年，此说非。湛若水与严嵩为弘治十八年乙丑科进士，薛蕙为正德九年甲戌科进士。（朱保炯、谢沛霖编：《明清进士题名碑录索引》，上海：上海古籍出版社，1980年，下册，第2493、2501页）
③ 永瑢等撰：《四库全书总目》，下册，第1507页。
④ 陈庆桂撰：《请以湛若水从祀孔庙折》，《增城沙堤湛氏族谱》，第28卷，第16页。

经见，详情不得而知，但从随后出现的多篇辩护文章看，显然与湛若水为严嵩撰《钤山堂文集序》有关。例如，《清学部主事南海杨裕芬说帖》云："惟近人未加细考，谓其尝为严嵩作《钤山堂集序》，不免党附权奸。"①莫伯渖撰《湛甘泉先生为〈钤山堂集〉作序辨》亦云："自甘泉从祀圣庙之诏下，士论翕然，嗣礼部以甘泉曾作《钤山堂集序》，中有阿嵩语，拟奏撤之。"②其实，为湛若水辩护的那些文章主要围绕《钤山堂文集序》加以论说，这一事实本身，也可以说明赵炳麟等人反对湛若水从祀孔庙的理由，主要是他为严嵩的《钤山堂集》撰序。

而为湛若水进行辩护的，见闻所及，主要见于晚清以后，他们为湛若水进行辩护的最重要依据是，他们认为《钤山堂文集序》根本不是湛若水的作品。他们认为，署名为"湛若水"所撰的《钤山堂文集序》属于伪作。为了证明或者证实《钤山堂文集序》为伪作，湛若水的辩护者提出了相当多的理据，其中比较重要的有：

一是《钤山堂文集序》不见载于湛若水的文集。杨裕芬说："钦定《明史》为纪实之书，若水本传亦无一语及嵩事，则此序之作，当日或有借其名以为增重者。昔朱子为张魏公作行状，后人每任意讥弹，要不足为盛德之累，况若水之序，非见于本传与文集，尤为依托无凭乎？"③《粤东舆论》也说："先生文集具在，绝无《钤山堂集序》。以先生耆儒宿学，当时士夫咸得先生一言以为荣，钤山堂此序，或出于依托，未可知也。"④

二是史无湛若水与严嵩往来记录。《说帖三则·其一》说："恭读钦定《明鉴》，至嘉靖二十一年，严嵩构夏言，始代其相位数年。言复出，嵩衔之，未得专恣。四十一年嵩罢，四十四年世蕃伏诛。此二十年间，严嵩专擅之时，正若水退休之时也。故若水本传无一语与嵩相涉，记实也。"⑤《说

---

① 《清学部主事南海杨裕芬说帖》，《增城沙堤湛氏族谱》，第28卷，第23—24页。
② 莫伯渖撰：《湛甘泉先生为〈钤山堂集〉作序辨》，《增城沙堤湛氏族谱》，第28卷，第30页。
③ 《清学部主事南海杨裕芬说帖》，《增城沙堤湛氏族谱》，第28卷，第24页。
④ 《粤东舆论》，《增城沙堤湛氏族谱》，第28卷，第29页。
⑤ 《说帖三则·其一》，《增城沙堤湛氏族谱》，第28卷，第25页。

帖三则·其三》说："嵩重若水学行以自附于正人君子之列，故藉其名以为序。然若水历官南京吏礼兵三部尚书，未尝与嵩往来，《明史》本传及若水文集暨《明史纪事本末》与若水著作等书，见于四库所著录及未著录者，皆可考见。"[1]湛若水既然与严嵩没有交往，他应该不会为严嵩《钤山堂集》撰序，因为"若水为嵩作序，必其故交也，否则为其感恩知己也。《明史》本传既无与嵩往来之事，天下岂有素昧生平而为人作序者？"[2]

三是《钤山堂文集序》中所出现的称谓有问题。李钺公在《湛文简钤山堂诗集叙辨》中提出六条关于《钤山堂文集序》为"伪作"的证据，其第一、二、三条即是从称谓问题入手加以论证的。他说："一则既称受知，何以又称甘泉子、甘泉生也？考师生之谊，明代最重，所以明渊源、别名分也。是以公序白沙诗集及全集也，称白沙曰先生，自称曰门人。弟子洪垣守其家法，其序《甘泉文集》及撰《甘泉墓志》（原注：洪垣《集序》及《墓志》均见《甘泉文集》中。）亦称甘泉曰先生，自称曰门人。今观此叙，有'况受知如水者乎'一语，是公与介溪有师生之谊矣。依公文体例，应称介溪为先生，[自称]为门人，今此叙以严公介溪，以甘泉子、甘泉生自称，（原注：叙首称介溪严公以其《钤山堂集》寓甘泉子于天关，叙末称年末八十六甘泉生湛若水。）是谓体例不符，可断为伪撰者一。二则既称年末，何以又称受知也？叙内既称受知，叙尾又称年末，是公与介溪兼师生、同年两谊矣。夫论师生有尊卑之分，论同年只同等之谊。以同年而称甘泉子、甘泉尚无不合，以受知而称此，无乃抗乎？或曰：公与介溪年齿相差不远，殆同年矣，非师生也。此说果确，此叙何以既称年末又称受知，无乃自相矛盾乎？公文体例綦严，岂有此错误乎？此可断为伪撰者二。三则此叙既称受知、年末，何以《像赞》之称谓又不同也？此叙以受知、年末并称，非师生即同年，明矣。乃《像赞》于此种渊源并不言及，可知受知与同年皆伪也。叙尾称年末、甘泉生，赞尾又称增城湛若水，（原注：《钤山堂集》又载文简作《介溪公遗像赞》，款署增城湛若水

---

[1] 《说帖三则·其三》，《增城沙堤湛氏族谱》，第28卷，第27页。
[2] 同上。

题，亦后人伪撰。）是为称谓两歧，可知集叙与像赞皆伪也。有此四种破绽，可断此叙为伪撰者三。"①

四是《钤山堂文集序》所说集中诗赋数目与严嵩自序所说数目不相符。李钺公《湛文简钤山堂诗集叙辨》所列证据之第五条说："五则此序若真，何以诗之数目有不符也？考介溪本集自序，谓汇而录之，通得诗凡千三百首；而公之伪叙称，凡为赋、诗、古律、绝句七百八十首。夫以二人同时序之一集，岂于诗之首数尚有不符者哉？依予论断，则介溪之自序为真，盖集经手定，故数无不合；公叙为后人伪撰，集未细检，故数有不符也。此可断为伪撰者五。"②

五是严嵩当权时，湛若水已经致仕，于严嵩无求无惧，没有为严嵩《钤山堂集》撰序之必要。杨裕芬说："嵩当权势方盛之时，若水早已名满寰区，位登尚侍，而且时经致仕，年逾八旬，安肯攀援依附？"③莫伯㳟说："考甘泉年七十五致仕，徜徉山水，无意闻达，其不阿附时相可知。且此序作自嘉靖辛亥，以八十六岁衰翁，于嵩何求何惧而遗此谀词以滋世议乎？"④

围绕着《钤山堂文集序》，对于湛若水与严嵩的交往，攻之者不知能否说是不遗馀力，护之者则可以说是竭尽所能。

二

我们暂且不去评论人们对湛若水的批评是否合适、是否恰当。可以肯

---

① 李钺公撰：《湛文简钤山堂诗集叙辨》，《增城沙堤湛氏族谱》，第28卷，第32—33页。
② 同上书，第33页。
③ 《清学部主事南海杨裕芬说帖》，《增城沙堤湛氏族谱》，第28卷，第24页。
④ 莫伯㳟撰：《湛甘泉先生为〈钤山堂集〉作序辨》，《增城沙堤湛氏族谱》，第28卷，第30页。案：陈裕荣先生亦颇为认可杨裕芬、莫伯㳟的说法，他说："事实是甘泉于嘉靖十九年已致仕南归，二十一年严嵩才入阁秉政，此时甘泉早已在家乡优游林泉讲学了，一篇还未考证出处的诗序，不查时间、背景，即诬甘泉党附权奸，似为太过。退一步讲，即使严嵩在未成奸相以前，真的曾为写序，也不涉此嫌。"（陈裕荣撰：《湛甘泉有关史料简介》，关步勋等主编：《湛甘泉研究文集》，广州：花城出版社，1993年，第247页。又参陈裕荣撰：《湛甘泉传》，广州：广东人民出版社，2006年，第118页。）

定的是，那些为湛若水辩护的人，说湛若水与严嵩没有交往，是不符合实际的。在这里我们先来对湛若水与严嵩的交往情况略加考察。我们相信，了解了湛若水与严嵩的交往情况之后，多数的相关问题便可以迎刃而解了。

虽然《明史》中的湛若水传、严嵩传都没有他们交往的记录，但是，我们不能因此而断定他们没有交往。其实，湛若水与严嵩的交往是相当密切的。

弘治十七年甲子（1504），经由金宪徐绂劝驾，湛若水奉母命北上，入南京太学（国子监）。时章懋为南京国子监祭酒、罗钦顺（整庵）为南京国子监司业。罗钦顺撰《整庵履历记》云：弘治十七年甲子，"冬十二月，得告，奉先公还乡。在任将二年，所奖进之士，如吴惠、汪立、王思、陆深、严嵩、董玘、张邦奇、湛若水、杨叔通、陈沂、盛仪、潘鉴、曹琥等，后皆有名，亦自喜其不谬。所愧学力未充，未能相与痛加切磋耳。"[1] 所谓"在任将二年"之"在任"，指整庵所任南京国子监司业职。据此可知，湛若水在南京国子监，与严嵩等有同学或同门之谊。弘治十八年乙丑春，两人就试礼闱。会试，湛若水得中第二名，严嵩得中第三十七名；廷试，严嵩得中二甲第二名、湛若水得中二甲第三名；随后，又同选翰林院庶吉士，读书中秘。正德二年丁卯（1507）十月，两人同任翰林院编修。湛若水与严嵩有同年之谊，是毫无疑问的。

正德三年戊辰（1508）五月，严嵩因其祖父严骥卒而告假回乡；次年六月，丁母忧。此后八年，严嵩均在钤山隐居读书[2]。在严嵩隐居钤山期间，湛若水大部分时间在朝。正德十一年丙子（1516），严嵩重返仕途；而湛若水则在正德十年乙亥丁母忧回粤，服阕后，于正德十二年丁丑（1517）秋冬间入南海西樵山，筑大科书院，读书讲学其中。嘉靖元年壬午（1522）五月，湛若水到达北京，复翰林院编修职。这时严嵩为南京翰

---

[1] 罗钦顺撰：《困知记》，北京：中华书局，1990年，第204页。
[2] 曹国庆等撰：《严嵩年表》，《严嵩评传》，上海：上海社会科学出版社，1989年，第132—157页。下述严嵩履历，除注明者外，均依据《严嵩年表》。

林院侍读。嘉靖三年甲申（1524）秋，湛若水升南京国子监祭酒。次年，严嵩任北京国子监祭酒。嘉靖七年，严嵩迁北京礼部右侍郎，湛若水升南京礼部右侍郎。自正德三年五月至嘉靖八年（1529）七月，这二十多年时间，湛若水与严嵩基本上相隔两地，虽偶有相值，然期间彼此有无交往，不得而知。

嘉靖八年七月，严嵩转北京礼部左侍郎，湛若水转北京礼部右侍郎。嘉靖十年辛卯（1531）十月，严嵩改吏部左侍郎，湛若水转礼部左侍郎。在严嵩任礼部左侍郎、湛若水任礼部右侍郎期间，湛若水为严嵩作《宗伯严介溪先生像赞》①。嘉靖十年壬辰（1531）十二月，严嵩升南京礼部尚书②，湛若水有《赠大宗伯介溪严公之南都序》。③

嘉靖十二年癸巳（1533）六月，严嵩改南京吏部尚书；七月初五日，湛若水升南京礼部尚书。此后，直到嘉靖十五年（1536）六月严嵩去南京吏部尚书职、由湛若水接任止，两人均在南京共事。期间两人交往颇密，互有唱和。其中湛若水为严嵩所撰诗文有《御书楼铭》④、《次韵介溪太宰灵谷寺见寄二首》⑤、《迭前游山韵示诸生兼答介溪太宰》⑥、《甲午正月初七日于

---

① 湛若水撰：《甘泉先生文集》，嘉靖十五年刊本，内编，第4卷，第11页；《泉翁大全集》，嘉靖十九年洪垣编刻本、万历二十一年修补本（锺彩钧先生主持整理、标点本之稿本），第33卷，第22页；严嵩撰：《铃山堂集》，《续修四库全书》，第1336册，第13页。
② 曹国庆等撰《严嵩年表》将严嵩升南京礼部尚书事系于嘉靖十一年十二月。（《严嵩评传》，第141页）然据《明世宗实录》，嘉靖十一年正月乙丑，"升吏部右侍郎周用为本部左侍郎"，（《明实录》，台北：中央研究院历史语言研究所校印本，1962年，第41册，第3172页）这说明严嵩在嘉靖十年十二月已经不在吏部左侍郎任上；嘉靖十一年十月辛卯，"南京吏部尚书刘龙、礼部尚书严嵩、兵部尚书王廷相，以星变各自陈乞罢，上皆褒谕留之"，（《明实录》，第42册，第3335页）可以肯定严嵩不是嘉靖十一年十二月才升任南京礼部尚书一职的。据此，我们认为严嵩升南京礼部尚书是在嘉靖十年十二月。
③ 湛若水撰：《甘泉先生文集》，嘉靖本，内编，第11卷，第16—18页。
④ 湛若水撰：《甘泉先生文集》，嘉靖本，内编，第4卷，第8页。
⑤ 湛若水撰：《甘泉先生文集》，嘉靖本，外编，第11卷，第16页；《泉翁大全集》，第47卷，第8页。
⑥ 湛若水撰：《甘泉先生文集》，嘉靖本，外编，第12卷，第37页；《泉翁大全集》，第52卷，第4页。案：题下所标明日期为三月二十四日。此诗前面两首分别为《甲午三月十八日欧南野司成设会于鸡鸣山凭虚阁予以风阻而返依限韵追和》、《三月二十一日游祈泽寺即席用旧韵示刘盛夏李陈谢方二王诸生》，由此可知此诗作于甲午三月二十四日。

严介溪公所寓山池作瀛洲会是日会者八公分得七言长句体为八仙歌》①、《介溪太宰画歌》②、《送严介溪冢宰考满上京便道归钤山》③。而严嵩为湛若水所作诗有《元夜集宗伯甘泉宅得五言体二首》④、《暮春广陵往观宗伯湛公甘泉山精舍马赵二户曹携酒至同酌》。⑤

嘉靖十五年六月,严嵩去南京吏部尚书职,随后,经由夏言推荐,到北京任礼部尚书兼翰林院学士。此后,一直到嘉靖二十九年庚戌(1550),在将近十五年时间中,未发现湛若水与严嵩交往的记录。在这期间,严嵩渐渐走向权力的中心,并成为权倾一时的首辅、权相;湛若水先是在南京任吏部、兵部尚书,后在75岁的时候,致仕乡居,徜徉山水,读书讲学。

湛若水的年纪长于严嵩十四五岁,但是,从上述所列严嵩与湛若水的履历看,严嵩的官职多居湛若水之上,在相当多的时候,都是湛若水接严嵩的班。而且,严嵩所任多为实职,并最终进入权力的核心,秉持国政二十年;湛若水所任多属闲职,虽位居南京礼、吏、兵三部尚书,然于国政并没有什么发言权,用徐学谟的话说就是,湛若水"虽至大僚,终不柄用"⑥。因此,相形之下,论者所谓"嵩当权势方盛之时,若水早已名满寰区,位登尚侍"之说,显然是要打折扣的。

---

① 湛若水撰:《甘泉先生文集》,嘉靖本,内编,第28卷,第30—31页;《泉翁大全集》,第54卷,第9页。案:由题目可知作于甲午正月初七日。
② 湛若水撰:《甘泉先生文集》,嘉靖本,内编,第28卷,第31页;《泉翁大全集》,第54卷,第10页。案:《御书楼铭》、《次韵介溪太宰灵谷寺见寄二首》、《介溪太宰画歌》三篇,无法考定其撰作具体时间,然其内文或题目称严嵩官职为"太宰",可以肯定这三篇作品完成于嘉靖十二年六月至嘉靖十五年六月严嵩任南京吏部尚书期间。
③ 湛若水撰:《甘泉先生文集》,嘉靖本,内编,第28卷,第34页;《泉翁大全集》,第54卷,第13页。案:因严嵩考满上京便道归钤山事在嘉靖十四年乙未(1535),故此诗亦应作于这一年。
④ 严嵩撰:《钤山堂集》,《续修四库全书》,第1336册,第110页。
⑤ 同上书,第113页。案:严嵩的这四首诗大概作于嘉靖十三年甲午春。
⑥ 转引自谈迁撰:《国榷》(张宗祥校点),北京:中华书局,1988年,第4册,第3294页。

的确，严嵩权势方盛之时，湛若水已经致仕①。湛若水在致仕回乡途中，还撰作了一篇《息交辞》，表示要"息交以绝游"②。但是，事实上，湛若水致仕之后，既没有"息交"，也没有"绝游"。相反，倒是交游甚广，应酬频繁。以至在他90岁那年，其门人将其致仕之后至90岁的著作编辑为《甘泉先生续编大全》时，就有人说，"先生之文，应酬杂出，似有不必尽录者"。③

到了嘉靖三十年辛亥（1551）四月二十一日，年近八十六岁的湛若水应严嵩要求，为严嵩撰作了颇具争议的《钤山堂文集序》。但是，《钤山堂文集序》并不是湛若水为严嵩所撰的最后一篇文章。大概在嘉靖三十三年甲寅（1554）或嘉靖三十四年乙卯（1555），湛若水还撰有《题扇寄严介翁阁老》，诗云："把柄入手便生风，一面摇时面面同。感应有如躬握吐，翁今握吐即周公。"④嘉靖三十四年乙卯元日，湛若水作《乙卯元日祝圣台即事步介翁大学士自述韵》，诗云："登台躩跱喜胡然？九十逢元祝圣天。炙背熙熙同舜日，齐声万万颂尧年。列宿中天扶帝座，从吾平地作神仙。明良相遇真难得，九五飞龙应在田。"⑤湛若水在这两首诗中，或是把严嵩比作"周公"，或是把严嵩辅佐的嘉靖皇帝治下称为"舜日"、"尧年"，或是把嘉靖皇帝与严嵩的关系称为"明良相遇"。（"明"者，明主；"良"者，

---

① 湛宝祥、湛则行撰《真儒湛尚书甘泉公史略》云：晚年，奸相严嵩崛起用事，甘泉耻与为伍，乃告老归田。凡三奏而后得致仕，御赐甚厚。时，年七十五岁矣。归途本经严嵩子世蕃所在地。嵩欲借重其声誉，预命世蕃郊迎而厚馈之。甘泉探知其隐，绕道避之。犹复戒后人及弟子辈勿与严氏交。以故，其后嵩父子获罪，株连甚广，而甘泉亲友无波及者，世皆称其见之明也。（转引自简又文撰：《白沙子研究》，香港：简氏猛进书屋，1970年，第362页）案：观湛若水与严嵩交往之始末，可知《史略》所说均非事实。

② 湛若水撰：《甘泉先生续编大全》，第22卷，第18页；《湛甘泉先生文集》，清康熙二十年黄楷刊本（《四库全书存目丛书》，集部，第56、57册，济南：齐鲁书社，1997年，影印本），第28卷，第11—12页。

③ 郭应奎撰：《甘泉先生大全续编序》，《甘泉先生续编大全》，卷首。

④ 湛若水撰：《甘泉先生续编大全》，第20卷，第13页。案：大约与撰作《题扇寄严介翁阁老》同时，湛若水还为严嵩的儿子严世蕃作《书扇寄严东楼司空年侄》诗。（湛若水撰：《甘泉先生续编大全》，第20卷，第15页）

⑤ 湛若水撰：《甘泉先生续编大全》，第21卷，第3页。

良相。)同样对严嵩颂扬有加。

湛若水为严嵩而作的文字，留传下来的，先后有十数篇之多，可见，他与严嵩的交往是相当密切的，两人关系非同一般。了解了湛若水与严嵩的交往情况，则那些为湛若水辩护的人所提出的诸如史无两人交往记录、《钤山堂文集序》中的称谓可疑、湛若水没有为严嵩作序的必要等问题，便不成其为问题了。

然而对于像"《钤山堂文集序》所说《钤山堂集》中诗赋数目与严嵩自序所说数目不符"、"《钤山堂文集序》等文章不见收入湛若水的文集"等问题，又该作何解释呢？

如前所述，李钺公等人，根据《钤山堂文集序》所说《钤山堂集》中诗赋数目与严嵩自序所说数目不符，而怀疑《钤山堂文集序》为伪作。这个说法是值得商榷的。我们知道，严嵩的《钤山堂集》有多种版本，其中嘉靖二十四年（1545）初刻本为三十二卷，十二册；嘉靖三十七年（1558）增补再版本为四十卷，十二册，内有诗词一千三百首。此外还有乾隆二十三年戊寅（1758）、嘉庆十一年丙寅（1806）等重刻版本。湛若水《钤山堂文集序》中，有"嘉靖三十年三月朔旦，元相大学士介溪严公以其《钤山堂文集》三十二卷寓甘泉子于天关，授以首简叙之"之说，这就是说，湛若水所见到的是三十二卷本。三十二卷本的诗词数目，当然不会与四十卷增补本的诗词数目相同。因此，根据《钤山堂文集序》所说《钤山堂集》中诗赋数目与严嵩自序所说数目不符，而怀疑《钤山堂文集序》为伪作，这样的理据是难以成立的。

至于人们曾经以《钤山堂文集序》等不见收入湛若水的文集等理由，怀疑这些文章为伪作，(有关说法，见前。)这可能是由于他们所见到的，只有通行本《湛甘泉先生文集》，而没有见到像《甘泉先生文集》(嘉靖十五年刻本)、《泉翁大全集》(嘉靖十九年刻本，现存万历二十一年修补本)、《甘泉先生续编大全》(嘉靖三十四年刻本，现存万历二十三年修补本)等湛若水生前梓行的版本。我们知道，在湛若水文集的各种版本中，通行本《湛甘泉先生文集》并不是一个完备的版本。如果说只要不见收入通行本《湛甘泉先生文集》的湛若水作品,都可能是"伪作",那么,湛若水的许多作品都有可能被视为"伪作"。我们相信,如果他们见到《甘泉先生文集》、《泉翁大全集》、《甘泉先生续编大全》这样的版本,他们也许就不会认为《钤山堂文集序》等为"伪作"了。

其实,湛若水为严嵩所作的《钤山堂文集序》,嘉靖三十四年乙卯(1555)梓行的《甘泉先生续编大全》第2卷第1—3页就有收录。不仅是《钤山堂文集序》,上面罗列的所有湛若水为严嵩所撰的作品,我们都能够分别在《甘泉先生文集》、《泉翁大全集》、《甘泉先生续编大全》中找到。《钤山堂文集序》等作品,收入了湛若水生前梓行的文集,这一事实本身就足以说明,称这些作品为伪作的说法是难以成立的。

既然湛若水为严嵩所撰的这些文章、诗歌都见于其生前梓行的文集,为什么我们在通行本的《湛甘泉先生文集》里面却找不到呢?一个比较合理的推测是,由于严嵩在明清时期多被人们看成奸臣,而与奸臣交往,往往会被人视为盛德之累、文章之玷。因此,在湛若水身后,或者是他的子弟、门人、故旧,或者是他的同乡后学,出于为尊者讳、使其免遭非议等考虑,在编辑、刊行通行本《湛甘泉先生文集》的时候,没有将湛若水为严嵩所作的诗文收入其中。

三

湛若水与严嵩的交往是相当密切的,两人关系非同一般。这是无可置疑的事实。既然如此,我们该如何看待湛若水与严嵩的交往?说得具体一点,湛若水与严嵩的交往,是否为其盛德之累、文章之玷?

如前所述,长期以来,严嵩一直被人看成是一个贪赃枉法、残害忠良、祸国殃民的奸臣、奸相。这种看法已经深入人心。即使是现在,对严嵩持这种看法与作如此论断的人,也不在少数[①]。但是,近年以来,人们对

[①] 最近出版的《嘉靖传》(胡凡撰,北京:人民出版社,2004年10月),其中对严嵩的看法,与传统就没有什么区别。

严嵩的看法与评价，开始有了一些新的变化。

苏均炜先生在其论文《大学士严嵩新论》中，从严嵩与世宗皇帝、所谓"窃政二十年"、严嵩对北虏和南倭的政策、所谓屠害忠良、严嵩的失势与贪污以及严嵩变成奸臣的由来等六个方面，对严嵩在嘉靖朝的所作所为进行了颇为详尽的论述，其结论是，"将严嵩定谳为奸臣，实在大有商榷的馀地"[1]。李焯然先生在其论文《从〈鸣凤记〉谈到严嵩的评价问题》中，主张在对严嵩进行评价的时候，必须考虑到这样两个因素，一是明代中叶以后内阁权利日渐高涨这种制度上的变化，二是世宗在严嵩执政期间所担当的角色。李先生认为严嵩不应被称为奸臣，而应该称为"权臣"，他说，"严嵩得以成为一人以下的权臣，一方面是世宗所赋予，一方面也是环境的需要。当时大臣不满严嵩掌权，是未能适应制度上的变化，而且，也漠视了世宗在严嵩执政期间所担当的角色。"[2]曹国庆先生等所撰的《严嵩评传》，从多个方面对严嵩的所作所为进行论述与分析，目的是要为严嵩翻案。他们认为，不能把历史上的严嵩与戏文中塑造的严嵩等同起来，应该根据可靠的资料，对严嵩做出实事求是的评价，"有功要讲清，有过要讲明，既不因人废事，也不以事废人，既不以偏概全，也不求全责备"[3]。他们也反对将严嵩看成奸臣。[4]

且不说严嵩是否真的像苏均炜、李焯然、曹国庆等先生所说那样，并不是什么"奸臣"、"奸相"；且不说如果严嵩真的能够像苏均炜、李焯然、曹国庆等先生所主张那样，并不是所谓的"奸臣"、"奸相"，那么，对于湛若水与严嵩的交往，是否就不能以"趋炎附势"、"党附权奸"、"盛德之累"、"文章之玷"来加以论断。这些都是见仁见智的问题。

---

[1] 苏均炜撰：《大学士严嵩新论》，明清史国际学术讨论会秘书处论文组编：《明清史国际学术讨论会论文集》，天津：天津人民出版社，1982年，第822—862页。
[2] 李焯然撰：《从〈鸣凤记〉谈到严嵩的评价问题》，明史研究小组编辑：《明史研究专刊》，台北：大立出版社，1983年，第6辑，第69页。
[3] 曹国庆等撰：《严嵩评传》，第115页。
[4] 事实上，严嵩本人至死也不认为自己是奸臣、奸相。据说，严嵩死前，正坐，挥笔写下的是"平生报国惟忠赤，身死从人说是非"。(《介桥严氏族谱·家传·少师介溪公传》，曹国庆等撰：《严嵩评传》，第163页，附录三。)

退一步说，即使严嵩真的是奸臣、奸相，湛若水与他有同门、同年、同事之谊，湛若水为严嵩为文、撰序、作诗，似亦不能看成湛氏"趋炎附势"、"党附权奸"，不足视为湛氏盛德之累、文章之玷。虽然在湛若水为严嵩所作的诗文中颇多溢美之词，部分甚至可以说是阿谀奉承，但是，历史上又有多少有同门、同年、同事之谊的人，他们彼此之间的赠序之作、唱和之文，是没有溢美之词、奉承之语的呢？我们似不必、也不能要求每一个人都像薛蕙那样，"初亦爱嵩文采，颇相酬答，迨其柄国以后，即薄其为人，不相闻问，凡旧时倡和亦悉除其稿"。

何况，湛若水对严嵩的颂扬，并不是在严嵩位高权重之时才开始的。早在严嵩还是礼部左侍郎的时候，湛若水为严嵩所作的《宗伯严介溪先生像赞》，就整篇都是赞扬之语了；在严嵩升任南京礼部尚书的时候，湛若水为严嵩所作的《赠大宗伯介溪严公之南都序》，就满纸都是称颂之声了；在严嵩担任南京吏部尚书的时候，湛若水为严嵩所作的《介溪太宰画歌》，就全幅都是溢美之词了。

既然湛若水对严嵩的颂扬并不是在严嵩位高权重之时才开始的，那么，将其为严嵩《钤山堂集》作序等事视为趋炎附势、党附权奸就是不太合适的。湛若水为严嵩《钤山堂集》作序并对严嵩加以颂扬等事，与其说是趋炎附势、党附权奸，还不如说是同门、同年、同事之间的溢美之词、奉承之语。

（本文原载《中国哲学史》，2007年，第2期）

湛若水与"大礼议"之关系述略

——兼述嘉靖皇帝对湛若水的态度

"大礼议"是明代嘉靖朝发生的、围绕着世宗生父兴献王朱祐杬尊号（争考争宗）问题而展开的一场政治论争，是明代政治史、思想史上的一个重要事件，影响颇为深远。一般认为，这场论争的实质，从政治层面说，是阁权与皇权之争；从思想层面说，是程朱理学与陆王心学之争。对于这场论争，学术界已经进行了相当广泛的考察分析，取得了相当丰富的研究成果。然而，对于当时直接参与了这场论争的湛若水在论争中的情况，人们基本上是忽略了，更谈不上什么关注与重视了。其中原因，可能是留传下来的相关资料太少，而且湛若水也不是这场论争中的主角。但是，了解湛若水与"大礼议"的关系，对于了解湛若水的生平与思想都是十分重要的。兹仅就见闻所及，对湛若水参与议礼的活动情况、以及与此相关的嘉靖皇帝对他的态度略加考察。

一

由于湛若水是在嘉靖元年五月才到朝复职的，之前的议礼活动，他并没有直接参与。但是，为了更好地了解湛若水与"大礼议"的关系，有必要对其复职之前的议礼情况略加考察。

正德十六年（1521）三月十四日，明武宗朱厚照驾崩。武宗无子，由慈寿皇太后与大学士杨廷和定策，以武宗临终遗诏的名义，决定由兴献王长子、时年十五岁的朱厚熜来继承皇位。遗诏曰："朕绍承祖宗丕业，十有七年，有孤先帝付托，惟在继统得人，宗社生民有赖。皇考孝宗宪皇帝亲弟兴献王长子厚熜，聪明仁孝，德器夙成，伦序当立。尊奉祖训'兄终弟及'之文，告于宗庙，请于慈寿皇太后，与内外文武群臣合谋同辞，即日遣官迎取来京，嗣皇帝位。"①四月二十二日，朱厚熜登基继位，以明年为嘉靖元年。

嘉靖皇帝登基仅仅六天，便下令让礼官集议崇祀兴献王典礼。礼部尚书毛澄征求杨廷和的意见，杨廷和援引汉代定陶王（汉哀帝刘欣，继汉成帝刘骜）、宋代濮王（宋英宗赵曙，继宋仁宗赵祯）继承皇位的先例，对毛澄说："是足为据，宜尊孝宗为皇考，称献王为皇叔考兴国大王，母妃为皇叔母兴国太妃，自称侄皇帝名，别立益王次子崇仁王为兴王，奉献王祀。有异议者即奸邪，当斩。"②杨廷和的这一说法，是主张嘉靖皇帝继承了皇位，在政治上就是继承了皇统，在宗法上就应该成为皇嗣，也就是说，嘉靖皇帝要效法汉哀帝、宋英宗，称其伯父孝宗为父、称其亲生父亲兴献王为叔。杨廷和的主张得到许多官员的支持，但并不为嘉靖皇帝本人所接受。嘉靖皇帝在看了有关的奏章以后，十分生气地说："父母可移易乎？其再议！"③杨廷和等于是又援引程颐的《代彭思永上英宗皇帝论濮王典礼议》为据，曰："程颐《濮议》最得礼义之正，皇上采而行之，可为万世法。兴献祀事，今虽以崇仁主，异日仍以皇次子后兴国，而改崇仁为亲藩。天理人情，庶两无失。"对此，嘉靖皇帝虽然不能提出反驳的理由，但是依然不愿意接受，"仍命博考典礼，以求至当"④。杨廷和等又援引"舜不追崇瞽瞍、汉世祖不追崇南顿君"为说，并录魏明帝诏文以进，嘉靖皇帝所采取的手段是"留中不报"。⑤

---

① 谷应泰撰：《明史纪事本末》，北京：中华书局，1977年，第 2 册，第 733 页。
② 张廷玉等撰：《明史》，北京：中华书局，2003年，第 17 册，第 5036—5037 页。
③ 谷应泰撰：《明史纪事本末》，第 2 册，第 735 页。
④ 同上。
⑤ 同上。

杨廷和的主张虽然得到许多官员的支持,但并不是没有异议的。当杨廷和援引汉代定陶王、宋代濮王的先例时,其时尚为待对公车举人的张璁,就对其同乡、礼部侍郎王瓒说,"帝入继大统,非为人后,与汉哀、宋英不类"①。王瓒赞同张璁的说法并加以宣传,结果被杨廷和等将其调任为南京礼部侍郎。七月初三日,时为观政进士的张璁上《大礼疏》(即《正典礼第一疏》),略曰:

兹者朝议谓皇上入嗣大宗,宜称孝宗皇帝为皇考,改称兴献王为皇叔父兴献大王、兴献王妃为皇叔母兴献大王妃者,然不过拘执汉定陶王、宋濮王故事,谓为人后者为之子,不得复顾其私亲耳。伏承圣谕,以此礼事体重大,令博求典故,务合至当之论,臣有以仰见皇上纯孝之心矣。比有言者,遂谓朝议为当,恐未免胶柱鼓瑟而不适于时,党同伐异而不当于理,臣固未敢以为然也。夫天下岂有无父母之国哉?臣厕立清朝,发愤痛心,不得不为皇上明辨其事。《记》曰:"礼非从天降也,非从地出也,人情而已矣。"故圣人缘人情以制礼,所以定亲疏、决嫌疑、别异同、明是非也。夫汉之哀帝、宋之英宗,乃定陶王、濮王之子,当时成帝、仁宗无子,皆预立为皇嗣而养之于宫中,是尝为人后者也。故师丹、司马光之论,施于彼一时犹可。今武宗皇帝已嗣孝宗十有七年,比于崩殂,而廷臣尊祖训、奉遗诏,迎取皇上入继大统,岂非以天下者祖宗之天下、天下之天下也?臣伏读祖训曰:"凡朝廷无皇子,必兄终弟及。"夫孝宗,兴献王兄也;兴献王,孝宗亲弟也;皇上,兴献王长子也。今武宗无嗣,以次属及,则皇上之有天下,真犹高皇帝相授受者也。故遗诏直曰"兴献王子伦序当立"。初未尝明著为孝宗后,比之预立为嗣、养之宫中者,其公私实较然不同矣。或以孝宗德泽在人,不可无后。夫孝宗诚不可忘也。假使兴献王尚存,嗣位今日,恐弟亦无后兄之义。夫兴献王往矣,称之以皇叔父,鬼神故不能无疑也。今圣母之迎也,称皇叔母,则当以

---

① 谷应泰撰:《明史纪事本末》,第2册,第734页。

君臣礼见，恐子无臣母之义。《礼》："长子不得为人后。"况兴献王惟生皇上一人，利天下而为人后，恐子无自绝父母之义。故在皇上谓继统武宗而得尊崇其亲则可，谓嗣孝宗以自绝其亲则不可。或以大统不可绝为说者，则将继孝宗乎？继武宗乎？夫统与嗣不同，而非必父死子立也。汉文帝承惠帝之后则以弟继，宣帝承昭帝之后则以兄孙继。若必强夺此父子之亲、建彼父子之号，然后谓之继统，则古尝有称高伯祖、皇伯考者，皆不得谓之统矣。或以魏诏，谓由诸侯入奉大统，则当明为人后之义。殊不知曹叡是时尚未有嗣，其诏盖为外藩援立者坊，此有为之私，非经常之典也，可概论乎？故曰："礼，时为大，顺次之"。不时不顺则非人情矣，非人情则非礼矣。臣窃敢谓今日之礼，宜别为兴献王立庙京师，使得隆尊亲之孝，且使母以子贵，尊与父同，则兴献王不失其为父、圣母不失其为母矣。夫人必各本于父母而无二，议礼者亦惟体之于心而已。今者不稽古礼之大经，而泥末世之故事，不守祖宗之明训，而率曹魏之旧章，此臣之所未解者也。虽然，非天子不议礼。今皇上虚己宏大、畴咨众言，倘以朝议为礼之当，称号一定不可复易，且将使天下后世之人，皆知以利为利而自遗其父母，疑非"永言孝思"、"孝思维则"之谓也。①

疏中，张璁对杨廷和等所提出的所有主要理据都进行了辩驳，其要点有：（1）嘉靖皇帝与汉定陶王、宋濮王"预立为嗣养之宫中者"的情况不同，不能按定陶王、濮王的做法要求嘉靖皇帝；（2）嘉靖皇帝乃遵"凡朝廷无皇子，必兄终弟及"这样的祖训而入继大统，且遗诏只说"兴献王子伦序当立"，并没有"明著为孝宗后"；（3）魏明帝之诏，"盖为外藩援立者坊，此有为之私，非经常之典"，对嘉靖皇帝并不适用；（4）礼本于人情，且据《礼》"长子不得为人后"之训，嘉靖皇帝作为兴献王的独子，恐无自绝于其父母之义。其结论是：统与嗣不同，嘉靖皇帝只能继统，不能继嗣。

张璁的《大礼疏》，说出了嘉靖皇帝想说、但又不知怎么说的观点，

---

① 陈子龙等选辑：《明经世文编》，北京：中华书局，1987年，第3册，第1785—1786页。又参张宪文、张卫中撰：《张璁年谱》，上海：上海古籍出版社，1999年，第68—70页。

为嘉靖皇帝反驳杨廷和等人的主张提供了相当有力的理论依据。因此，嘉靖皇帝看了奏疏后，派司礼监官抄送内阁，传谕阁臣曰："此议实遵祖训、据古礼，尔曹何得误朕！"随后，嘉靖皇帝又看了几遍，心中大喜，说："此论一出，吾父子必终可完也。"① 杨廷和等见到张璁疏，一方面轻蔑地说，"书生焉知国体"；另一方面，亦颇为惊骇，交起击之。

九月，嘉靖皇帝之母、兴献王妃蒋氏自湖北安陆来至京城附近的通州，听说朝廷欲考孝宗，十分生气，说道："安得以我子为人之子！"又对从官说："尔曹已极宠荣，献王尊称胡犹未定？"于是停留通州，拒绝入京。嘉靖皇帝闻之，涕泗不止，且以"愿避位奉母归"相逼。群臣惶惧。②

十一月二十五日，张璁上《正典礼第二疏》及《大礼或问》，其疏略曰："臣窃谓非天子不议礼，愿皇上奋然裁断，揭父子大伦，明告中外，以皇叔父母不正之名决不可称，则大伦正而大礼定矣。"③ 疏中，张璁再次强调"非天子不议礼"一语，正如有学者指出，此语对嘉靖皇帝影响至巨④。自此之后，嘉靖皇帝"连驳礼官疏"。这时，湛若水的广东同乡、后来的亲家、时任兵部主事的霍韬，见张璁的说法最终将得到朝廷的采纳，亦上疏以为"礼官持议非是"。嘉靖皇帝的支持者日增。杨廷和等见势不得已，于是草敕下礼部，曰："圣母慈寿皇太后懿旨，以朕缵承大统，本生父兴献王宜称兴献帝，母宜称兴献后，宪庙贵妃邵氏称皇太后。仰承慈命，不敢固违。"⑤ 即尊称兴献王、妃为兴献帝、后，但不在"帝"、"后"之前加"皇"字。嘉靖皇帝暂时接受。

十二月十二日庚寅，嘉靖皇帝即下御札，要求加称兴献帝、后以"皇"字。杨廷和等表示反对。嘉靖元年春正月，清宁宫的一次小火灾，才使得信奉道教、且颇为相信天人感应的嘉靖皇帝接受了杨廷和等人的

---

① 谷应泰撰：《明史纪事本末》，第 2 册，第 736 页。
② 同上书，第 737 页。
③ 陈子龙等选辑：《明经世文编》，第 3 册，第 1787 页。又参张宪文、张卫中撰：《张璁年谱》，第 70 页。
④ 参胡凡撰：《嘉靖传》，北京：人民出版社，2004 年，第 63—64 页。
⑤ 谷应泰撰：《明史纪事本末》，第 2 册，第 738 页。

主张,"称孝宗为皇考,慈寿皇太后为圣母,兴献帝、后为本生父母,而'皇'字不加矣"。①

虽然嘉靖皇帝暂时接受了杨廷和等人"称孝宗为皇考,慈寿皇太后为圣母,兴献帝、后为本生父母"的主张,但他既不甘心,也不情愿。嘉靖元年三月,上孝宗太后尊号曰昭圣慈寿皇太后、武宗皇后曰庄肃皇后、圣祖母邵氏曰寿安皇太后、本生父曰兴献帝、母曰兴献太后。在确定这些称号之前,嘉靖皇帝让司礼监传谕说,在《兴献帝册文》上,自己宜称"子"或"孝子"②。由于杨廷和等人的一再反对而不能如愿。

杨廷和等人在议礼问题上坚持己见、不肯与皇上妥协的做法,使嘉靖皇帝十分不满。据说,在不到一年的时间里面,"廷和先后封还御批者四,执奏几三十疏,帝常忽忽有所恨"③。由于嘉靖皇帝对杨廷和等人表示出明显的不满,"左右因乘间言廷和恣无人臣礼,言官史道、曹嘉遂交劾廷和"。嘉靖皇帝虽然薄谪史道、曹嘉以安廷和,"然意内移矣"。④

以上是湛若水到朝复职前,人们围绕着世宗生父兴献王朱佑杬尊号问题而展开的论争的概况。

二

嘉靖元年(1522)五月十四日,湛若水到朝复翰林院编修职。据记载,湛若水之到朝复职,是由于都御史吴廷举、御史朱节的推荐。湛若水的复职是正德十六年五月二日决定的。这时的朝政完全由杨廷和等人控制,可以肯定,在湛若水的复职问题上,杨廷和起着至关重要的作用。而且,我们不应忘记,杨廷和还是湛若水弘治十八年就试礼闱的主考官,两人有师生之谊。因此,湛若水一返朝复职,便站在杨廷和一边,在议礼等

---

① 谷应泰撰:《明史纪事本末》,第2册,第740页。
② 同上书,第741页。
③ 张廷玉等撰:《明史》,第17册,第5038页。
④ 同上。

问题上，成为杨廷和的支持者。

湛若水到朝复职的时候，在议礼问题上，支持嘉靖皇帝的人越来越多，嘉靖皇帝的态度也越来越强硬。五月二十二日，作为对杨廷和等人的不满而采取的疏远行动，嘉靖皇帝传旨：经筵、日讲、午奏三事暂免。这一做法，使大臣、讲官向皇帝面对、进言的机会因而消失。

六月初二日，杨廷和等人上疏，略谓："五月二十二日经筵甫毕，遽传旨并日讲暂免，又免午奏，臣等叨官辅导，略不与闻，心实未安，义难缄默。窃念人君一心，关系最重，养之以善则智；若声货利一或有动于中，则妨政害事，其患有不可胜言者。伏望皇上宫中无事，不废读书，以涵养此心。其《大学》、《尚书》，容臣等接续前日所讲读者，量进起止。仍乞选委司礼监官一二员，但遇视朝听政之后，恭侍左右，请于每书读十数遍，务令字义通晓。遇有疑惑，特御文华殿，召见臣等，俯赐访问。讲读之暇时，临古人法帖。一切声色货利，不使少接于前，则圣德益新、圣治益隆矣。"① 随后，湛若水也上了一道《初入朝豫戒游逸疏》，与杨廷和等相呼应。其疏略曰：

> 迩者以暑月暂辍讲事，臣窃忧之。夫人之心，无所用则放，有所傲则存。故废于讲学，则或继以逸欲，不可不豫戒也。……臣窃谓陛下今虽未御经筵、日讲，然而忧勤之念、兢业之心，盖不可以寒暑间者。臣愿圣明以深居静思为本，以温习寻求为业，以敬亲事天为职分，以勤政亲贤为急务，随处操存，体认天理，俾此心无异于经筵、日讲之时。稍萌逸欲，即为禁止。旧德老臣如大学士杨廷和等，新起宿望如户部尚书孙交、刑部尚书林俊等，及九卿大臣之贤，时赐召问，以兴其成王畏相之心。尤择内臣之老成忠厚者，俾给侍左右，以责其旦夕承弼之益。外则有辅相之贤，内则有侍从之正，出则有正学之程，入则有游息之规。谨十寒之戒，遵克念之训，存儆戒之心，励

---

① 《世宗实录》第15卷，《明实录》，台北：中央研究院历史语言研究所校印本，1962年，第38册，第489—490页。

无逸之教。法天不息，与时偕行，则君德成而万化理矣。①

此疏的核心，是请求嘉靖皇帝要"以敬亲事天为职分，以勤政亲贤为急务"。所谓"敬亲"，是指敬重武宗的生母慈寿皇太后；所谓"亲贤"，是指亲近在议礼中与皇帝相左的杨廷和等人。不仅如此，湛若水在疏中还呼吁嘉靖皇帝要召问大臣，"以兴其成王畏相之心"。正如朱洪林先生所说，"成王所畏之相，是为周公。湛若水等杨廷和于周公，无非要世宗心常尊畏廷和如成王之尊畏周公。这等于说，一切复杂重大的朝政国策，应当全交没受顾命之责而实具佐命之功的元臣杨廷和来决定和处理"②。但是，嘉靖皇帝对湛若水的请求，尤其是关于召问大臣一事，完全置之不理。七月初八日，湛若水所上的《再论圣学疏》，就明确说到这一点："臣前日陈乞，已蒙圣旨：'这本所言豫戒游逸，召问大臣，并择内臣中老成忠厚的给侍左右，朕已知道了。钦此，钦遵。'臣惟戒游逸一节，想蒙皇上躬蹈；其召问大臣，选择老成等事，未见施行者。"③

八月初二日，湛若水上《元年八月初二日进讲后疏》，略曰：

> 夫圣学莫大乎知要，知要则可以该博。古之帝王神圣，岂在多闻博记乎哉？尧授舜止曰"执中"，舜授禹止曰"精一"，汤曰"一德"，文王曰"敬止"，武王曰"敬义"，皆极要约。臣于本月初二日经筵进讲《大学》"是故君子先慎乎德"一章，其言虽多，不过止本"慎德"二字。臣所讲章，其词虽多，不过止在"体认天理"四字，至为简易易行。夫体认天理即所谓慎德也。《大学》一书之指全在于此，与前所言帝王之学，同一揆也。故臣讲至此，抑扬其词，以致恳切之意。臣又惟经筵至重，自宋以还，人多诮为故事。臣独以为，神而明之，存乎其人。夫言以宣意，意以致诚，诚以感格。故臣于进讲之前，七日斋戒，致微诚以上达也。伏望皇上于深宫大庭，静居动

---

① 湛若水撰：《甘泉先生文集》，嘉靖十五年刻本，内编，第1卷，第1—3页。
② 朱鸿林撰：《中国近世儒学实质的思辨与习学》，北京：北京大学出版社，2005年，第231页。
③ 湛若水撰：《甘泉先生文集》，嘉靖本，内编，第1卷，第3—5页。

应，随处存心，体认天理。常若有见，私欲不萌。此即兼格致诚正之功，所谓君正莫不正，帝王事业尽在是矣。①

疏中，湛若水除了提到自己的"随处体认天理"的学术宗旨以外，更重要的是强调自己对经筵的重视。嘉靖皇帝免经筵，是为了断绝讲官进言的机会。湛若水强调自己对经筵的重视，其言外之意，无非是希望皇帝也能同样的重视。

嘉靖二年癸未（1523）四月初四日，湛若水进讲《尚书·虞书·大禹谟》"可爱非君可畏非民"章②。五月二十一日，湛若水上《乞上下一心同济圣治疏》，疏中湛若水以舟事为喻，用相当严厉的言辞，对嘉靖皇帝亲近左右近习、旁门左道而疏远大臣、儒官的做法加以劝谏。其文略曰：

> 臣近观进忠言者，或斥奸邪之恶，或规圣政之缺，皆蒙圣德包容而未见绎改，近幸未见忧悔。二者盖未知利害之相关，是以不能痛切而猛省也。臣得以近事明之。陛下龙飞水国，习知舟事，请以舟喻。谚云"同舟共济"，岂不信哉！岂不信哉！夫天下一大舟也，治乱安危，未有津畔，犹济大海也。本在人主之一心，犹夫舟之柁也；公卿贤士辅导之臣，运筹指方，犹夫舟之有长年三老；百僚宣力，犹夫篙师榜人为之左右也；内臣外戚，犹夫附舟之人也；天下民庶实为邦本，犹夫君之宝货在载也。故附舟之人与宝货之利害，在舟之安危；舟之安危，在柁之弛张；柁之弛张，在长年三老之操纵而篙师宣力与否也。故舟危则凡在舟者无不危，舟安则凡在舟者莫不安。盖有恃宠坏法以败人国家，如同舟之人凿舟而破之，自以为安，而鲜不先溺者，如先朝之迹而不知鉴也，可谓智乎？故欲济中兴之善治者，莫若正君心；欲正君心者，莫若亲辅导知学之臣；欲不间辅导知学之臣者，莫若左右仆从勿用匪人。故一正君心而万化理矣。谚云"同行同

---

① 湛若水撰：《甘泉先生文集》，嘉靖本，内编，第1卷，第5—6页。
② 湛若水撰：《甘泉先生文集》，嘉靖本，内编，第3卷，第26—28页。案：此讲章，嘉靖本标明为"二年四月初四日进讲"，《湛甘泉先生文集》通行本则标明为"嘉靖一年四月初四日进讲"。改年号之第一年，当称为"元年"。且嘉靖元年五月十四日湛若水才到朝复职，不可能在"嘉靖一年四月初四日进讲"。故以嘉靖本之系年为是。

命"，君臣上下以之。今陛下不急亲儒学之臣，不闻正心之术，乾刚未奋，宰制不施，初政渐不克终，近习渐为蒙蔽，天戒屡见，不实修省，科道大臣交章，未或举行，臣恐如舟之柁渐弛矣。左右亲信之人蛊惑上心，不引以声色，则引以异教；亲戚希无厌之赏，近幸夺法司之狱，刑赏僭差、纪纲废弛，是皆所谓同舟之人凿舟而破之，而不知自溺之祸者矣。大臣见斥，则将相继求去，如尚书林俊、孙交者，百僚视之，人怀危心，是犹长年三老、篙师榜人引去，而谁与宣力矣？天下万民谁与匡济？臣实痛心，渺乎不知舟之安危。伏乞陛下察同舟之义，讲学以正心，亲礼大臣，听用科道百僚以辅理，戒谕左右亲幸之人，使勿坏事凿舟以自溺，则内外臣庶咸有济于无涯之福矣。①

疏中，湛若水希望嘉靖皇帝能够借鉴先朝之迹，不要重蹈武宗皇帝的覆辙。湛若水直言，皇上如果要成就中兴之善治，就必须自正其心，而要自正其心，就必须亲近辅导知学之臣，而要亲近辅导知学之臣，就必须做到左右仆从勿用匪人。但是，现在皇上之所作所为正好与此相反，"不急亲儒学之臣，不闻正心之术，乾刚未奋，宰制不施，初政渐不克终，近习渐为蒙蔽，天戒屡见，不实修省，科道大臣交章，未或举行"，结果是"左右亲信之人蛊惑上心，不引以声色，则引以异教；亲戚希无厌之赏，近幸夺法司之狱，刑赏僭差、纪纲废弛"、"大臣见斥，相继求去，百僚视之，人怀危心"。大臣不安于位，纷纷求去，这就如同行舟之时，"长年三老、篙师榜人引去，而谁与宣力矣？天下万民，谁与匡济？"

九月十二日，湛若水进讲《尚书·虞书·皋陶谟》"天聪明自我民聪明"章②。十二月，湛若水以九年考满，由翰林院编修升为翰林院侍读③。同月，在"两浙织造事件"中，杨廷和因拒不奉旨写敕，与嘉靖皇帝的关系更加恶化。

---

① 湛若水撰：《甘泉先生文集》，嘉靖本，内编，第1卷，第6—8页。系年据《世宗实录》第27卷，《明实录》第39册，第756页。
② 湛若水撰：《甘泉先生文集》，嘉靖本，内编，第3卷，第28—29页。
③ 《世宗实录》第34卷，《明实录》第39册，第861页。

嘉靖三年甲申（1524）正月二十一日，时任南京刑部主事的桂萼上《正大礼疏》，希望"皇上速发明诏，循名考实，称孝宗曰皇伯考，武宗曰皇兄，兴献帝曰皇考而别立庙于大内，兴国太后曰圣母"，并且说"今皇上奉祖训入继大统，果曾亲受孝宗诏而为之子乎？果曾亲许为孝宗子乎？则皇上非为人后、而为入继之主也，明矣"。桂萼还同时附上了席书、方献夫二人之疏。嘉靖皇帝览桂萼疏，曰："此礼关系天理纲常，便会文武群臣集前后章奏，详议尊称合行典礼以闻。"①正月二十八日，礼部尚书汪俊等遵诏会文武大臣、科道官上大礼仪，极辩桂萼等议礼非是，其略曰："祖训'兄终弟及'，指同产言，则武宗为亲兄，皇上为亲弟，自宜考孝宗、母昭圣。"湛若水在奏疏上列名②。嘉靖皇帝坚执令再议。杨廷和此前即已累疏乞休，此时，更见事不可为，去意益切。二月初二日，给事中邓继曾因言"祖宗以来，凡有批答，必下内［阁］拟议而行。顷者中旨，事不考经，文不会理，或左右群小窃权希宠以至于此。陛下不与大臣共政，而容若辈干政，臣恐大器之不安也"而下诏狱③。有鉴于此，初四日，湛若水即上《乞谨天戒急亲贤疏》，略曰：

> 臣观于正德之间，天下濒危者屡矣。当斯之时，科道囚、老臣弃，不亲贤之至矣。以今视昔，可不为寒心哉！臣非言事之官，故不敢以及事。臣职在以经术劝圣学，故不敢不恭职，然而圣学修而万事举矣。臣尝读《易》，至屯、否二卦，不能不感慨焉。夫屯者，阴阳始交而难生，君臣欲有为而未遂，此则陛下登极下诏时然也。否者，阴阳隔而不通，内外离而不孚。陛下聪明独照，自视今日于此卦何如哉？夫屯而不济，必至于否，否而不济，则事势之将来，有不可言者。一二年间，天变地震，山川崩涌，人饥相食，报无虚月，莫非征

---

① 《世宗实录》第35卷，《明实录》第39册，第884—886页。
② 杨一清等纂：《明伦大典》，第9卷，第15—18页，转引自胡吉勋撰：《"大礼议"与明廷人事变局》，北京：社会科学文献出版社，2007年，第72、463页。案：《世宗实录》第36卷，将汪俊上疏事系于二月戊申。（参《明实录》第39册，第900—901页）
③ 《世宗实录》第36卷，《明实录》第39册，第895页。

召。夫圣人不以屯否之时而缓亲贤之训，明医不以深痼之疾而废元气之剂，故屯之象曰："天造草昧，宜建侯而不宁。"其象曰："云雷屯，君子以经纶。"否之象曰："否之匪人。不利君子贞，大往小来。则是天地不交而万物不通也，上下不交而天下无邦也。"言不可不亲贤也。今之元气之剂，急亲贤是也。以为不急之务，非知言者也。夫一举而五事皆得者，急亲贤之谓矣。所谓五事者，成君德一也，定臣志二也，审用人三也，正风俗四也，消变致祥五也。故五事举而王道备矣。我祖宗列圣知其然，故有君臣同游之训、文华殿入直之规。《诗》曰："不愆不忘，率由旧章"。在陛下今日，尤为当务之急也。①

正如朱鸿林先生所说，疏文中湛若水既以正德间"科道囚、老臣弃"的事实比于现状，可见此疏是以杨廷和等不奉旨写敕及邓继曾因言事下狱为缘起；而其呼吁嘉靖皇帝"急亲贤"，则是希望嘉靖皇帝急亲杨廷和等内阁大臣②。但是，湛若水在疏中援引《周易》屯、否二卦为说，对于年纪尚幼、继位不久的嘉靖皇帝来说，其立言与用意都是极为严重的。对于湛若水此疏，徐学谟评论道："上登极之初，何谓始交而难生？登极财三年，何遽名为否？非惟忧治危明之过，且于经义殊不相蒙。主上冲年，尤不宜进此疑骇无当之论，以启其疏远儒臣之端。其后若水虽至大僚，终不柄用，累以伪学目之，未必非此疏为先入也。"③徐学谟的评论，确有其真知灼见，然而，"未必全确，且又有知其然而不知所以然的弱点。徐氏从万历朝反观已成过去的嘉靖朝，自然可说嘉靖一朝并未至于塞否的程度。但在湛若水亲经正德紊乱之局，而面对大礼议的实际展现的体会中，睽诸时情，其言也自有因、有见"。而且，此疏作为湛若水"对杨廷和等的最后挽救努力，也就不得不重乎其言了"④。二月十一日，杨廷和致仕去职。⑤

杨廷和去职后，反对嘉靖皇帝追尊其生父的力量进一步削弱了。三月

---

① 湛若水撰：《甘泉先生文集》，嘉靖本，内编，第1卷，第9—12页。
② 朱鸿林撰：《中国近世儒学实质的思辨与习学》，第237页。
③ 转引自谈迁撰《国榷》，北京：中华书局，1988年，第4册，第53卷，第3294页。
④ 朱鸿林撰：《中国近世儒学实质的思辨与习学》，第238页。
⑤ 《世宗实录》第36卷，《明实录》第39册，第899—900页。

初，嘉靖帝奉其生父兴献帝为"本生皇考恭穆献皇帝"、其生母兴国太后为"本生母章圣皇太后"，且拟于奉先殿侧别立一室以祀兴献帝。三月壬申，礼部尚书汪俊、吏部尚书乔宇等或上疏、或复奏，均以为不可，其略曰："皇上入奉大宗，不得祭小宗。为本生父立庙大内，从古所无。惟汉哀帝尝为共王立庙京师，师丹以为不可。请于安陆庙增饰，为献皇帝百世不迁之庙，俟他日袭封兴王，子孙世世奉享，陛下岁时遣官祭祀，亦足以伸至情矣。"湛若水在奏疏上列名①。湛若水不仅在汪俊等所上奏疏列名，而且自己具奏，据《明史纪事本末》记载，"时湛若水、石珤、张翀、任洛、汪举等皆具奏。不听。"②湛若水所上奏疏内容，《明伦大典》有这样的记载："陛下本生皇考，乃兴国始封之君，上比太祖、太宗，皆为大宗不迁之祖。若欲立别室，则礼有所厌，不得以独尊，又亲尽而终毁矣。夫在兴国，则为百世不迁之祖；在大内，则为亲尽当毁之祖。虽欲尊之，而反卑之，而未尽所以尊之之道也。"③由于嘉靖皇帝坚持要在奉先殿侧别立一室以祀兴献帝，汪俊、蒋冕等先后去职。

六月，张璁、桂萼等应召至京，一同上疏，"极论两考之非，以伯孝宗而考兴献为正"④。为提高张璁等在朝廷中的地位，嘉靖皇帝不经廷议，遂降中旨，命桂萼、张璁为翰林学士，方献夫为侍讲学士。

七月，张璁、桂萼既拜新命，复列十三事以上，条列礼官欺罔之罪⑤。嘉靖皇帝接受张璁等人建议，屡遣司礼监官至内阁谕毛纪等，要求删去由内阁拟撰之敕加兴献皇帝、后尊号的册文中"本生"二字。毛纪等力言不可。随后，便发生了百官跪门伏哭的"左顺门事件"。参与这次事件的官员，受到夺俸、杖刑等严厉惩罚的数以百计，其中十七人因杖刑而死。死

---

① 杨一清等纂：《明伦大典》，第 11 卷，第 9 页，转引自胡吉勋撰：《"大礼议"与明廷人事变局》，第 72、464 页。案：《世宗实录》第 37 卷，将汪俊上疏事系于三月己卯。(参《明实录》第 39 册，第 924—926 页)
② 谷应泰撰：《明史纪事本末》，第 2 册，第 50 卷，第 745—746 页。
③ 杨一清等纂：《明伦大典》，第 11 卷，第 12—13 页，转引自胡吉勋撰：《"大礼议"与明廷人事变局》，第 72、96、464 页。案：此疏及其相关内容，湛若水的各种文集失载。
④ 谷应泰撰：《明史纪事本末》，第 2 册，第 50 卷，第 748 页。
⑤ 同上书，第 749—750 页。

者之中包括湛若水的弟子张潋、臧应奎①。同月，先后上圣母章圣皇太后宝册、皇考恭穆献皇帝宝册，均不言"本生"。

九月，朝廷改称孝宗敬皇帝为皇伯考、昭圣皇太后为皇伯母。嘉靖皇帝成了"大礼议"中的胜利者。

据统计，在"大礼议"中，湛若水在群臣反对嘉靖皇帝追尊其父兴献王的联名奏疏中，署名达六次以上②。其中还不包括《初入朝豫戒游逸疏》、《元年八月初二日进讲后疏》、《乞上下一心同济圣治疏》、《乞谨天戒急亲贤疏》等呼吁嘉靖皇帝要亲近辅导知学之臣以免重蹈武宗皇帝覆辙、或与杨廷和等相呼应的奏疏。可见，湛若水是"大礼议"中一个相当活跃的人物。但是，湛若水没有参与"左顺门事件"。湛若水为什么没有参与"左顺门事件"，具体原因不详。很有可能，与他当时对议礼问题的看法发生改变有关。在《金陵问答》中，对于大礼议，有这样一段问答：

"大礼一事，当时可且从上意未为过，盖是时上方向意文学，而一时宰相台谏不能固君心，端天下之本，往往掇拾琐碎，互相诋谤，使上意益厌苦之。至伏阙一事，阗然叫诉，有哭泣者，似非人臣事君之礼。宋人所谓党锢之祸乃吾党自激成者，真可以为世戒也。此说是否？"

"此臣下[之罪]，所当自责，程子之言是也。"③

在《天关语通录》中，则有这样一段记载：

先生所议大礼，初与诸公之见大略亦同，及其后来觉得未安，不敢复守前说，实以三年名分已定故耳。先生尝曰："圣明因心之孝，何所不可？诸公为执宰者，只宜请朝廷断之。非天子不议礼，臣下不敢

---

① 湛若水撰：《明故礼部精膳清吏司主事臧君墓志铭》，《泉翁大全集》，嘉靖十九年洪垣编刻本、万历二十一年修补本（锺彩钧先生主持整理、标点本之稿本）第59卷，第27—29页；郭棐撰：《粤大记》，广州：中山大学出版社，1998年，下册，第560页；谷应泰撰：《明史纪事本末》，第2册，第50卷，第752—753页；《世宗实录》第41卷，《明实录》第39册，第1080页。案：张潋，《明史纪事本末》、《世宗实录》作"张燦"；臧应奎，《世宗实录》误作"藏应魁"。
② 胡吉勋撰：《"大礼议"与明廷人事变局》，第111页。
③ 湛若水撰：《泉翁大全集》，第76卷，第11页。

议,奉而行之,不至有后来大害事无限矣。只谓天子无宗,于吾心终有未然,谓之宗庙,已是宗了。"①

这两条记载,说明在"左顺门事件"发生之前,湛若水对议礼问题的看法已经有了改变,已经"不敢复守前说"了。

三

对于在议礼问题上支持杨廷和的湛若水,嘉靖皇帝并没有因为他没有参与"左顺门事件"而放过他。嘉靖三年(1524)八月庚申(二十八日),升湛若水为南京国子监祭酒,以名升实降的方式将其调离京城、调离翰林重地。众所周知,嘉靖皇帝可不是一个容易侍候的主子。据说,嘉靖皇帝是一个"颇有主见"、"性格固执"、"性格多疑"②、"好钩察臣下阴私"、"近乎心理变态"③、"善于权谋"、"小题大做"的人④。也许,我们可以补充一句,嘉靖皇帝还是一个不够宽容、喜欢记仇的人。嘉靖皇帝的这种性格,似乎注定了在大礼问题上没有支持嘉靖皇帝、而在大礼议基本结束以后又在其他一些问题上也没有完全与嘉靖皇帝合作的湛若水,不可能得到嘉靖皇帝的喜欢;相反,他所能得到的,是嘉靖皇帝的厌恶与憎恨。而且,嘉靖皇帝对湛若水的这种态度终生不变。

据湛若水为梁天锡所撰《明故义士武缘尹前鸿胪主簿粤峰梁君墓表》记载:梁天锡"以儒士入卯局,用人学士席文襄公荐,入翰林史馆纂录《明伦大典》成,当得历中书。其落为序班者,失职也,故人称之曰中书君焉。何居?粤峰子在史馆,张首相权幸倾朝,愤湛侍读之异,已而重书之大典,将中之祸。方、桂二公曰:'过矣。'张乃谬曰:'过则改书之。'梁君从傍应曰:'唯。'即改书之。张怒不得逞,遂迁怒于君。君坐是失职

---

① 湛若水撰:《湛甘泉先生文集》,通行本,第23卷,第7页。
② 林延清撰:《嘉靖皇帝大传》,沈阳:辽宁教育出版社,1993年,第56、67、76页。
③ 邓志峰撰:《王学与晚明的师道复兴运动》,北京:社会科学文献出版社,2004年,第170、159页。
④ 胡吉勋撰:《"大礼议"与明廷人事变局》,第480页。

为鸿胪，故人犹称曰中书君云。"①其中所说的席文襄公指席书，张首相指张璁，方、桂二公指方献夫、桂萼，湛侍读指湛若水自己。根据这一记载，因在议礼问题上支持杨廷和，湛若水不仅受惩罚于当时，而且还差点儿遭算账于秋后。不知张璁的企图是否与嘉靖皇帝的旨意有关。

嘉靖七年（1528）年底或次年年初，嘉靖皇帝对湛若水与方献夫之交情有所论评。据《明实录》记载："上阅宋儒朱熹著《南剑州尤溪县学明伦堂铭》，自得有述一篇，内云：'今世降理微，人欲炽盛，无怪彼之附和者。但可惜者，师生兄弟朋友，或一气而分，或交以为友，亦有不同焉。少师杨一清为乔宇之师，宇受学于一清有年矣，一旦被势利所逼，则师之言不从矣。桂華为少保桂萼之兄，则弟不亲矣。湛若水为尚书方献夫之友，则友而疏矣。吁，信势利夺人之速，可垂世戒。'辅臣杨一清因言：'乔宇不听臣言、湛若水背献夫之论，是诚然矣。若桂華能持正论，且闻萼之学多自其兄启之，未可尽非也。'上报曰：'朕阅《大典》，有得而述，因叹兄弟邪正殊途，桂華、桂萼之如此，方鹏、方凤之如彼，吁嗟之馀，扬抑不平。近日多事，未暇检读，依卿言，朕将原稿更之。'"②嘉靖皇帝没有将支持自己的湛若水的朋友方献夫视为势利之徒，反而将站在杨廷和方面反对自己的湛若水视为势利之徒，其中含义是颇为值得回味的。

自从在"大礼议"中取得胜利以后，嘉靖皇帝十分热衷于制礼作乐。嘉靖九年（1530），嘉靖皇帝打算在郊祭礼方面实行南北郊分祭。二月初十日，嘉靖皇帝颁布敕谕，令群臣讨论南北郊分祭礼仪，要求十日之内

---

① 湛若水撰：《甘泉先生续编大全》，嘉靖三十四年刻本、万历二十三年修补本（锺彩钧先生主持整理、标点本之稿本），第10卷，第4—5页。
② 《世宗实录》第73卷、《世宗宝训》第5卷，《明实录》，第40册，第1653—1654页；第99册，第459—460页。案：《世宗实录》第73卷、《世宗宝训》第5卷均将此事系于嘉靖六年二月。然据王世贞考证，"方鹏在南吏部时，尝一言许张璁议礼，而凤则同台疏劾璁、萼等，故云尔。然六年正月内，桂萼尚为詹事，不当称少保；方献夫尚为少詹事，不当称尚书。又其时《大典》尚未完，当是七年终八年初萼、献夫加官后御札，不应置于此月也。"（王世贞撰：《弇山堂别集》，北京：中华书局，1985年，第2册，第488—489页。）王世贞之说可取。又：王世贞所谓"史于嘉靖六年正月内记"、"六年正月内"，《世宗实录》第73卷、《世宗宝训》第5卷均作嘉靖六年二月。

"各以所有具疏上闻，不许隐含忍默"，"不许附和、为言谋、为朋友聚，止许以自己所见上陈"①。时为礼部右侍郎的湛若水参与了相关的讨论，主张合祭，以为"北郊之说起于汉儒师丹、郑玄之徒，国家初行分祭，后复合而为一，或者我皇祖之心亦深见其可疑，故能勇决改之。是非之归，必求尽出古礼，使世为天下则。不尔，亦聚讼耳。"②这明显地与嘉靖皇帝的观点相左。

嘉靖十年（1531）十一月，信奉道教的嘉靖皇帝建祈嗣醮于钦安殿，"以礼部尚书夏言充醮坛监礼使，侍郎湛若水、顾鼎臣充迎嗣导引官。"③让作为儒家的湛若水充当迎嗣导引官，这是一件颇为滑稽的事情，不知道嘉靖皇帝是不是有意为之。十二月初八日，湛若水上《劝收敛精神疏》，初十日奉圣旨："这所言朝廷已知，尔既欲朕收敛精神，便不必烦扰。该衙门知道。"④嘉靖皇帝对湛若水此疏颇为不悦，其不满之情溢于言表。对于湛若水一方面充当嘉靖皇帝的迎嗣导引官，另一方面又上疏劝嘉靖皇帝收敛精神，谈迁评论道："湛氏出新建之门，讲学人也。匍匐芝幛鹤驭之间，独不可奉身而退乎？又上章言：祷储当修其在己、收敛精神。上曰：既欲朕收敛精神，即不宜烦扰。盖深窥其微也。近代士大夫通道盖如此。"⑤其实，平心而论，湛若水充当嘉靖皇帝的迎嗣导引官，乃出于不得已；其上疏劝嘉靖皇帝收敛精神，是为了表明自己的忠心。

嘉靖十四年（1535），时任南京礼部尚书的湛若水70岁。十一月，湛若水上《引年疏》乞休。嘉靖皇帝没有同意湛若水引年乞休，理由是："卿虽年七十，精力未衰，宜照旧用心供职，所辞不准。吏部知道。"⑥嘉靖

---

① 参张瑞撰：《天地分合：明代嘉靖朝郊祀礼议论之考察》，台北汉学研究中心主编：《汉学研究》，2005年，第23卷，第2期，第175页。
② 参洪垣撰《湛甘泉先生墓志铭》，《湛甘泉先生文集》，通行本，第32卷，第10页。
③ 《世宗实录》第132卷，《明实录》，第41册，第3134—3135页；谷应泰撰：《明史纪事本末》，第2册，第52卷，第784页。
④ 湛若水撰：《甘泉先生文集》，嘉靖本，内编，第2卷，第10—14页。
⑤ 谈迁撰：《国榷》，第4册，第55卷，第3455页。案：新建，指王阳明。湛若水与王阳明为朋友。谈迁所谓"湛氏出新建之门"，非。
⑥ 湛若水撰：《甘泉先生文集》，嘉靖本，内编，第2卷，第32—34页。

十六、十七年，湛若水七十二、七十三岁，连上三疏，以年迈体衰为由，乞求归田养老，也没有得到嘉靖皇帝的批准。① 虽然我们不知道湛若水再三上疏乞休，是真的想退休，还是一种以退为进的策略。但是，对于湛若水，嘉靖皇帝既不重用，又不顺水推舟允许他归田，其心态实在耐人寻味。说是对湛若水的折磨，似乎有点过分；说是对湛若水的玩弄，则不无这种可能。

嘉靖十五年（1536）十月丙午（二十四日），湛若水上《进二礼书疏》②，"进所纂《二礼经传测》，大略以曲礼、仪礼为经，礼记为传。礼部尚书夏言谓：'其立论以曲礼为先，似与孔子之言相戾，不可以传示后学。惟是本官好学之心老而不倦，宜加精旌奖。'上曰：'既戾孔子之言，何以传示后学？'罢其书不省。"③ 与其说嘉靖皇帝是讨厌湛若水其书，不如说是讨厌湛若水其人。

嘉靖十九年（1540）五月，时年七十五岁的湛若水终于得以告老归田。但是，即使在湛若水告老归田十几年之后，嘉靖皇帝还记恨着湛若水。嘉靖三十四年（1555）十月，湛若水九十大寿，广东按臣请赐存问，亦为嘉靖皇帝所不许④。对于享有高寿的致仕老臣赐予存问，是朝廷的惯例。但是嘉靖皇帝却一反惯例，拒绝对九十大寿的湛若水赐予存问，其对湛若水的记恨之深，可想而知。

更有甚者，在湛若水死后，嘉靖皇帝还对他怀恨在心。嘉靖三十九年（1560）四月二十二日，湛若水病逝于广州。据《世宗实录》记载，嘉

---

① 湛若水撰：《泉翁大全集》，第 37 卷，第 31—32 页；第 38 卷，第 2—3、3—8 页。
② 《增城沙堤湛氏族谱》，佛山：华文书局，1923 年，第 27 卷，第 61 页。案：此疏各种文集失载。
③ 《世宗实录》，第 192 卷，《明实录》，第 43 册，第 4063—4064 页；谈迁撰：《国榷》，第 4 册，第 56 卷，第 3535 页；又参邓志峰撰：《王学与晚明的师道复兴运动》，北京：社会科学文献出版社，2004 年，第 174 页。案：《明世宗宝训》第 5 卷误将此事系于嘉靖八年十月。（《明实录》，第 99 册，第 460—461 页。）又：引文"宜加精旌奖"中之"精"字疑衍。
④ 王世贞曰："嘉靖以来广东按臣言，致仕尚书湛若水年九十，请赐存问，已之。"（《弇山堂别集》，第 1 册，第 80—81 页）

靖四十年十月戊寅，"故南京兵部尚书湛若水曾孙寿鲁奏其祖赠官，疏下吏部，覆言：'若水学行醇正，士望所归，宜允其请。'上怒曰：'若水伪学乱正，昔为礼部参劾，此奏乃为之浮词夸誉，其以状对。'于是尚书欧阳必进等惶恐谢罪。上责其徇情沽誉，诏夺必进少保兼太子太保，止以尚书供职；右侍郎张永明停俸二月；验封司郎中降俸二级，员外以下各一级。惟左侍郎严讷以在直，不问。"① 嘉靖皇帝不但没有给与湛若水赠官、谥号，而且对处理此事的相关官员给以重罚，实在有悖常理。这只能说明嘉靖皇帝对湛若水的厌恶之至、怀恨之深，除此之外，实在难作其他解释。②

综上所述，在嘉靖初年的"大礼议"中，湛若水站在杨廷和等人这一边，反对嘉靖皇帝追尊其父兴献王、反对嘉靖皇帝在奉先殿侧建庙以祀兴献帝。虽然湛若水没有参与百官跪门伏哭的"左顺门事件"，但是，嘉靖皇帝并没有因此而放过他，而是对他记恨终身。作为"大礼议"中一个相当活跃的人物，正如徐学谟所说，湛若水其后"虽至大僚，终不柄用"，且被嘉靖皇帝"累以伪学目之"。事实证明，凡是在"大礼议"中反对过嘉靖皇帝的官员，即使没有受到严惩，也肯定不会受到重用。湛若水也不例外。

（本文原载《深圳大学学报》（人文社会科学版），2009年，第5期）

---

① 《世宗实录》，第502卷，《明实录》，第48册，第8307—8308页；又参王世贞撰：《弇山堂别集》，第2册，第492页。
② 直到隆庆元年（1567）十月二十二日，朝廷才颁赐《故兵部尚书湛若水加赠太子少保诰命》，特赠为太子少保，谥文简。而且，诰命中对湛若水参与大礼议的活动加以肯定，说是"大礼、郊礼之议，既博洽乎古今；圣学、圣德之陈，尤勤渠于启沃"。（《增城沙堤湛氏族谱》，第27卷，第22页）又：谈迁将朝廷封赠先生为"太子少保"事系于隆庆元年五月、将"谥文简"事系于隆庆二年四月。（参《国榷》，第4册，第65卷，第4057、4085页）

湛若水重游南岳期间讲学活动述略

湛若水第一次往游南岳衡山，是在嘉靖二十三年甲辰（1544）八月初九至十一月二十三日，当时他七十九岁。嘉靖三十五年丙辰（1556）正月望日，时年九十一岁的湛若水，不顾家人、朋友、弟子的反对，决定再次往游南岳。经过十多天的准备，二十九日，将行李装到船上。二月初一日，湛若水从广州出发。从游者为其门人黄梦龟、周荣朱、谢锡命以及孙子湛天润。他们经由三水、清远、英德、韶州、乐昌、宜章、永兴、来阳等地，于二十七日到达衡山。湛若水在衡山逗留了将近一个月，于三月二十四日下山。本来湛若水是打算顺原路回广东的，由于其门人、时任赣州中丞的汪周潭以及王阳明的弟子邹守益（东廓）等人的迎请，于是又前往江西吉安的青原。四月十一日，到达青原，与邹守益等相会。然后经由江西的泰和、赣州、南安等地，翻越梅关，到达广东的韶州，顺着原路，于五月十一日回到广州。

湛若水这次重游南岳，并不纯粹是去游山玩水。出发后不久，湛若水就将其出游与苏轼的出游加以比较，并对其从游门人说："古诗'天送东坡过海州，平生奇绝是兹游'，东坡不过豪饮作诗耳，安得为奇？今吾以九十一之年，与诸生随处讲学，以造于圣贤之域，乃奇绝之游也。诸子毋忽诸！"[1]湛若水甚至认为，"晚年进步，在此一游"[2]。可见，湛若水自己也没有把这次出游看成是纯粹的游山玩水，而是希望借重游南岳的机会，与

---

[1] 湛若水撰：《甘泉先生重游南岳纪行录》（周荣朱编录、谢锡命校正），明嘉靖35年刊本，第5页。
[2] 同上书，第3页。

诸生随处讲学，宣扬其学说。在这里，我们主要依据《甘泉先生重游南岳纪行录》的记载，对湛若水重游南岳期间以及往返途中的学术活动略加论述。为了论述的方便，我们将湛若水重游南岳期间以及往返途中的讲学、论学情况，略依相关主题加以分类、摘录，并稍加分析评论。

一

湛若水在重游南岳期间的讲学活动，所涉及到的内容之一，便是对佛教的批评以及对儒释之辨的强调。

[二月初八日，]申时至浈阳峡，计南华之程，因举"昔者六祖至光孝寺见二僧争辩风幡之动，六祖曰：'非风动，非幡动，行者心动尔。'"翁曰："何不曰'风幡自相感动，人心何与'，尤见明快。"①

[二月]二十六日，晨兴，登岣嵝峰。……有一道人结草庵打坐，云日止一食、不语二年，以手书"天中"二字于先生掌上。先生曰："好个中字！"又曰："昔有不悟僧。此人吾恐其不悟也。"②

[三月]十六日，卯刻，同诸生亲视筑祝圣台于紫云峰上。辰刻，登膳南台寺。有一僧坐禅三年始出关，翁召扣之曰："尔坐禅三年，必有所见乎？"曰："见亦不是。"翁曰："尔禅家戒定慧到大慧之时，岂无所见？"曰："小僧亦未可到慧处。"翁曰："吾试尔。六祖初到广东光孝寺，见二僧争辩风动幡动，尔如何说？"曰："亦只人心动。"翁曰："此当时六祖之说'非风动，非幡动，行者心动'耳。然则设使心不动，则风幡亦不动乎？使吾答之，必曰：风幡自相感动。"一生扣问。曰："有物各付物而不与之意，情理俱到矣。识之，参之。"③

[三月十七日午时，]天润曰："胡文定论儒释之辨云：'于此看得破，许尔具一只眼。'今观儒之异乎释也，理也；释之异乎儒也，气也。然

---

① 湛若水撰：《甘泉先生重游南岳纪行录》，第5页。
② 同上书，第14页。
③ 湛若水撰：《甘泉先生重游南岳纪行录》，第23页。案：此则记载又见《天关语通录》。（《湛甘泉先生文集》，通行本，第23卷，第60页）

而理气亦何分？只在中正与不中正耳。得其中正，则理气通神，是之谓儒；失其中正，则气质用事，是之谓释。故语寂谈虚而不事乎仁义者，气质之高也，禅中之禅也，人皆知之；执着仁义而不得乎时中者，气质之卑也，儒中之禅也，人未必知也。此正今日之所当讲者也。何如？"

翁曰："未易轻论。涵养久则自知。于此看得破，吾亦许尔具一只眼。"①

从《甘泉先生重游南岳纪行录》记载的这几则资料看，湛若水在重游南岳期间对佛教的批评，除了指责僧人或者不悟、或者不知风幡自相感动"有物各付物而不与之意"之外，并没有从学理层面进行批判。颇为值得我们注意的是，湛若水与其孙湛天润论学时，湛天润亦论及儒释之辨，说"儒之异乎释也，理也；释之异乎儒也，气也。然而理气亦何分？只在中正与不中正耳。得其中正，则理气通神，是之谓儒；失其中正，则气质用事，是之谓释。"其中，湛天润以为儒释之辨亦即理气之别，而理气之别就在于气是否中正②。湛天润的结论是，是否"得其中正"，是判别儒释的依据。但是，他的说法并没有得到湛若水的认可。③

---

① 湛若水撰：《甘泉先生重游南岳纪行录》，第26—27页。案：三月初三日，湛若水作《得邻胡文定公父子书院》诗，其中两句为"古今儒释辩，公其具眼人。(原注：公曰：'句句是，字字合，然而不同。于此看得破，许尔具一只眼。')"

② 理气之别就在于气是否中正，其实就是湛若水的观点。湛若水说："吾观于大易，而知道器之不可以二二也。爻之阴阳刚柔，器也；得其中焉，道也。器譬则气也，道譬则性也。气得其中正焉，理也，性也。是故性气一体。或者以互言之，二之也。……"(湛若水撰：《樵语》，《泉翁大全集》，第1卷，第2—3页；《湛甘泉先生文集》，通行本，第1卷，第1—2页。案："不可以二二也"，疑应作"不可以二之也"。) 又说："天地间只是一个性，气即性也，性即理也，更无三者相对。……盖气与道为体者也，得其中正即是性、即是理、即是道，故曰'一阴一阳之谓道'，而偏阴偏阳则非道矣。"(湛若水撰：《新泉问辩录》，《泉翁大全集》，第67卷，第19—20页)

③ 要了解湛若水没有认可湛天润说法的原因，我们有必要一读湛若水在正德六年八月所撰的《太史张秀卿归省赠别》。其文云：槎湖张子与甘泉子同守太史，相善。张子将归省，求赠言。湛子谓："司封阳明王子曰：'夫赠言者，莫大乎讲学矣。'"张子曰："学孰为大？"对曰："辨为大。""辨孰为大？"对曰："儒释为大。""孰为儒？"曰："知释之所以为释，则知儒矣。"曰："孰为释？"曰："知儒之所以为儒，则知释矣。"曰："请问所以。"曰："儒有动静，释亦有动静。夫儒之静也体天，其动也以天，是故寂感一矣。夫释之静也灭天，其动也违天，是故体用二矣。故圣人体天地万物而无我，释者外四体六根而自私。是故公私大小判矣。"张子曰："然。"湛子曰："然则可以别矣。"遂拜而别之。(《甘泉先生文集》，嘉靖本，内编，第6卷，第21页)

当然，湛若水对佛教的批评，并不是这次重游南岳才开始的。很久以前，湛若水就对佛教持批评态度。例如，正德八年癸酉（1513）二月，湛若水完成往封安南国王的使命，在回国途中，路过广西龙州，应州守之邀撰写《龙州修复观音堂记》。就是在这篇应邀而作的文章中，湛若水对佛教也没有进行颂扬①。在王阳明生前，湛若水曾经多次与他讨论过佛教问题，并对王阳明对于佛教所持的欣赏态度颇为不满②。此外，在其他一些时间、在另外一些场合，湛若水也多次批评佛教。湛若水之所以对佛教采取批判态度，他早年在《答欧阳崇一秋官》中有这样的解释："仆之不取佛者，非如世之群儒区区以辟异端为事而懵不知者也。盖三十岁时，曾从事于此，亦见快意，久乃觉其无实，亦无实德实事，如谈空画饼耳，且心事既判，又云理障，其害道不为小矣。"③

湛若水在重游南岳期间（在晚年）仍然坚持对佛教持批评态度、仍然坚持对儒释之辨的强调，可以说是其以往对佛教态度的延续。但是又可能不止于此。湛若水之所以晚年还坚持对佛教持批评态度、坚持对儒释之辨的强调，可能还有其现实原因。对这一点，我们可以从其重游南岳期间与门生洪垣的往来书信中窥知一些消息。洪垣在给湛若水的信中说道："师翁近来为新安学子忧者，为有佛老别途便捷或容易可窜足耳。然实无是也。天理命脉，板榜具存，道无可克。天理上有何功夫可着？只善识克去人欲为体认切要。近来学者间失此意，每以天理为若有物想象而得之，亦若有物得焉，卒成虚见，且不免有子莫之病。此则愚生之所未敢耳，师门无是也。"湛若水在回信中说："吾亦有是忧。体认天理，不善用功，亦有此病。若知程明道所谓'勿忘勿助之间元无丝毫人力'，自无此失矣。盖勿忘勿助之间，天理自见，何待想象？立则见其参于前，在舆则见其倚于衡，焉得不见？先师谓予于人曰：'此为参前倚衡之学者。'今日或说要不

---

① 湛若水撰：《甘泉先生文集》，嘉靖本，内编，第13卷，第8—9页。
② 湛若水撰：《奠王阳明先生文》，《甘泉先生文集》，嘉靖本，内编，第18卷，第16—18页；《王阳明全集》，下册，第1519—1520页。
③ 湛若水撰：《甘泉先生文集》，嘉靖本，内编，第17卷，第24页。

见，岂得泯灭？"①显然，湛若水相当担心其弟子以为"有佛老别途便捷或容易可窜足耳"而逃禅。②

二

在重游南岳期间，湛若水曾经对颜回、陶渊明、管宁、二程兄弟等历史人物以及舜之卒葬地点等历史问题进行过评论。

[二月]初九日早发舟，巳刻静坐，翁曰："来，予与四子言。"曰："曾语天润，汝本适道资质，但要事上锻炼，如铜铁，就炉锤则精，否则顽铜耳。颜子非搭飒底人，观其'子在回何敢死'、及陶渊明亦若无为荆轲一咏，俱何等气魄！所以学贵中正，一于有为，非道也；一于无为，非道也。必无为而无不为、无在而无不在乃是。"③

[二月十四日，]午饭毕，翁曰："管宁一苦行人，尝坐一木榻，当膝处常穿。其当年与友人锄地得金，挥之不顾，其友拾之，宁遂与之绝交。"翁曰："何不拾之以济贫人？昔伊川以千钱挂马鞍，度洛水，失之。从行者曰：'千钱可惜。'又一人曰：'人失之，人得之，何足惜？'伊川曰：'人得之乃不亡也，若失之水中，则是以有用之物置无用之地，乃可惜也。'"又曰："管幼安这等笃志力行，当时未有知道者语之，可惜！可惜！"④

[三月初九日，]巳时翁独坐，梦龟侍。……因举古云："舜百有十岁，巡守于南岳，崩，葬于苍梧之野。二妃从，萧湘有泪竹成斑。

---

① 湛若水撰：《甘泉先生重游南岳纪行录》，第42页。
② 另外，以往罗钦顺等曾经指其为禅，（参湛若水撰《闻言》、《复洪觉山侍御》，《泉翁大全集》第35卷，第4页；第11卷，第14—15页）这时的湛若水或许依然对此耿耿于怀，不希望予人以口实。
③ 湛若水撰：《甘泉先生重游南岳纪行录》，第5页。案："颜子非搭飒底人，观其'子在回何敢死'、及陶渊明亦若无为荆轲一咏，俱何等气魄"数句，颇难理解，疑有错简，恐应作"颜子非搭飒底人，陶渊明亦若无为，观其'子在回何敢死'及《荆轲》一咏，俱何等气魄"。
④ 湛若水撰：《甘泉先生重游南岳纪行录》，第7—8页。

然此岳山，觅之了无舜迹；而永州反有九嶷山，云舜墓在焉。及苍梧县又隔在梧州数千里。而韶州又数千里，有韶石，又有舜祠墓。岂有天子之丧，禹、皋陶诸臣不能归葬，致二妃流落如此？且舜年既百有十岁，耄期倦于勤，禹已摄位，岂宜远巡？是二君也。疑二帝三王时，五服之制二千五百里，则五岳宜不在要荒之外。可见皆稗官漫说也。千古之惑，未有辨之者，诸子识之。"①

[三月二十九日，]仪问："二程先生再见周茂叔，吟风弄月而归，有'吾与点也'之意。后来明道却存得此意，伊川却又如何失了？其果学问之异抑亦资质之异也？"翁答曰："二程被濂溪丹头点化，一时胸中洒落摆脱得开便如此，吟弄而不在吟弄也。后儒便以吟弄求二程，非善求也。吾曾过南安，《登吟风弄月台诗》有云：'弄月吟风乃何意，芙蓉自对桂花开'。物各付物，己何与焉？吾少时梦见伊川曰：'明道在后来。'似少异而无不同。"②

在这些评论之中，湛若水对管宁的评论及其对舜之卒葬地点之怀疑，尤其值得我们注意。

湛若水对管宁评论所涉及的两件事情，古籍中均有记载。关于坐榻事，《三国志》裴松之注引《高士传》云："管宁自越海及归，常坐一木榻，积五十馀年，未尝箕股，其榻上当膝处皆穿。"③关于锄地得金及与友绝交事，刘义庆撰《世说新语》云："管宁、华歆共园中锄菜，见地有片金，管挥锄与瓦石不异，华捉而掷去之。又尝同席读书，有乘轩冕过门者，宁读如故，歆废书出看。宁割席分坐曰：'子非吾友也。'"④湛若水之所述与古籍之所载，说法略有差异，但其实质内容并无不同。湛若水十分欣赏管宁的清俭，然而，他对管宁对待金钱的态度、处理金钱的方式，则没有认同。从湛若水对管宁的评论，我们不难推测湛若水自己在这些问题上的态

---

① 湛若水撰：《甘泉先生重游南岳纪行录》，第20页。
② 同上书，第49页。
③ 陈寿撰、裴松之注：《三国志》，北京：中华书局，1995年，第2册，第359页。
④ 刘义庆撰、余嘉锡笺疏：《世说新语笺疏》，北京：中华书局，1983年，第13页。

度。湛若水一生颇为富有，但是，生活则相当节俭，其所积累的金钱，或用于资助族人，或用于修建书院、馆穀来学。其弟子洪垣在所撰《湛甘泉先生墓志铭》中说，先生"谨礼明义，致孝鬼神，家庙师祠，祭告必有常节。至于自奉则勤俭约素，官至上（鄉）[卿]，服食如儒时，推所有馀，尽以给诸家人弟子。小宗、大宗有义田、有合食田，门生善士捐数百金曾不顾惜；如义有不可，一芥不苟与之。所志不在一家而在天下后世，有非常情可窥者。"①

对于以往关于舜之卒葬地点的说法，湛若水深表怀疑。湛若水怀疑舜之卒葬地点，理由主要有：其一，相关的说法太多，有以为舜卒葬于苍梧之野者，有以为葬于永州九嶷山者，有以为葬于韶州者。其二，据以往说法，舜巡守于南岳，以致其二妃流落萧湘，泪竹成斑，然而，南岳衡山却了无舜迹。其三，舜之年龄已经百有十岁，耄期倦于勤，这时禹已摄位，他怎么会出去远巡？就算舜出去远巡，哪里有天子驾崩，禹、皋陶诸臣不能归葬，以致其二妃流落萧湘之事？这根本不合情理。因此，湛若水认为，以往关于舜卒葬问题的说法，"皆稗官漫说也"。当然，对以往关于舜卒葬地点说法的怀疑，在湛若水并不是特例。在正德早年，湛若水即撰作《求放心篇》，对孟子之言"求放心"表示怀疑②。在湛若水看来，学之所贵，就在于敢疑；不敢疑，则学问不可能有进步。《樵语》记载说："甘泉子谓门弟子曰：'诸生何其不切切尔也。譬□□□焉，行则有岐，岐则疑，疑则问，不问者不行者也。'诸生悚然。"③《雍语》亦记载说："甘泉子曰：'夫学而知所疑也，学之进也。如行路然，行而后见多岐，见多岐而后择所从，知择所从者，进乎行者也。'"又："或问：'学何贵？'甘泉子曰：'学贵疑，疑斯辨，辨斯得矣。故学也者，觉此者也。'"④学之所贵

---

① 洪垣撰：《湛甘泉先生墓志铭》，《湛甘泉先生文集》，通行本，第32卷，第16—17页。
② 湛若水撰：《甘泉先生文集》，嘉靖十五年本，内编，第5卷，第2—3页。
③ 湛若水撰：《泉翁大全集》，第1卷，第13页。案："譬□□□焉"，句中所脱文字，疑为"如行路"。
④ 湛若水撰：《泉翁大全集》，第6卷，第12、14页；湛若水撰：《湛甘泉先生文集》，通行本，第3卷，第4—5、5页。

在于敢疑,在某种程度上,可以说是湛若水的一贯思想。无论是对孟子之言"求放心"表示怀疑,还是对以往关于舜卒葬地点说法的怀疑,都不过是湛若水"学贵疑"思想的具体表现。湛若水的"学贵疑"思想,也是渊源有自的。其渊源就来自陈白沙。陈白沙也很重视疑。在《与张廷实主事(十三)》中,陈白沙说道:"前辈谓学贵知疑,小疑则小进,大疑则大进。疑者,觉悟之机也。一番觉悟,一番长进。章初学时亦是如此,更无别法也。凡学皆然,不止学诗。即此便是科级,学者须循次而进,渐到至处耳。"[1]在学贵知疑方面,陈白沙与湛若水师徒之间,可谓一脉相承。

三

在重游南岳期间的讲学活动中,另一个重要内容,就是湛若水对自己的思想观念及相关问题的论述与解释。

[三月十七日]午时,天润问:"白沙先生云:'去耳目支离之用,存虚圆不测之神。'非去耳目之用也,去耳目支离之用也。是耳目即心矣,用即神矣,不必他有所存而后谓之神也。通耳目于神明,要之莫过于息存。息存之功,存神之至也。而胡五峰乃有'玩心神明'之说。谓玩心则不免离耳目以为心矣。故复浑沦之道者,端在吾白沙也。何如?"翁曰:"亦是。浑沦之道,至先师始发也。吾之息存,盖体此浑沦也。谓耳目即心,意圆语滞,有病。乃心之神明通乎耳目,耳目皆神矣。如此用功。"天润曰:"《心性图》之大圈,即《论语》之所谓'一'、所谓'忠';《心性图》之小圈,即《论语》之所谓'贯'、所谓'恕'。心性之图,孔门之旨尽矣。故今日之所讲求,只在中心。心既中矣,万物于是乎皆我备也。然尝自验之,非助则忘,非外则内,而终莫得乎无助无忘、无内无外而致乎所谓中者,何也?"翁曰:"不必以《论语》分配。要中心,须用中思,久则心自

---

[1] 陈献章撰:《陈献章集》,北京:中华书局,1987年,上册,第165页。

中。中心安仁，天下一人而已。"①

[三月二十二日，辰时升堂开讲。……郭应奎讲《孟子·公孙丑章句上》之"夫志，气之帅也；气，体之充也"一节。讲毕，]甘泉先生曰："平川说得极是。气次之义极切。如旧说气即次之，是志与气为二物了。何不观本文'其为气也配义与道'，为一物矣。云是集义所生，岂得为二物？诸君共体之于勿忘勿助之间，最为的当。"②

[三月二十七日，]欧阳重问曰："良知之学，存之为天德，措之为王道，扩之配天地。师翁立教，每以真种子唤人省悟，其作用处是即良知之妙也。《传习录》云：'佛氏有自私自利之心，所以便觉不同。'是阳明先生固以惺惺者在我，亦未尝以昧昧者终绝佛也。可绝而不绝，必有所见。请明示。"翁曰："良知之说本于孟子，何尝不同？孟子良知良能这点真切良心即是天理，即是真种子。下文'达之天下为仁义'，奈何后来人都不说致之之功？无有达之天下功夫，光说良知，孟子元无此理。且如良知良能，虽盗贼亦有，但爱其亲而杀人之亲，敬其兄而杀人之兄，岂得为仁义？太害事。还推阳明初说致良知乃与孟子合。"③

[三月二十九日，]文定问："'敬'字，千古圣贤用功，将许大道理一齐穿纽。故主敬则心便一，一则道理便在。有谓戒慎恐惧为敬，有谓勿忘勿助为敬，有谓主一无适为敬，有谓整齐严肃为敬。愚谓只主一，戒慎、勿忘助、整齐、严肃俱在矣。敬该动静、贯始终，用之于几未发之时，达之于已发之后，功夫只是一段。"翁答曰："千古圣贤说诚敬皆说得浑沦，到孟子'有事勿正勿忘勿助'，一口将敬字说破了，馀皆在其中。"文定问："'精'、'一'二字，朱子精作知、一作守。师翁演《敬一箴》，以一为天理。即此一字，便是中字；而精字，有知行兼进功夫。不识何如？"翁答曰："人只

---

① 湛若水撰：《甘泉先生重游南岳纪行录》，第 26—27 页。
② 同上书，第 33 页。
③ 同上书，第 40—41 页。

有一心，与天地同体，何曾有两心？如道心为主而人心听命，反是有两心相役了，多少坏事。心只是一心，人欲长一分，则天理消一分。故曰人心危道心微。危即危言危行之危。此一有许多神妙，故说'惟精'，不足，又说'惟一'。精则何等微妙，一则何等灵利。见此而有之于己，则中在我矣。兼精、一而有之，何必分知行？知行在其中矣。"①

[同日，]周仪问："体认天理、致良知与虞廷执中、孔门求仁原是通一无贰之教，其曰天理、曰良知、曰中、曰仁，即吾心天然自有之本体也；其曰体认、曰致、曰执、曰求，皆所以复吾本体之功也。然不知本体之外别有何物而能使其体之、致之、执之、求之也？抑亦自其本体自体、自致、自执、自求之与？"翁答曰："古今千圣千贤，皆同一道，更无别道；皆同一功，更无别功。其工夫，皆其本体者为之也，更无别物。天理须善体认，良知须用善致。"②

[四月初三日，]平川问："大道莫亦于勿忘勿助处求之？"翁答曰："不知学则已，知学者每晨该拜孟子百拜、明道百拜、我白沙先生亦百拜。何者？古之圣贤说诚、说敬，皆是浑沦说了，惟孟子一口说破。'必有事焉而勿正，心勿忘勿助长'，便是画出一'敬'字。说必有事矣，恐其有事之心胜，必至于正，故戒之以勿正；勿正，恐又放而失之，故又戒以勿忘；勿忘之心胜，又恐助长，故又戒之以勿助长。如螺文样精密。又被明道说出'无无丝毫人力'，又被白沙先师说出一个'自然'。故三先生皆当百拜。"③

[四月二十三日，]顺问："孟子曰'必有事焉而勿正心'，盖心体本正，加一正则未免涉于意念而入于助矣，惟直养无害可也。"又曰："与《大学》之正心，其语意自有不同，其果然乎？"翁答曰："'勿正'作句。所有事是天理、是个真种子。恐有事之心胜则至正而期必

---

① 湛若水撰：《甘泉先生重游南岳纪行录》，第45页。
② 同上书，第47—48页。
③ 同上书，第51—52页。

其效，故戒之勿正；勿正矣，又恐其放了，故又戒以心勿忘；勿忘之心紧些，又恐至于助长，故又戒之以勿助长。一如旋螺纹。只成就一个中字、一字。明道所谓主一之谓敬，恐人着在一上，则适矣，故又戒之以无适。朱子却又总说'敬者，主一无适之谓'，赘矣。"顺问："老先生教人随处体认天理，尝于寂然不睹不闻之时，察识此心，炯然明莹，无意念、无障蔽，则天理常存。至于应接事物，亦本之此心之天理而应接之。时有寂感，心无体用。若曾子随事精察而力行之，未免循外而遗内。果尔，则闻夫子之言，未必一唯之速也。"翁答曰："吾体认天理之说，随动随静，只勿忘勿助之间、元无丝毫人力时便见，非独主于寂然也。应事接物，天理生于感应之中。云以天理接应之，则是别有天理一物以此应彼也。寂感即是体用，何云无体用？曾子随处精察力行，皆是心、皆是内，何循外之云？是惑于义外之说而不自知矣。惟其得于心，是以能唯。"①

五月初一日戊午卯时，督府汪周潭、兵宪游让溪率赣之府县儒学师生，请翁开讲于察院，从之。孟子曰："人有所不学而能者，其良能也；所不虑而知者，其良知也。孩提之童，无不知爱其亲也；及其长也，无不知敬其兄也。亲亲，仁也；敬长，义也。无他，达之天下也。"甘泉翁曰："此章孟子指出良心真切，欲人扩充之以至盛大之意也。盖以良心者，人之所以同得乎天；而问学扩充者，君子之所以成天下之能。故知能之良不可诬、而扩充之功不可缺也。今夫人之学而能者，亦能也，非良能也；有不学而能者，非能之良乎？虑而知者，亦知也，非良知也；有不虑而知者，非知之良乎？观之孩提之童，非有所虑也，而无不知爱其亲焉，安有学也？及长，无不知敬其兄焉。无不知，是谓良知；爱亲敬兄，是谓良能。不虑而知、不学而能，乃人之良心真切也。由一点爱亲之心而仁在其中，而仁不外是矣；由一点敬兄之心而义在其中，而义不外是矣。然爱亲敬长之心在盗贼亦有

---

① 湛若水撰：《甘泉先生重游南岳纪行录》，第61—62页。

之,然爱其亲而杀人之亲,敬其兄而杀人之兄,何得为仁义?所以为仁义者,岂有他哉?亦在达之天下而已。这达字即扩充之谓,他章'以其所不忍达之于其所忍、以其所不为达之于其所为'之达。必由爱亲一念,涵养盛大,以爱天下之亲,而仁普天下矣;由敬兄一念,涵养盛大,以敬天下之兄,而义普天下矣。《孟子》七篇,无非此意。而此章'达'之一言,是又扩充之大关键也。何也?人知良知而不知良能,知良知良能而不知下文爱亲敬长乃所以为良也;又有不言良而独言知,云常知常觉、灵灵明明,岂不害教者之指?他章又谓:'凡有四端于我者,知皆扩而充之矣,若火之始燃、泉之始达。苟能充之,足以保四海;苟不充之,不足以事父母。'而事亲从兄一章亦此意也。然究其所以为达者,必以勿忘勿助之间而致学问思辨笃行之功,而后可以言达。此则吾体认天理、阳明致良知之学。适南岳归舟,经过于虔,周潭汪中丞、让溪游兵宪二君恳予开讲,辞不获行矣,略举此章而发明之,诸贤幸各认出这良心、这自家真种子,而善养以成盛德而生大业,斯文之庆。"讲毕,师生以次拜谢教。翁复语诸生曰:"举业乃圣代祖宗之制,诸生当自德业中涵养发挥。盖有德者必有言也。二业当合一用功。何以合一?只'执事敬'便是。"[1]

在湛若水的这些论述与解释之中,比较重要的、同时也是我们比较注重的,主要是这样两个方面的问题:

一是湛若水对勿忘勿助、心性合一、知行并进以及随处体认天理等思想观念的论述与解释。其中,又以湛若水对勿忘勿助的强调以及陈惟顺与湛若水关于"随处体认天理"方面的问答,最为引人注目。在湛若水重游南岳期间的讲学活动中,出现次数最多、使用最为频密的关键词语可能就是孟子提出来的"勿忘勿助"。从四月初三日郭平川与湛若水的问答

---

[1] 湛若水撰:《甘泉先生重游南岳纪行录》,第66—68页。案:对于《孟子·尽心章句上》"人有所不学而能者其良能也"章,湛若水在嘉靖十九年致仕回乡途中,在韶州明经馆也作过讲演。后题为《韶州明经馆讲章》收入文集。(《泉翁大全集》,第12卷,第28—30页;《湛甘泉先生文集》,通行本,第20卷,第21—24页)两者内容无本质区别。

看，湛若水认为，勿忘勿助既可以理解为诚敬，也可以理解为自然；勿忘勿助不仅是把握大道之关键，而且也是圣学相传之心要。对勿忘勿助的强调，在湛若水那里亦不是晚近之事。早在嘉靖五年，在那篇为邹守益撰作的、曾经引起王阳明不满的《广德州儒学新建尊经阁记》中，湛若水就视"勿忘勿助"为尊经之要，说是"观之于勿忘勿助之间焉，尊之至矣"①。对"勿忘勿助"工夫，王阳明曾经进行过猛烈的批评，以为"勿忘勿助"工夫远不如其自己所主张的"必有事焉"②。"随处体认天理"，作为湛若水的一贯的为学宗旨，自从他32岁时提出来以后，就一直坚持不变的。从陈惟顺与湛若水关于"随处体认天理"方面的问答看，作为湛若水弟子的陈惟顺，居然对其老师的一贯的为学宗旨产生误解，并进而误解孔子的弟子曾参。对于湛若水而言，如果是其他人对自己的宗旨产生误解、质疑以至批评，那也还是可以原谅的；而现在，偏偏连自己的弟子对自己的一贯的为学宗旨也不理解、也产生误解，以为随处体认天理是"独主于寂然"，这就不免让湛若水感到失望、生气。

二是湛若水对自己思想观点与王阳明之间的异同的说明。关于自己思想与阳明观点的异同问题，湛若水在讲学中多次论及，例如三月二十七日

---

① 湛若水撰：《甘泉先生文集》，嘉靖本，内编，第14卷，第6页。
② 王阳明在《传习录·答聂文蔚（二）》中说："近岁来山中讲学者往往多说'勿忘勿助'工夫甚难，问之则云：'才着意便是助，才不着意便是忘，所以甚难。'区区因问之云：'忘是忘个甚么？助是助个甚么？'其人默然无对。始请问。区区因与说我此间讲学，却只说个'必有事焉'，不说'勿忘勿助'。必有事焉者，只是时时去集义。若时时去用必有事的工夫，而或有时间断，此便是忘了，即须勿忘。时时去用必有事的工夫，而或有时欲速求效，此便是助了，即须勿助。其工夫全在必有事焉上用，勿忘勿助只就其间提撕警觉而已。若是工夫原不间断，即不须更说勿忘；原不欲速求效，即不须更说勿助。此其工夫何等明白简易，何等洒脱自在！今却不去必有事上用工，而乃悬空守着一个勿忘勿助，此正如烧锅煮饭，锅内不曾渍水下米，而乃专去添柴放火，不知毕竟煮出个甚么物来。吾恐火候未及调停，而锅已先破裂矣。近日一种专在勿忘勿助上用工者，其病正是如此。终日悬空去做个勿忘，又悬空去做个勿助，渀渀荡荡，全无实落下手处；究竟工夫只做得个沉空守寂，学成一个痴騃汉，才遇些子事来，即便牵滞纷扰，不复能经纶宰制。此皆有志之士，而乃使之劳苦缠缚，担阁一生，皆由学术误人之故，甚可悯矣！"（《王阳明全集》，上海：上海古籍出版社，1992年，上册，第82—83页）王阳明虽然没有指名道姓，但其所指就是湛若水。

在回答欧阳重的请益、三月二十九日在回答周仪的书问、以及五月初一日在赣州察院讲演《孟子·尽心章句上》"人有所不学而能者其良能也"章时，都涉及到这个问题。我们知道，在阳明生前，湛若水与王阳明彼此之间是特别要好的朋友，且同以倡明圣学为其人生目标，但是，两人并不讳言彼此之间在对心性的看法、对格物的理解以及到底应以体认天理还是致良知作为为学宗旨等问题上的不同，甚至围绕这些问题相互论辩。然而，在王阳明身后，湛若水便不太强调自己在这些问题上与阳明的不同，相反，从此以后，湛若水倒是十分强调，自己的思想与阳明的观点即使不是相同的，也不是相互矛盾与相互对立的。早在嘉靖十一年（1532）八月二十六日，在为钱德洪所作的《赠掌教钱君之姑苏序》中，湛若水就已经提出了"良知必用天理，天理莫非良知"的说法[①]。后来在别的地方又再次提到同样或相近的说法[②]。湛若水为什么要这样强调自己的思想与阳明的观点之间的不矛盾、不对立，甚至暗示两者的一致？其原因主要在于嘉靖朝一次又一次针对王阳明与湛若水的伪学之禁。面对伪学之禁，心学内部必须一致，而不能表现出矛盾与对立，这是湛若水必须考虑的问题，这显然也是湛若水已经考虑到了的问题。心学内部不能兄弟阋墙、自乱阵脚。但是，湛若水对于阳明学派中关于"现成良知"的主张，则是一直反对的[③]。这次重游南岳，湛若水在讲学中论及自己的思想与阳明的观点异同问题时，依然强调"天理须善体认，良知须用善致"、"此则吾体认天理、阳明致良知之学"；依然表示对"现成良知"主张的不满。（如三月二十七日在回答欧阳重的请益时、五月初一日在赣州察院讲演《孟子·尽心章句上》"人有所不学而能者其良能也"章时，均有提及。）所讲内容与以往说法并没有什么本质上的不同。

[①] 湛若水撰：《甘泉先生文集》，嘉靖本，内编，第12卷，第4—6页。
[②] 湛若水撰《与吉安二守潘黄门》、(《泉翁大全集》，第10卷，第31页)《潮州宗山精舍阳明王先生中离薛子配祠堂记》。(《甘泉先生续编大全》，第5卷，第13—15页) 两文分别撰作于嘉靖十七年六月二十八日与嘉靖二十八年九月十九日。
[③] 关于"现成良知"，可参看吴震撰《阳明后学研究》序章。(吴震撰：《阳明后学研究》，上海：上海人民出版社，2003年，第1—44页）

四

在重游南岳期间的讲学活动中,最值得我们注意的,是湛若水对其大同默识之训的强调。

[三月初三日,]诸生侍坐,欧文策、朱旷后出。师瞑坐久之,目旷曰:"如何用功?"旷曰:"师赐教。"曰:"子言之,吾乃说。"策对曰:"学操存而心不得虚。"师指鼻端曰:"一息一存,息息存存,道义之门。记之莫忘。"又指《息存箴》曰:"说尽矣。"①

[三月初七日,]申时丰城袁生宗器伯霈问存养,答之诗,云:"千里来山问,默翁犹默然。五峰足风月,吾亦欲何言?"②

[三月二十九日,]门生祁门谢堂希升启略云:……翁答曰:"……唯神交多贤愈加激励,时会觉山,于默识上做功夫,看来言语终不济事也。"③

[四月]十一日,辰时登岸入青原,青原诸生陈旦等拜迎于道左,邹东廓诸公出迎于门外,遂登堂礼拜会坐,时语时默,至夜遂寝于青原。翁谓东廓诸公曰:"归舟拟由武溪,以汪中丞之请由螺川,与诸贤一会,岂非天耶?"于是赋一绝云:"信脚元来便是天,螺溪船亦武溪船。青原月满归时路,桃李无言共一川。(原注:大同默识。)"……十二日,卯时别青原,诸生拜送。……十五日,卯时发舟,午时郭平川追送及之万安县。道中,平川在坐云:"前青原之会,老先生大同默识之训,友有问我者,吾答之曰:大同者,浑然与天地万物同体之意;默识者,勿忘勿助之间功夫。"翁曰:"亦如是。"④

湛若水的大同默识之训,就是他在这次重游南岳、途经青原时提出来

---

① 湛若水撰:《甘泉先生重游南岳纪行录》,第18页。
② 同上书,第19页。
③ 同上书,第43页。
④ 同上书,第54、56页。

的，是其晚年的一个重要思想。但是，湛若水自己对于大同默识并没有一个明确的解释与界定，其仅有的说明，便是对郭平川所作的"大同者，浑然与天地万物同体之意；默识者，勿忘勿助之间功夫"这样一种解释的似乎带有保留的认可。根据郭平川的解释，湛若水的大同默识之训所强调的似乎是自然。自然，在湛若水那里，主要是一种境界。但是，从湛若水回答袁宗器问存养的诗、回复谢堂的书信以及在青原所赋的绝句看，大同默识或者默识，主要是一种功夫。而默识作为一种功夫，更加注重的似乎是无言。

湛若水的大同默识之训，并不是他心血来潮突然提出来的。早在嘉靖二十五年（1546）夏，时年八十一岁的湛若水挈家入西樵山烟霞洞旧隐居之，"于烟霞楼城上作左右两轩，常闭关处其上，三五日一开关，有客亦必待此日乃见也，否则不见矣"①。从此以后，湛若水便颇为强调闭关静修。虽然闭关静修并不就是大同默识，但是两者之间应该是有相通之处的。同样，湛若水的大同默识之训，也不是时过境迁很快便被他遗忘掉的。大概在嘉靖三十八年（1559），时年94岁的湛若水，为其弟子吉阳何迁撰《默识堂记》，以为默识乃"圣人之本教而君子之至学也"，并说"默而成之，不言而信；默则自识，识不可言"②。显然，大同默识或者默识，是湛若水晚年的一个重要思想。

大同默识或者默识，虽是湛若水晚年的一个重要思想，但并不是湛若水晚年的核心思想。湛若水晚年所坚持的核心思想，依然是"随处体认天理"。这可从湛若水重游南岳期间十二月二十九日回答周仪的请教中看出。周仪问："周子主静，程门见人静坐则叹其善学，白沙先生尝谓静中养出端倪，师尊教人专于动处用功、事上磨炼，似与三先生之教有异焉。不审师尊之意，其亦救虚寂之弊抑亦别有所见而异乎三先生之旨欤？仪尝深求默会，唯不专于静、不驰于动、不滞于有、不涉于无，动而无动，静而无静，无而非真无，有而非真有，妙乎动静有无之几，契夫勿忘勿助之间，终日终身，如此持循，果能了手否？"湛若水答曰："先儒之言不同而用

---

① 湛若水撰：《付男柬之家书》，《甘泉先生续编大全》，第7卷，第21—22页。
② 湛若水撰：《湛甘泉先生文集》，通行本，第18卷，第19—20页。

处皆同。濂溪无欲故静、程子静坐、白沙静坐皆澄定之功,非寂养也,于此正要善知识。吾所谓动时着力,欲人于几上用功。颜氏之子,其殆庶几乎兼动静而贯之,一了百了。静时无功,用功即是动。动以养静。《中庸》'戒慎恐惧乎其所不睹不闻',非耶? 善知识。"①周仪所说的"师尊教人专于动处用功、事上磨炼",实际上就是"随处体认天理"。而"随处体认天理"被认为与周敦颐、程明道、陈白沙"三先生之教有异",亦非空穴来风。

大同默识或者默识,虽然不是湛若水晚年的核心思想,但是他已经意识到要"于默识上做功夫,看来言语终不济事也",甚至将默识视为"圣人之本教而君子之至学"。要知道,湛若水早年在《答余督学》中所明确主张的是反对"以静为言",以为:"古之论学,未有以静坐为言者,而程氏言之,非其定论,乃欲补小学之缺,急时弊也。后之儒者,遂以静坐求之,过矣。古之论学,未有以静为言者;以静为言者,皆禅也。故孔门之教,皆欲事上求仁、动时着力。何者? 静不可以致力,才致力即已非静矣。"②湛若水的大同默识之训,与其早年所主张的反对"以静为言"观点相比,无疑是一个重要的改变。

从上面的论述看,湛若水在重游南岳期间的讲学活动之中,除了大同默识之训以外,其所讲所论似乎并没有太多新的东西,从这个角度言,其所讲所论可谓老生常谈;但是,湛若水在重游南岳期间所讲所论,又都是他在逝世之前不久所依然坚持的,从这个角度言,则其所讲所论可谓晚年定论。因此,湛若水重游南岳期间之所讲所论,对于我们理解他的思想、学说,无疑是很有帮助的,也是十分重要的。

(本文原载杨伟雄主编《陈白沙研究论文集》,珠海:珠海出版社,2009年6月。其删节版,曾题为《湛甘泉晚年思想述略》,发表于《华南师范大学学报》(社会科学版),2009年,第1期)

---

① 湛若水撰:《甘泉先生重游南岳纪行录》,第48页。
② 湛若水撰:《甘泉先生文集》,嘉靖本,内编,第16卷,第10—11页。

王阳明何以不愿多提陈白沙

——从湛若水与王阳明关系的角度考察

陈献章（1428—1500），字公甫，号石翁，广东新会人，因居江门白沙村，学者称其白沙先生。王守仁（1472—1529），字伯安，浙江余姚人，因筑室并讲学阳明洞，学者称阳明先生。两人都是明代心学发展史上起着关键作用的思想家。《明史·儒林传》云："原夫明初诸儒，皆朱子门人之支流馀裔，师承有自，矩矱秩然。曹端、胡居仁笃践履，谨绳墨，守儒先之正传，无敢改错。学术之分，则自陈献章、王守仁始。宗献章者曰江门之学，孤行独诣，其传不远。宗守仁者曰姚江之学，别立宗旨，显与朱子背驰，门徒遍天下，流传逾百年，其教大行，其弊滋甚。"[1] 王阳明与陈白沙的弟子湛若水（1466—1560，字元明，广东增城县甘泉都人，学者称为甘泉先生）交往密切，而且，据湛若水正德六七年间所撰《叙别》云，"甘泉生与友二人饮而别，其扬州推官郑子伯兴，谿而和；黄州推官朱子守中，通而正。……或曰：'二子之懿也，奚从焉？'甘泉生曰：'郑子崇乎于白沙，而莫逆于予；朱子莫逆于予，而学自阳明。阳明崇乎于白沙。白沙得之周、程，故告南川也，浑然其理，示人一矣；粲然其分，示人殊矣……'"[2]。其中说到"阳明崇乎于白沙"，这就是说，王阳明对于陈白沙曾经是十分尊崇

---

[1] 张廷玉等撰：《明史》，北京：中华书局，2003年，第24册，第7222页。
[2] 湛若水撰：《甘泉先生文集》，嘉靖十五年刊本，内编，第6卷，第29页。案：郑伯兴，即郑杰；朱守中，即朱节。

信服的。但是，从现存的王阳明诗文集以及相关资料看，对于陈白沙，王阳明却不愿多提。其中情由，实在耐人寻味。这也引起学者兴趣，相关研究文章已有数篇。兹不揣浅陋，仅就见闻所及，对此问题略加论述。

一

对于王阳明何以不愿多提陈白沙，相关的疑问由来已久。最早提到王阳明不提及陈白沙的，可能是王阳明弟子王畿（1498—1583）的弟子查铎（1516—1589）。查铎在《再上龙溪师书》中说：

> 生尝疑，我朝理学，自白沙公首开，乃今阳明录中，无一言道及。盖其入处尚不能无几微之分。若良知之学，则开眼开口皆是，愚夫愚妇可能，原无等待，原无拣择。①

在信中，查铎不仅指出王阳明《传习录》"无一言道及"白沙，而且认为，阳明之所以"无一言道及"白沙，是由于两人思想有所不同。

万历十一年癸未（1583），唐伯元编次《白沙先生文编》（6卷）由郭惟贤、汪应蛟刊行。唐伯元在《白沙先生文编》评语中，批评王阳明不语及白沙，云："王文成与湛文简以论学相善，岂非慕先生者？其后自立门户，进退前贤，独于先生绝不挂口，将其所云心学有加于先生欤？抑欲掩前人之有也？或曰：文成只为一体意重，先生却宗自然。今观《仁术》、《敦仁》二论及《蒙州学记》，则先生言仁之旨可知，果与今之张惶一体者不类，无怪其不挂口也。"②（对于唐伯元的批评，江右王门学者胡直在给唐伯元的书信中有这样的响应："夫阳明不语及白沙，亦犹白沙不语及薛敬轩，此在二先生自知之，而吾辈未臻其地，未可代为之说，又代为之争胜负，则凿矣。"③）万历十二年甲申（1584）十一月庚寅（十八日），万历

---

① 查铎撰：《毅斋查先生阐道集》，四库未收书辑刊编辑委员会编《四库未收书辑刊》，北京：北京出版社，2000年，第七辑第16册，第441页。案："阳明录中"之"录"，钱明先生以为"应泛指《传习录》、《文录》、《诗录》、《续录》"。（钱明撰：《王阳明及其学派论考》，北京：人民出版社，2009年，第327—328页）我们认为当专指《传习录》。
② 唐伯元编次：《白沙先生文编》，明万历十一年郭惟贤、汪应蛟刊本，第3卷，第30页。
③ 黄宗羲撰：《明儒学案》（沈芝盈点校），北京：中华书局，2008年修订版，上册，第526页。

皇帝下旨,"准王守仁、陈献章、胡居仁从祀学宫"①。唐伯元上《从祀疏》,反对将王守仁从祀孔庙,其中亦论及王阳明不提白沙。他说:

> 守仁之学,实从湛若水而兴。若水,献章之徒也。所谓良知,岂能出献章造悟之内?而生平论著满车,曾不见挂口献章一语。呜呼!彼固上薄孔子、下掩曾孟者,固宜其不屑为献章也!或者比而同之,过矣。推守仁之意,生不欲与献章齐名,殁岂欲与献章并祀?②

唐伯元认为,王阳明之所以"独于先生绝不挂口"、"不见挂口献章一语",是由于其思想与白沙不同;是由于他的高傲,既不屑为白沙,亦不屑提白沙。

顾宪成在《小心斋札记》中,回答别人的请教时,亦说到王阳明"生平并无一语"提及白沙。《小心斋札记》记载:

> 问:"本朝之学,惟白沙、阳明为透悟,阳明不及见白沙,而与其高弟张东所、湛甘泉相往复,白沙静中养出端倪,阳明居夷处困,悟出良知,良知似即端倪,何以他日又辟其勿忘勿助?"曰:"阳明目空千古,直是不数白沙,故生平并无一语及之。至勿忘勿助之辟,乃是平地生波。白沙曷尝丢却有事,只言勿忘勿助?非惟白沙,从来亦无此等呆议论也。"③

顾宪成认为,王阳明"生平并无一语"提及白沙,是由于他"目空千古";王阳明批评白沙之"勿忘勿助",则是"平地生波",无的放矢④。

---

① 《明神宗实录》第155卷,《明实录》,台湾:中央研究院历史语言研究所校印本,1962年,第54册,第2865—2868页。又谈迁撰《国榷》(张宗祥点校),北京:中华书局,2005年,第5册,第4492—4494页。
② 唐伯元撰:《醉经楼集》,澄海市博物馆,1998年据清抄本影印,第3册,第367—368页。
③ 黄宗羲撰:《明儒学案》,下册,第1391页。
④ 案:顾宪成以为王阳明对"勿忘勿助"之批评,乃针对陈白沙,非是。王阳明在《传习录·答聂文蔚(二)》中对"勿忘勿助"的批评,直接针对的是湛若水。(王守仁撰:《传习录》,《王阳明全集》,上海:上海古籍出版社,1992年,上册,第82—83页)对于王阳明的批评,湛若水在回答其弟子潘子嘉的请教时,有这样的响应:"惟求'必有事焉',而以'勿助勿忘'为虚,阳明近有此说,见于与聂文蔚侍御之书,而不知勿正、勿忘、勿助,乃所有事之功夫也。求方圆者必于规矩,舍规矩则无方圆,舍勿忘勿助,则无所有事而天理灭矣。下文'无若宋人然'、'非徒无益而又害之'可见也。不意此公聪明,未知要妙,未见此光景,不能无遗憾。可惜!可惜!勿忘勿助之间,与物同体之理见矣,至虚至实须自见得。"(湛若水撰:《新泉问辨录》,《泉翁大全集》,明嘉靖十九年洪垣编刻本、万历二十一年修补本,第69卷,第11页;《湛甘泉先生文集》,通行本,第8卷,第24页)

黄宗羲在《白沙学案》中，对于白沙与阳明之学说，有这样的论述：

> 有明之学，至白沙始入精微。其吃紧工夫，全在涵养。喜怒未发而非空，万感交集而不动。至阳明而后大。两先生之学，最为相近，不知阳明后来从不说起，其故何也？薛中离，阳明之高第弟子也，于正德十四年上疏请白沙从祀孔庙，是必有以知师门之学同矣。①

黄宗羲认为，白沙与王阳明"两先生之学，最为相近"，王阳明弟子薛侃在嘉靖九年（1530）上疏请将白沙从祀孔庙，就足以说明这一点。但是，让人感到十分困惑的是，对于白沙，"阳明后来从不说起，其故何也？"

查铎以为王阳明之《传习录》"无一言道及"白沙、唐伯元以为王阳明"生平论著满车，曾不见挂口献章一语"、顾宪成以为王阳明"目空千古，直是不数白沙，故生平并无一语及之"、黄宗羲则以为"两先生之学，最为相近，不知阳明后来从不说起，其故何也"。其中，查铎的说法是符合事实的，在王阳明最重要的著作《传习录》里面，确实没有提到白沙之姓名、字号。但是，对于白沙，王阳明并不是从不提起。

其实，在王阳明著作以及其他资料中，有好几个地方提到过或评论过白沙。兹将其胪列如下：

正德六年辛未（1511），方献夫告病返南海西樵山。王阳明作《别方叔贤序》、《别方叔贤四首》以赠之。其《别方叔贤四首》（其一）云："西樵山色远依依，东指江门石路微。料得楚云台上客，久悬秋月待君归。"② 王阳明在诗中没有提到白沙之姓名字号，但其所谓"江门"、所谓"楚云台"，毫无疑问的是借指白沙。

正德十年乙亥（1515），湛若水之母陈太孺人卒。应湛若水之请，王阳明为作《湛贤母陈太孺人墓碑》，谓湛母陈太孺人"绩麻舂粱，教其子

---

① 黄宗羲撰：《明儒学案》，上册，第79页。案：黄宗羲所谓薛中离"于正德十四年上疏请白沙从祀孔庙"事，乃受唐伯元所辑《白沙先生年谱》误导。（唐伯元编次：《白沙先生文编》，附录"白沙先生年谱"，第又10页）根据薛侃嘉靖九年十月二十四日所上《正祀典以敦化理疏》、饶宗颐撰《薛中离年谱》，薛侃疏请白沙从祀孔庙是在嘉靖九年。（薛侃撰：《薛侃集》，上海：上海古籍出版社，2014年，第168—169页；饶宗颐撰：《薛中离年谱》，《选堂集林》，台北：明文书局，1982年，下册，1146—1148页。）

② 王守仁撰：《王阳明全集》，上册，第722页。

以显,尝使从白沙之门,曰'宁学圣人而未至也',不亦知乎?"①

同年,王阳明作《谨斋说》,其文中云:"吾友侍御杨景瑞以'谨'名其斋,其知所以为学之要矣。景瑞尝游白沙陈先生之门,归而求之,自以为有见。又二十年而忽若有得,然后知其向之所见犹未也。"②

大概在正德十三、十四年(1518、1519)间,王阳明作《赠陈东川》诗云:"白沙诗里莆阳子,尽是相逢逆旅间。开口向人谈古礼,拂衣从此入云山。"③

嘉靖六年丁亥(1527)八月二十八日,在王阳明与周衡(道通)的问答中,亦有两条论及白沙。其文云:

[周道通问:]"闲居中,静观时物生息流行之意,以融会吾志趣,最有益于良知。昔今康节、白沙二先生,故皆留情于此。但二先生又似耽着,有不欲舍之意,故卒成隐逸,恐于吾孔子用行舍藏之道,有未尽合。"[王阳明答:]"静观物理,岂非良知发见流行处?不可又作两事看。"

[周道通问:]"白沙先生云'学以自然为宗';又云'为学须从静中[养出端倪,方]有商量处',此盖就涵养说,固是有理。但恐初学未从□□用工来,辄令如此涵养,譬诸行路之人,未尝涉历险阻,一旦遇险便怯,能保其不回首乎?窃记明道先生有言:造诣得极,更说甚涵养。云造诣,则克己在其中矣。须尝克己造诣上用过工来,然后志意坚忍,久而不变,此意如何?"[王阳明答:]"知得致良知工夫,此等议论自然见得他有未尽处。"④

---

① 王守仁撰:《王阳明全集》,上册,第942—943页。案:王阳明此文,题下标为"甲戌"年作,非是。陈太孺人卒于乙亥。王阳明不可能于陈太孺人尚在世时便为其撰碑文。而碑文开头有"湛子之母,卒于京师,葬于增城"之语,亦表明此文作于陈太孺人卒、葬之后。因此,将王阳明此文改系于正德乙亥年。

② 王守仁撰:《王阳明全集》,上册,第264页。

③ 同上书,第753页。

④ 杜维明整理:《王阳明讲学答问并尺牍》,《中国哲学》(辑刊),北京:三联书店,1981年,第五辑,第546页;张立文整理:《王阳明与周道通答问书》,《浙江学刊》,1996年,第5期,第79页。案:《王阳明讲学答问并尺牍》之系年,依据杜维明先生的考证。(《中国哲学》,第五辑,第542页)又:"但恐初学未从□□用工来",所脱文字,李生龙先生以为"乃'实地'二字"。(李生龙撰:《阳明何以不说起白沙之臆测》,章继光等主编《陈白沙研究论文集》,长沙,湖南大学出版社,2001年,第348页)我们认为,根据上下文意,所脱疑为"克己"二字。

此外，魏时亮《大儒学粹》第八卷记载，王阳明曾评论白沙之学，其语云，"白沙先生学有本原，恁地真实，使其见用，作为自当迥别。今考其行事，事亲信友、辞受取予、进退语默之间，无一不概于道；而一时名公硕彦如罗一峰、章枫山、彭惠安、庄定山、张东所、贺医闾辈，皆倾心推服之，其风流足征也"①。尤时熙《拟学小记》记载，王云野云："阳明曾说：'譬如这一碗饭，他人不曾吃，白沙是曾吃来，只是不曾吃了。'"②董澐《从吾道人语录》记载："吾昔侍先师阳明夫子于天泉楼，因观白沙先生诗云：'夜半汲山井，山泉日日新。不将泉照面，白日多飞尘。飞尘亦何害，莫弄桔槔频。'遂稍有悟，千圣相传之机，不外于末后一句，因又号'天泉绠翁'云。"③

可见，对于陈白沙，王阳明曾经一再提及，或与其弟子时有讨论，并不是从不提起。

二

虽然王阳明对白沙并不是从不提起，但他不愿多提白沙则是事实。王阳明为何不愿多提陈白沙？这是学术界颇为关注的问题。

在现代学者中，比较早注意这一问题的是熊十力先生。1949年，应陈应燿先生之邀请，熊十力先生撰《陈白沙先生纪念》一文，文中论及阳明不提白沙事。熊先生说：

---

① 束景南撰：《阳明佚文辑考编年（增订本）》，上海：上海古籍出版社，2015年，上册，第219—220页。案：束先生将阳明此语系于弘治十八年（1505），且谓"疑阳明此评白沙之学语，乃是其阅读《白沙先生全集》有感，于《白沙先生全集》书中所写之批语。弘治十八年，正为阳明由溺于词章之学归正于性理之学、与湛甘泉共定圣学之时，是年阳明提出'默坐澄心'，而与甘泉主张'体认天理'相对，显然即是受白沙思想之影响。故阳明此白沙评语，充分表明阳明生平此一重大思想转变，非唯是湛甘泉影响所促成，更出于其自读白沙著作之有力推动也"。
② 黄宗羲撰：《明儒学案》，上册，第647页。
③ 徐爱、钱德洪、董澐：《徐爱、钱德洪、董澐集》（钱明编校整理），南京：凤凰出版社，2007年，第248页。

> 黄梨洲《白沙学案》云:"有明儒者不失其矩矱者亦多有之,而作圣之功,至先生(白沙)而始明,至阳明而后大。"此实不刊之说。余尝怪阳明平生无一言及白沙。昔人有谓阳明才高,直是目空千古,故于白沙先生不复道及。果如此说,阳明必终其身未脱狂气也。阳明之贤,决不至是。湛甘泉在白沙门下名位最著,阳明与甘泉为至交,而论学则与之弗契,足见阳明于白沙必有异处,而终不道及者,正是敬恭老辈,非慢也。其异处安在,余亦欲论之而未暇,今更无此意绪也。①

熊十力先生认为,王阳明之不提起白沙,并不是因为阳明才高、"目空千古",而是因为阳明之学与白沙之学有异。熊先生以为,阳明之不道及白沙,正是恭敬前辈,而不是轻慢白沙。

1973年,罗香林先生在《东方文化》上发表《陈白沙由自然归于自得之教及其对王阳明之影响》一文。罗先生认为,阳明先生"深受白沙先生'自得'之教之影响,故于白沙先生之名,亦频频提及,非如唐伯元曙台所谓守仁'生平论著满车,曾不挂口献章一语'者"②。然而,罗先生似乎也意识到,王阳明龙场悟道后,便很少提及白沙。罗先生说:

> 惟阳明先生于闻知白沙先生由"自然"归于"自得"之教后,未几即以僻居龙场,于澄默中而自我获得心体之大觉,而转入为"致知"之学,由白沙先生所言"自得"之即心得理,而转入于"致良知"之"即心即理",寻而展开理学上之又一发展,遂与白沙先生由"自然"归于"自得"之教,成为分道扬镳之势焉。③

罗先生认为,王阳明之所以后来很少提及白沙,甚至与白沙之教"成为分道扬镳之势",是因为阳明之学与白沙之学不同。

1982年10月,邓艾民先生在《中国哲学》第八辑上发表《王守仁的

---

① 熊十力撰:《十力语要初续》,《熊十力全集》,武汉:湖北教育出版社,2001年,第5卷,第281—282页。
② 罗香林撰:《陈白沙由自然归于自得之教及其对王阳明之影响》,《东方文化》(香港大学出版社),1973年,第11卷第2期,第232页。
③ 同上。

唯心主义泛神论世界观》一文(后收入邓艾民撰《朱熹王守仁哲学研究》),在论述王阳明的思想渊源时,邓先生论及阳明很少提到白沙事。他说:

> 王守仁继承和发展了孟子的思想,吸收了佛老的学说,建立了他的主观唯心主义体系。但直接促成他达到这个思想体系却是由于对朱熹格物穷理学说感到扞格不通而来。正如他自己所说,本来"于朱子之说,如神明蓍龟"(《传习录》中),通过格亭前竹子的活动,感到有所抵牾。直到龙场以后,他才恍若有悟,从朱熹的体系中走出来,而与陆九渊的思想体系比较一致。……可以说,王守仁直接继承了陆九渊。特别是他多次与学生谈到朱陆异同,为《象山文集》作序,可以证明这一点。从基本观点来说,陈白沙与他相同处也不少,所处的时代也更接近一些,但他却很少提到陈白沙。可见陈白沙虽然对他也有一定影响,但远不及陆九渊对他影响那么深。然而,陆九渊对他的影响,较之王守仁通过研究朱熹思想发生疑问而自修自悟来说,则又是第二位的了。我们知道,王守仁是通过对朱熹的格物说不满意,遂提出自己的格物说,建立心学的。[①]

邓先生认为,阳明之所以很少提到白沙,是因为白沙对他的影响不大,"远不及陆九渊对他影响那么深"。(而与朱熹对阳明的影响相比,那就更不用说了。)

1994年3月,在江门举办的"陈白沙先生诞辰565周年纪念大会暨陈白沙思想国际学术研讨会"上,姜允明先生发表《白沙与阳明——兼论江门学派在传统思想中的新定位》一文,文中论及阳明不提白沙事。姜先生说:

> 其实白沙子是阳明自幼年开始心目中的圣人,仰慕无以复加。但因为官场家世渊源,有难言的苦衷,不便提白沙。中国历来仕途与圣道是矛盾对立的,白沙与阳明都是时代错误的产物。[②]

---

① 邓艾民撰:《朱熹王守仁哲学研究》,上海:华东师范大学出版社,1989年,第124—125页。
② 姜允明撰:《白沙与阳明——兼论江门学派在传统思想中的新定位》,王曙星、杨伟雄主编《陈白沙新论》,广州:花城出版社,1995年,第282页。

但是，对于阳明有何"难言的苦衷"，以致"不便提白沙"，姜先生在文中语焉不详。后来，姜先生在其别的论文、著作中，明确将阳明不便提起白沙之"难言的苦衷"归纳为，在以朱学为正统官学的时代，阳明担心提起被人视为"流入禅道"的白沙，可能会遭到物议以致断送仕途。他说："陈白沙是明代心学开山祖师，……[阳明]大大的受到白沙学的启发。……但是官学高压逼人，公开讨论与朱子背道而驰、'流入禅道'的白沙学，不但是忌讳，还可以遭至物议而断丧仕途，内心矛盾可以想见。"[①]被姜先生视为"白沙学的真正衣钵传人"的王阳明[②]，竟然会因为担心"遭至物议而断丧仕途"而不提白沙！我们真不知姜先生是想以此褒扬阳明，还是想以此贬损阳明。对此，苟小泉先生有这样的质疑："至于说，从宦的王阳明不便公开提起被攻击为'流禅'的白沙，这不符合王阳明的'狂放'的个性。王阳明敢于用性命抗疏，与阉宦为敌，何畏公开承认白沙之影响？"[③]

2000年9月，在江门举办的"陈白沙国际学术讨论会"上，袁锺仁先生发表《陈白沙与王守仁》、李生龙先生发表《阳明何以不说起白沙之臆测》，两文都论及阳明不提白沙事。

袁锺仁先生认为，王阳明之没有称誉陈献章，其原因有这样几个方面：一是"王守仁与陈献章的治学之道大致相似，其心学均来自陆九渊。既然如此，王守仁推崇陆九渊足矣，何必提及陈献章"。二是当时朝廷中有人对陈献章反感，"王守仁在世时，对自己及陈献章的处境，当然很了解，他没有必要为陈献章而找麻烦"。三是王守仁与陈献章的弟子湛若水为学宗旨不同，彼此有争论，"王守仁不想称颂自己对手湛若水的老师陈献

---

① 姜允明撰：《陈白沙其人其学》，台北：洪叶文化事业有限公司，2003年，第23—24页。
② 姜允明撰：《白沙与阳明——兼论江门学派在传统思想中的新定位》，王曙星、杨伟雄主编《陈白沙新论》，第289页。案：同时，对于事实上真正得到白沙衣钵的湛若水，姜先生有这样的评论："甘泉身为衣钵传人，所传不类其师真髓，虽徒具虚文，本身兴趣所趋，可以自得其乐，不必论矣。"（王曙星、杨伟雄主编《陈白沙新论》，第289页）姜先生的说法，值得商榷。
③ 苟小泉撰：《主体面向与学术分野——王阳明不说起陈白沙的原因探析》，《人文杂志》，2008年，第3期，第55页。

章,以免贬低自己,这是很易理解的"①。这就是说,袁先生认为,阳明之所以不提起白沙,是因为他既不必提、也不便提、更不愿提。

李生龙先生认为,王阳明之不说起陈白沙,主要是由于:第一,"阳明受白沙的影响,最有可能是通过湛若水(甘泉),然而,两人交往虽早已密切,却因为种种原因,阳明不必或不愿提到白沙"。具体包括:(1)"阳明对心学的探索有自己的独立思考过程,同湛若水交往后可能要受到他的一些影响,却同白沙关系不太直接",阳明"完全没有必要提及对自己影响不大的白沙";(2)白沙晚年曾受人非议,阳明生前亦常受人攻击,阳明不提白沙,是"为了避嫌的缘故";(3)"阳明越到晚年,同甘泉的分歧越大,他们之间不仅互相辩难、攻击,而且阳明有将甘泉纳入自己学说体系的用意,在这种情况下,阳明对白沙自然便有不屑一顾的态度"。第二,"对白沙的许多重要观点,阳明晚年都是有所不满的,这也是他不提白沙的重要原因",这可以阳明晚年与周道通的答问为证。第三,阳明之学与白沙之学固然有相近或相同之处,但彼此"不同的地方也是极明显的",而且"阳明之学中与白沙相近或相同的部分,不通过白沙,阳明也可以从前辈儒学那里得到"②。李先生的观点与袁先生的说法大体相同,他同样认为,阳明之不提起白沙,是不必提、不便提、不愿提。所不同者,是李先生注意到了,阳明晚年(在与周道通的答问中)所表现出来的对白沙学说的不满。

2008年,苟小泉先生发表《主体面向与学术分野——王阳明不说起陈白沙的原因探析》一文。文中,苟先生首先考察阳明不说起白沙的已有解释,然后论述白沙与阳明"自得之学"的一脉相承,最后分析白沙与阳明的根本差异及其原因。苟先生认为,白沙与阳明"两先生之学虽然相近,但实质不同"③。王阳明之所以不提起白沙,是因为两人学说的不同。他说,白沙与阳明"二人虽同属心学路径,但学说面貌最终不同,由此导致阳明

---

① 袁锺仁撰:《陈白沙与王守仁》,章继光等主编《陈白沙研究论文集》,第314—316页。
② 李生龙撰:《阳明何以不说起白沙之臆测》,章继光等主编《陈白沙研究论文集》,第342—351页。
③ 苟小泉撰:《主体面向与学术分野——王阳明不说起陈白沙的原因探析》,《人文杂志》,2008年,第3期,第57页。

不说起白沙"①。

然而，苟先生文中的一些说法是值得商榷的。首先，苟先生在讨论中，常以湛若水之学作为白沙之学与阳明比较，这一做法值得怀疑。在论述白沙与阳明"自得之学"的一脉相承、在分析白沙与阳明的根本差异及其原因时，苟先生常常以湛若水代表白沙，甚至说"由于白沙哲学对湛若水影响至巨，湛是白沙学说的忠实继承者，所以，湛若水完全可视为白沙哲学的代表。白沙与阳明并非同时代，但阳明与湛若水的学术交往可通约为陈、王交往"②。白沙之学与甘泉之学果如是其同乎？若然，黄宗羲《明儒学案》又何以要分立"白沙学案"与"甘泉学案"？虽然湛若水是白沙的衣钵传人、"是白沙学说的忠实继承者"，但是湛若水与陈白沙还是有所不同的。因此，我们并不能将陈、湛混为一谈，也不能将阳明与湛若水的学术交往"通约为陈、王交往"，更不能以甘泉之学作为白沙之学与阳明比较。其次，苟先生将白沙学说与阳明学说存在的实质上的不同，理解为阳明不提起白沙的原因，这一说法亦值得斟酌。众所周知，朱子学说与阳明学说也是不同的，但这并不妨碍阳明频繁地提起朱子。仅在《传习录》，阳明在与朋友、弟子等的书信往来、质疑问难中，彼此提到"朱子"、"晦庵"、"文公"的地方就有四十多次。可见，白沙学说与阳明学说的不同，并不是阳明不提起白沙的真正原因。

2009年，钱明先生撰《王阳明及其学派论考》由人民出版社出版，其第十三章为"王学之先行——粤学考"③，当中第二节讨论"阳明何故'不言'白沙"。钱先生认为，"阳明对白沙绝不陌生"，因为王阳明可以从"白沙著作"、"白沙门友"以及"其父王华"等渠道加以了解④。事实上，在王阳明的著作中，亦有阳明"明白地'说起'甚至'评论'过白沙"的

---

① 苟小泉撰：《主体面向与学术分野——王阳明不说起陈白沙的原因探析》，《人文杂志》，2008年，第3期，第58页。
② 同上书，第55页。
③ 钱先生后又将此章略加增删，以"王守仁与陈献章合论"为题，发表于《中国文哲研究通讯》（台北），2009年，第19卷第4期，第103—137页。
④ 钱明撰：《王阳明及其学派论考》，第325—327页。

记载，然而，"阳明对白沙的立场或态度，可用'回避轻视'四个字来概括"①。在钱先生看来，"无论阳明'说起'还是'评论'白沙，都是无意识的、被动的，与其主动地、积极地评论象山、慈湖等心学家有天壤之别，在阳明的内心深处，回避、轻视白沙始终占据其意识层面的主要位置。若再联系到阳明思想形成发展的不同阶段，则不妨可以说，'说起'、'评论'白沙是阳明早年思想情感和未成熟立场的体现，回避、轻视白沙是阳明晚年思想性格和成熟立场的反映。换言之，是阳明思想发展的前后变化才导致了他对白沙立场的改变。查铎的'无一言道及'说、顾宪成的'生平无一语及之'说和黄宗羲的'从不说起'说，其实都是指阳明晚年对白沙的态度和立场。所谓'从不说起'，不过是用一种极端的表达方式来说明阳明对白沙的回避与轻视，并借此以凸显阳明学的独立创设过程和超越前人的首创意义。"②钱先生认为，阳明之所以回避与轻视白沙，是因为在阳明看来，白沙学"是落伍于时代的，执时代之牛耳的，除了[阳明]自己，甘泉可以算半个"；是因为在阳明心目中，"白沙可能根本算不上立圣人之志的儒者"③。若钱先生所论属实，则嘉靖八年己丑（1529）二月甲戌（初八日），吏部会廷臣议故新建伯王守仁功罪，言"守仁事不师古，言不称师"④，并非不实之辞；顾宪成答人所问，谓"阳明目空千古"，亦非冤枉之语。阳明果真如此狂妄、如此自大？正如熊十力先生所说，"阳明之贤，决不至是"。

三

虽然对于白沙，阳明并不是从不提起，但从现存的阳明著作看，阳

---

① 钱明撰：《王阳明及其学派论考》，第330页。
② 同上书，第331—332页。
③ 同上书，第335、339页。
④ 《世宗实录》第99卷，《明实录》，台北：中央研究院历史语言研究所校印本，1962年，第40册，第2299页；邓士龙辑：《国朝典故》（许大龄、王天有等点校），北京：北京大学出版社，1993年，中册，第644页。案：钱明先生将"嘉靖八年二月甲戌"中之"甲戌"误解为"甲戌年"。（钱明撰：《王阳明及其学派论考》，第335页）

明不愿多提白沙则是事实。我们认为,王阳明之不愿多提白沙,其主要原因,与白沙的重要弟子、衣钵传人湛若水有关。为此,我们有必要对湛若水王阳明的交往与论辩情况略加论述。

弘治十八年乙丑(1505)春,湛若水就试礼闱。会试得中第二,廷试得中二甲第三。随后,选翰林院庶吉士。当时王阳明在京师任兵部武选清吏司主事,授徒讲学。大概在正德元年丙寅(1506),湛若水与王阳明一见定交[①]。

正德元年十二月,南京给事中戴铣等、御史薄彦徽与蒋钦等上疏要求留用刘健诸臣,弹劾太监高凤从子得林冒升锦衣卫指挥佥事,兼言晏朝废学游宴驱驰射猎非体,忤旨。朝廷将戴铣等三十人全部逮捕入京。王阳明因上疏救戴铣等,下诏狱,杖三十,谪贵州龙场驿丞[②]。正德二年丁卯(1507)闰正月,王阳明往龙场驿。闰正月朔日,湛若水作《九章赠别并序》以赠阳明[③]。其第三章云:"黄鸟亦有友,空谷遗之音。相呼上乔木,意气感人深。君今脱网罟,遗我在远林。自我初识君,道义日与寻。一身当三益,誓死以同襟。生别各万里,言之伤我心。"其第七章云:"皇天常无私,日月常盈亏,圣人常无为,万物常往来。何名为无为?自然无安排。勿忘与勿助,此中有天机。"王阳明作八咏以答之[④]。其第三首云:"洙泗流浸微,伊洛仅如线。后来三四公,瑕瑜未相掩。嗟予不量力,跋鳖期致远。屡兴还屡仆,惴息几不免。道逢同心人,秉节倡予敢。力争毫厘间,万里或可勉。风波忽相失,言之泪徒泫。"其第六首云:"静虚非虚

[①] 关于湛若水与王阳明定交时间,有两种说法:一是湛若水本人的说法,自称两人定交之时间在"正德丙寅";二是《阳明先生年谱》、黄绾《阳明先生行状》的说法,以为定交时间在"弘治乙丑"。兹采湛若水"正德丙寅"定交说。相关考证,参黎业明撰《湛若水年谱》,上海:上海古籍出版社,2009年,第32—34页。

[②] 王守仁撰:《狱中诗》,《王阳明全集》,上册,第674页;谈迁撰:《国榷》,第3册,第46卷,第2876、2877页。案:《阳明先生年谱》作"二月,上封事,下诏狱,谪龙场驿驿丞"。(《王阳明全集》,下册,第1227页)时间与《狱中诗》、《国榷》有异。"二月"应为"十二月"之误。

[③] 湛若水撰:《甘泉先生文集》,嘉靖本,内编,第25卷,第1—2页。

[④] 王守仁撰:《王阳明全集》,上册,第677—679页。

寂，中有未发中。中有亦何有，无之即成空。无欲见真体，忘助皆非功。至哉玄化机，非子孰与穷？"从两人赠、答诗歌看，彼此均以倡明圣学共勉，惜别之情溢于言表。正德三年戊辰（1508）春，王阳明到达贵州龙场驿。

正德五年庚午（1510）三月，王阳明尹江西庐陵。十一月，王阳明以朝觐入京，与湛若水比邻而居，时黄绾（久庵）亦在京，三人遂相与订终身共学之盟。湛若水与黄绾还设法让杨一清擢升王阳明为吏部验封司主事①。正德六年辛未（1511）八、九月间，朝廷任命湛若水作为使节往封安南国王；九月晦日，王阳明作《别湛甘泉序》②、《别湛甘泉二首》以赠③。在《别湛甘泉序》中，王阳明直言，自己深受湛若水影响，受益良多；世人以湛若水为禅，实属误解，湛若水乃"圣人之徒"；自己与湛若水为志同道合的朋友。

虽然王阳明在贬谪贵州龙场期间便已经觉悟"格物致知之旨"、在主讲贵阳书院期间便已经讲论"知行合一之训"④，但是，从现存资料看，在正德七年以前，除了对待释、道的态度有所不同外，湛若水与王阳明均没有表示出彼此在其他学术见解上有什么不同、也没有因为在其他学术见解

---

① 黄绾撰：《阳明先生行状》，见王守仁撰《王阳明全集》，下册，第1409—1410页。
② 王守仁撰：《王阳明全集》，上册，第230页。案：王阳明此文，题下所标撰作时间为"壬申"。《阳明先生年谱》则将其系于正德六年辛未十月。《增城沙堤湛氏族谱》所录此序，文末标明之时间为"正德辛[未]九月晦日拜手书"。（《增城沙堤湛氏族谱》，佛山：华文书局，1923年，第27卷，第106—107页）兹据《族谱》所标时间。
③ 王守仁撰：《王阳明全集》，上册，第724页。案：《增城沙堤湛氏族谱》所录，作《别湛甘泉三首》，以"结茆湖水阴"至"先扫白云床"为第三首。（《增城沙堤湛氏族谱》，第28卷，第105页）
④ 《阳明先生年谱》，《王阳明全集》，下册，第1228—1229页。案：邓艾民先生认为，王阳明龙场觉悟，显然受到湛若水的影响。（邓艾民撰：《朱熹王守仁哲学研究》，第86页）钱明先生也认为，王阳明龙场悟道的起因，"除了阳明本人当时的心境和所处的特殊环境以及早年的理论准备外，还应注意到甘泉的启发与影响。尽管这种作用的大小尚可作进一步讨论，但甘泉思想对阳明'龙场悟道'亦即其思想形成产生过影响，则是确定无疑的"。此外，钱先生还认为，"阳明稍后在贵阳提出的'知行合一'说，也烙有甘泉知行观的明显印记"。（钱明撰：《阳明学的形成与发展》，南京，江苏古籍出版社，2002年，第89页）但是，钱先生为了说明湛若水在知行观方面对阳明"知行合一"说的影响，引证了湛若水的《问疑录》。这是很不恰当的。因为，据湛若水的弟子王崇庆说，《问疑录》"始于丙戌九月丁酉，成于辛卯"。（湛若水撰：《问疑录》，《泉翁大全集》，第75卷，第37页）丙戌为嘉靖五年（1526），辛卯为嘉靖十年（1531）。

上的不同而进行论辩。然而，在湛若水完成敕封安南国王使命回国、两人重新见面之后，情况就开始有所不同了。正德七年壬申（1512）二月七日，湛若水离京，奉命往封安南国王，顺道送母还乡。正德八年癸酉（1513）正月十七日，湛若水抵达安南，完成使命后回国。随后，在家乡住了一段时间。正德九年甲戌（1514）春，湛若水在返回北京途中，与王阳明会于滁阳[①]，两人在儒释道问题上再次争论。

正德十年乙亥（1515）正月三十日，湛若水之母陈太孺人病卒于京师。二月，湛若水丁母忧，扶柩南还。王阳明逆吊于南京龙江关，两人辩论格物。对两人辩论情况，陈九川（字惟浚，号明水）有这样的记载："正德乙亥，九川初见先生于龙江，先生与甘泉先生论格物之说，甘泉持旧说。先生曰：'是求之于外了。'甘泉曰：'若以格物理为外，是自小其心也。'"[②] 与王阳明龙江关分别之后，湛若水在哀痛之中作《与阳明鸿胪》，与王阳明继续讨论"格物"问题[③]。我们知道，王阳明当年在贵州龙场的格物致知之悟，所悟者乃"始知圣人之道，吾性自足，向之求理于事物者误也"[④]。自此之后，王阳明即主张求理于内心，反对求之于外物、反对逐物。因此，他不接受湛若水关于格物的近乎"即物而穷其理"的旧说。而湛若水则对心作出了新的解释，以为"人心与天地万物为体，心体物而不遗，认得心体广大，则物不能外矣"[⑤]。但他并不主张求物理于内心，而是

[①] 案：据《阳明先生年谱》，王阳明十正德八年冬十月至滁阳，九年四月离滁阳。（《王阳明全集》，下册，第1236页）湛若水《阳明先生墓志铭》曰："明年，甘泉子使安南。后二年，阳明公迁贰南太仆，聚徒讲学。甘泉子还，期会于滁阳之间，夜论儒释之道。又明年，甘泉子丁忧，扶柩南归，阳明公时为大鸿胪，逆吊于龙江关。"（湛若水撰：《湛甘泉先生文集》，通行本，第31卷，第17页）综观《阳明先生年谱》与《阳明先生墓志铭》，可以确定，滁阳之会在正德九年春。陈来先生亦以为滁阳之会在正德九年春。（陈来撰：《有无之境：王阳明哲学的精神》，北京：人民出版社，1991年，第346页）陈郁夫先生则将二人滁阳之会系于正德八年。（陈郁夫撰：《江门学记》，台北：学生书局，1984年，第177、270页）非。
[②] 王守仁撰：《传习录》，《王阳明全集》，上册，第90页。
[③] 湛若水撰：《甘泉先生文集》，嘉靖本，内编，第16卷，第1页。
[④] 王守仁撰：《王阳明全集》，下册，第1228页。
[⑤] 湛若水撰：《甘泉先生文集》，嘉靖本，内编，第16卷，第1页。

主张心与物（心与理）不可离，亦不可混；心与物（心与理）可合一，但不同一。显然，湛若水不能同意王阳明将格物直接理解为正心的观点。因此，两人在格物问题上，互相指责。王阳明指责湛若水的格物论为"求之于外"，湛若水则指责王阳明的格物论为"自小其心"、且"不免有外物之病"。这是湛若水与王阳明关于格物致知问题论辩的开始。

正德十一年丙子（1516）九月，王阳明升任都察院左佥都御史，巡抚南、赣、汀、漳等处。次年（1517）正月，王阳明至赣，随即领兵清剿地方盗寇。九月，王阳明得到朝廷授权，提督南、赣、汀、漳等处军务。这时的湛若水已丁忧服阕，但他并不打算起而复职，而是决定入南海西樵山养病讲学。正德十三年戊寅（1518）六月，王阳明以平定横水、桶冈等处盗寇功，升都察院右副都御史。七月，王阳明刊行古本《大学》、《朱子晚年定论》；八月，刻刊《传习录》（初刻本）。正德十四年己卯（1519）六月，宁王朱宸濠谋反，王阳明起义兵平叛。期间，湛若水与王阳明两人书信不断，虽时有论辩，但关系融洽。

正德十五年庚辰（1520），湛若水有《答阳明》书①，讨论主题为"支离"问题。其文略云："所示前此支离之憾，恐兄前此未相悉之深也。夫所谓支离者，二之之谓也，非徒逐外而忘内谓之支离，是内而非外者亦谓之支离，过犹不及耳。必体用一原，显微无间，一以贯之，乃可免此。仆在辛壬之前，未免有后一失，若夫前之失，自谓无之，而体用显微，则自癸甲以后自谓颇见归一，不知兄之所憾者安在也？"由于王阳明的来信可能已经散佚，其"所示前此支离之憾"之详情，我们不得而知。但王阳明所以会有此"支离之憾"，则可能与湛若水在正德十四年三月望日所撰之

---

① 湛若水撰：《甘泉先生文集》，嘉靖本，内编，第16卷，第25页。案：根据信中"西樵两承远虑"、"所示前此支离之憾"之说，王阳明在庚寅《答甘泉》书之后，还有一封寄给湛若水的信，信的内容主要是讨论"支离"问题。阳明这封讨论"支离"问题的信，不见载于文集，可能已经散佚。湛若水的这封信，是对王阳明讨论"支离"问题一信的回复。又：湛若水此信之系年，采黄敏浩先生说。（黄敏浩撰：《湛甘泉的生平及其思想》，第43页及第76—77页注99。）陈来先生则以为，此信作于正德十三年戊寅冬至正德十四年己卯夏之间。（陈来撰：《善本〈甘泉先生文集〉及其史料价值》，《中国近世思想史研究》，北京：商务印书馆，2003年，第572页）

《叙遵道录》有关,或者由《叙遵道录》引起①。若然,王阳明似乎只主张以"逐外而忘内"为支离,而不赞成以"是内而非外"为支离;与王阳明观点不同,湛若水不仅将"逐外而忘内谓之支离",而且将"是内而非外者亦谓之支离"②。所谓"逐外而忘内",就是"求之于外",这是王阳明对湛若水格物论的指责;所谓"是内而非外",就是"外物之病",这是湛若水对王阳明格物说的批评。"支离"之争,也还是格物之辩。湛若水关于"是内而非外者亦谓之支离"的观点,引起了王阳明的不满。

正德十六年辛巳(1521),王阳明揭出"致良知之教"。五月,湛若水将所著《古大学测》、《中庸测》寄与王阳明③。王阳明收到相关书籍后,作《答甘泉》书以复④。信中,王阳明对湛若水多所批评,于其"随处体认天理"之学说,则曰"根究老兄命意发端处,却似有毫厘未协";于其《古大学测》、《中庸测》之著作,则曰"说话太多"、"此中不无亦有心病"。其中对湛若水"随处体认天理"所作的"根究老兄命意发端处,却似有毫厘未协"的批评,是一个极为严厉的批评。"失之毫厘,谬以千里",以这样的语辞批评湛若水的、作为其为学宗旨的"随处体认天理",绝非泛泛之言⑤。另一方面,王阳明又特别强调自己的致良知学说,乃为

---

① 《叙遵道录》云:"夫遵道何为者也?遵明道也。明道兄弟之学,孔、孟之正脉也,合内外、彻上下而一之者也。今夫为朱、陆之辨者赜矣,或失则外,或失则内,或失则高,或失则下,皆支离之咎也。支离也者,二之之谓也。孔孟没而免于支离者,鲜矣,吾弗敢遵焉尔。是故履天下之大道,而决天下之至赜者,莫大乎中正。中正者,救偏之极致也。述《遵道》。"(湛若水撰:《遵道录》卷首,《四库全书存目丛书补编》,济南:齐鲁书社,2001年影印本,第96册,第1页)
② 冈田武彦认为,王阳明与湛若水对支离之弊的看法之所以不同,是因为"阳明主要在朱子学那里看到支离之弊,甘泉则主要在杨慈湖心学那里看到支离之弊"。(冈田武彦撰:《王阳明与明末儒学》,上海:上海古籍出版社,2000年,第98页)
③ 《阳明先生年谱》,《王阳明全集》,下册,第1280页。
④ 王守仁撰:《王阳明全集》,上册,第181页。
⑤ 王阳明在嘉靖五年丙戌(1526)给邹守益的两封信中,对"随处体认天理"亦有同样的批评。一则曰:"'随处体认天理'之说,大约未尝不是,只要根究下落,即未免捕风捉影,纵令鞭辟向里,亦与圣门致良知之功尚隔一尘。若复失之毫厘,便有千里之谬矣。"再则曰:"随事体认天理,即戒慎恐惧功夫,以为尚隔一尘,为世之所谓事事物物皆有定理而求之于外者言之耳。若致良知之功明,则此语亦自无害,不然即犹未免于毫厘千里也。"(王守仁撰:《王阳明全集》,上册,第201、206页)

"圣学传心之要"，声言"恐不可易"。六月，王阳明升任南京兵部尚书。也许是由于王阳明的严厉批评的刺激，加上方献夫、王思（字宜学，号改斋，江西泰和人）等人的请求，在得知王阳明升任南京兵部尚书之前，其时尚在南海西樵山的湛若水作《答阳明王都宪论格物》书①，以为王阳明之格物论"有不敢信者四"，而自己之格物说则"似有可采者五"。对于湛若水此信，王阳明没有回复。其原因，也许如钱德洪在论及王阳明不答湛若水"良知、天理同异"之辩时所说，是王阳明认为"若恃笔札，徒起争端"②，因而不愿意回复。至此，两人围绕格物致知问题的论辩基本结束。这时，两人的关系也出现了一些微妙的变化，似乎不如以前融洽③。

嘉靖元年壬午（1522）正月，湛若水离粤北上，赴京复职④。二月，王阳明之父海日翁（王华）卒。暮春，湛若水与方西樵（献夫）、王改斋等过江吊丧。期间，王阳明与湛若水论及其"致良知"之教，并对湛若水说，"我此学，途中小儿亦行得，不须读书"。湛若水对此不以为然⑤。五月，湛若水到朝复翰林院编修职。湛若水返朝复职后，便站在杨廷和一

---

① 湛若水撰：《甘泉先生文集》，嘉靖本，内编，第17卷，第17—20页。案：关于此信系年的考证，参黎业明撰《湛若水年谱》，第75—76页。
② 钱德洪云："先师在越，甘泉官留都，移书辨正良知、天理同异。先师不答，曰：'此须合并数月，无意中因事指发，必有沛然融释处耳。若恃笔札，徒起争端。'"（黄宗羲撰：《明儒学案》，上册，第229页）
③ 正德十六年十二月，王阳明封新建伯，湛若水得知消息后，作《寄阳明》书道贺。信中同时提到："仆遁迹荒野，索居离群，日夜以魂梦相寻于千里之外。如欲会晤漕溪之间，以究所未闻，而不知其势不可或得也。前附潮人数通，必彻左右，未蒙示下，以为怏怏。向送陈世杰求放心之说，正欲与高论互相发。还闻渠报兄有辩说，恨未得一见以讲去我偏也。且兄又何嫌而不即示我耶？"（湛若水撰：《甘泉先生文集》，嘉靖本，外编，第7卷，第13—14页）王阳明不仅不回复湛若水的《答阳明王都宪论格物》书，而且对湛若水的其它多封去信亦置之不理。
④ 正德十六年三月十四日，武宗驾崩；四月二十二日，世宗继位。湛若水因得到都御史吴廷举、御史朱节等人疏荐而复官。五月二日，部中得旨起取。八月末，勘合到司促行。（湛若水撰：《答杨少默》，《甘泉先生文集》，嘉靖本，内编，第17卷，第17页）九月六日，在西樵山收到部檄。（湛若水撰：《答藩臬诸公劝驾书》，《甘泉先生文集》，嘉靖本，外编，第7卷，第18页）年底离开西樵山。（湛若水撰：《祭告白沙先生文》，《甘泉先生文集》，嘉靖本，内编，第18卷，第9—10页）
⑤ 湛若水撰：《新泉问辨续录》，《湛甘泉先生文集》，通行本，第9卷，第14页。

边，积极参与"议礼"活动，反对嘉靖皇帝追尊其父兴献王。嘉靖三年甲申（1524）八月底，湛若水升任南京国子监祭酒，被朝廷以名升实降方式调离京城、调离翰林重地。这几年，王阳明则丁忧、闲居在越。在此期间，两人的交往情况，湛若水在《奠王阳明先生文》中略有述及，说是"乙丙南雍，遗我书尺，谓我《训规》，实为圣则"[①]。

　　嘉靖五年丙戌（1526），湛若水应邹守益之请，作《广德州儒学新建尊经阁记》[②]，王阳明因湛若水此文与自己去年正月所作《稽山书院尊经阁记》不合而颇为不满。王阳明在《寄邹谦之（五）》中说："寄示甘泉《尊经阁记》，甚善甚善！其间大意亦与区区《稽山书院》之作相同。《稽山》之作，向尝以寄甘泉，自谓于此学颇有分毫发明。今甘泉乃谓'今之谓聪明知觉不必外求诸经者，不必呼而能觉之类'，则似急于立言，而未暇细察鄙人之意矣。后世学术之不明，非为后人聪明识见之不及古人，大抵多由胜心为患，不能取善相下。明明其说之已是矣，而又务为一说以高之，是以其说愈多而惑人愈甚。凡今学术之不明，使后人无所适从，徒以致人之多言者，皆吾党自相求胜之罪也。今良知之说，已将学问头脑说得十分下落，只是各去胜心，务在共明此学，随人分限，以此循循善诱之，自当各有所至。若只要自立门户，外假卫道之名而内行求胜之实，不顾正学之因此而益荒，人心之因此而愈惑，党同伐异，覆短争长，而惟以成其自私自利之谋，仁者之心有所不忍也！甘泉之意，未必由此，因事感触，辄漫及之。盖今时讲学者，大抵多犯此症，在鄙人亦或有所未免，然不敢不痛自克治也。"[③]王阳明指责湛若水"只要自立门户，外假卫道之名而内行求胜之实"、"党同伐异，覆短争长"。其实，王阳明的门户意识、宗派意识远较湛若水强烈。（据《稽山承语》记载，王阳明曾经说，"孔子殁，门

[①] 湛若水撰：《甘泉先生文集》，嘉靖本，内编，第18卷，第17页。案：钱明先生将"乙丙"径改为"乙酉"，且以《王阳明全集》所收该文作"乙丙"为误。（钱明撰：《阳明学的形成与发展》，第261页）经查，湛若水之各种文集，该文此处均作"乙丙"而不作"乙酉"。"乙丙"，指乙酉、丙戌年间，即嘉靖四、五年。钱先生之做法与说法，非。

[②] 湛若水撰：《甘泉先生文集》，嘉靖本，内编，第14卷，第4—6页。

[③] 王守仁撰：《王阳明全集》，上册，第206—207页。

人以有若似夫子,请以所事夫子事之。曾子虽不可,某窃有取于其事。未论有若之德何如,但事有宗盟,则朋友得以相聚相磨,而当年同志之风不息,庶乎学有日新之几,亦无各是其是之弊"①。)因此,王阳明对湛若水的这些指责,用到王阳明自己身上,可能会更加合适。

嘉靖六年丁亥(1527)五月,王阳明得旨出任都察院左都御史,总督两广及江西、湖广军务;九月,离越,往征广西思恩、田州。嘉靖七年戊子(1528)二月,王阳明平思恩、田州;七月,袭八寨、断藤峡,破之。十月,王阳明前往增城祀其先庙,顺便到访湛若水家乡,既题甘泉居,又书泉翁壁②。十月十日,王阳明上《乞恩暂容回籍就医养病疏》③。以病危,不待报而遽行。十一月二十九日,王阳明在返乡途中,卒于江西南安。嘉靖八年己丑(1529)三月,在得到阳明逝世的确切消息后,湛若水作《奠王阳明先生文》,祭奠阳明。在祭文中,湛若水对自己与王阳明的交往与论辩情况有这样的叙述:

嗟惟往昔,岁在丙寅,与兄邂逅,会意交神,同驱大道,期以终身。浑然一体,程称识仁,我则是崇,兄亦谓然。既以言去,龙场之滨,我赠九章,致我殷勤。聚首长安,辛壬之春,兄复吏曹,于吾卜邻。自公退食,坐膳相以,存养心神,剖析疑义。我云圣学,体认天理。天理问何?曰廓然尔。兄时心领,不曰非是。言圣枝叶,老聃释氏。予曰同枝,必一根柢,同根得枝,伊尹夷惠。佛于我孔,根株咸二。奉使安南,我行兄止。兄迁大仆,我南于北。一晤滁阳,斯理究极。兄言迦聃,道德高博,焉与圣异?子言莫错?我谓高广,在圣范围,佛无我有,中庸精微。同体去根,大小公私,敦叙彝伦,一夏一夷。夜分就寝,晨兴兄嘻,夜谈子是,吾亦一疑。分手南北,我还京坼,遭母大故,扶柩南归。迂吊金陵,我戚兄悲。及逾岭南,兄抚赣

---

① 王守仁撰:《王阳明全集(新编本)》,杭州:浙江古籍出版社,2010年,第5册,第1615页。
② 王守仁撰:《王阳明全集》,上册,第799页。
③ 同上书,第522—524页。

师。我病墓庐，方子来同，谓兄有言，学竟是空，求同讲异，责在今公。予曰岂敢，不尽愚衷。莫空匪实，天理流行。兄不谓然，校勘仙佛，天理二字，岂由此出？予谓学者，莫先择术，孰生孰杀，须辨食物。我居西樵，格致辩析，兄不我答，遂尔成默。壬午暮春，予吊兄咸，云致良知，奚必故籍？如我之言，可行厮役。乙丙南雍，遗我书尺，谓我训规，实为圣则。兄抚两广，我书三役，兄则杳然，不还一墨。及得病状，我疑乃释。遥闻风旨，开讲穗石，但致良知，可造圣域。体认天理，乃谓义袭，勿忘勿助，言非学的。离合异同，抚怀今昔，切嗟长已，幽明永隔。①

嘉靖二十五年丙午（1546）八月，湛若水应王阳明之子正亿的邀请，为王阳明撰写墓志铭②。

综上所述，从正德元年结交至正德八年，湛若水与王阳明两人的关系是最为融洽的；正德九年至正德十四年，湛若水与王阳明虽然在儒释道问题、在格物致知问题上不时展开论辩，但关系依然友好；正德十五、十六年之后，湛若水与王阳明围绕格物致知问题继续论辩，互相批评，几乎到了互不相让的地步，这时，两人的关系也出现了相当大的变化，友谊尚在，然而关系已经不再那么融洽了。这就是说，正德十五年以前，湛若水与王阳明两人的关系是友好的；正德十五年之后，两人的关系便不那么融洽了，但并没有破裂。

与湛若水王阳明两人关系的变化相应，正德十五年前后，王阳明对陈白沙及其学说的态度也截然不同。正德十五年之前，王阳明著作中提到陈白沙的作品，如《别方叔贤四首》（其一）、《湛贤母陈太孺人墓碑》、《谨斋说》、《赠陈东川》等（见前），对于陈白沙，并不见有什么批评；而且从

---

① 湛若水撰：《甘泉先生文集》，嘉靖本，内编，第18卷，第16—18页；王守仁撰：《王阳明全集》，下册，第1519—1520页。案："我南于北"、"同体去根"，《王阳明全集》作"我南兄北"、"同体异根"。"我南于北"，疑应作"我南子北"。
② 湛若水撰：《甘泉先生续编大全》，明嘉靖三十四年刻本、万历二十一年修补本，第11卷，第26—32页；《湛甘泉先生文集》，通行本，第31卷，第14—20页；王守仁撰：《王阳明全集》，下册，第1400—1406页。

其《阳明子之南也，其友湛元明歌九章以赠，崔子锺和之以五诗，于是阳明子作八咏以答之》、尤其是第六首所云"静虚非虚寂，中有未发中。中有亦何有，无之即成空。无欲见真体，忘助皆非功。至哉玄化机，非子孰与穷"看，这时期的王阳明，对白沙所强调的"静虚"、"勿忘勿助"等方面的思想，是十分认同的；用湛若水《叙别》中的话说，是"崇乎于白沙"的。然而，正德十五年之后，王阳明提到陈白沙的地方，如《王阳明讲学答问并尺牍》所记载王阳明与周道通的答问中（见前），对于陈白沙的"学以自然为宗"、"为学须从静中养出端倪，方有商量处"等观点，明显地表示不满。王阳明与周道通的答问，乃嘉靖六年（1527）八月底时事。其实，早在正德十六年辛巳（1521），王阳明就对陈白沙表示不满、就对陈白沙有所批评了。正德十六年，王阳明在《与杨仕鸣》信中云："所谓'此学如立在空中，四面皆无倚靠，万事不容染着，色色信他本来，不容一毫增减；若涉些安排、着些意思，便不是合一功夫'，虽言句时有未莹，亦是仕鸣见得处，足可喜矣。但须切实用力，始不落空；若只如此说，未免亦是议拟仿象，已后只做得一个弄精魄的汉，虽与近世格物者症候稍有不同，其为病痛，一而已矣。"①表面上，王阳明是批评杨仕鸣；实际上，王阳明是批评陈白沙②。要知道，杨仕鸣在给王阳明信中所提到的"色色信他本来"之言，就是陈白沙写给其弟子林光的《与林郡博（七）》信中之语③；杨仕鸣在给王阳明信中所提到的"若涉些安排、着些意思，便不是合一功夫"之论，其实就是陈白沙写给其弟子张诩的《与张廷实主事

---

① 王守仁撰：《王阳明全集》，上册，第 185 页。
② 案：陈来先生、姜允明先生、苟小泉先生将王阳明在这里对陈白沙的批评，误以为是王阳明对陈白沙的赞赏或师承。（参陈来撰：《有无之境：王阳明哲学的精神》，北京：人民出版社，1991 年，第 242 页；姜允明撰：《王阳明与陈白沙》，台北：五南图书出版股份有限公司，2007 年，第 66—67 页；苟小泉撰：《陈白沙哲学研究》，北京：中华书局，2009 年，第 200—201 页）吴震先生则在引述"此学如立在空中"一段文字后加注云，"此段为阳明引杨仕鸣语，但阳明亦表赞赏，称'足可喜矣'，故亦可视作阳明的观点"。（吴震撰：《〈传习录〉精读》，上海：复旦大学出版社，2011 年，第 144 页）此段文字，恐不可"视作阳明的观点"。
③ 陈献章撰：《陈献章集》，北京：中华书局，2008 年，上册，第 217 页。

（九）》信中之说①。

　　王阳明对陈白沙及其学说的态度，正德十五年前后截然不同，与湛若水王阳明两人关系的变化相应。由此可见，其中的主要原因，应当与陈白沙的重要弟子、衣钵传人湛若水密切相关。

　　总之，正德十五年以前，湛若水与王阳明两人的关系是十分友好的，这时的王阳明，不仅多次提到陈白沙，而且对白沙所强调的"静虚"、"勿忘勿助"等方面的思想，是比较认同的。正德十五年以后，王阳明与湛若水不仅在学说宗旨方面各不相同，并因此而展开激烈的争辩，而且两人都希望能争取到更多的人相信自己的学说与观点，这一点我们可以从两人对杨仕德、杨仕鸣、邹守益、周衝、蒋信等的争取中看出。在这种情况下，正如袁锺仁先生所说，王阳明当然"不想称颂自己对手湛若水的老师陈献章，以免贬低自己"。但是，王阳明也不能当着自己朋友湛若水的面，对其老师陈白沙进行批评，以免有失体统。（王阳明即使对白沙有批评，也都是私下进行的，如嘉靖六年丁亥八月二十八日，对周衝请教的答复。顺便说一句，王阳明对湛若水的批评，也多有属于私下进行者②。）而且，王阳明也应该知道，湛若水是容不得别人批评、毁谤其师白沙先生的③。因此，

---

① 陈白沙先生《与张廷实主事（九）》云，"文字亦然。古文字好者，都不见安排之迹，一似信口说出，自然妙也。其间体制非一，然本于自然不安排者，便觉好。如柳子厚比韩退之不及，只为太安排也"。（陈献章撰：《陈献章集》，上册，第163页。）
② 湛若水《奠王阳明先生文》云，"遥闻风旨，卅讲禩石，但致良知，可造圣域。体认天理，乃谓义袭，勿忘勿助，言非学也"。（湛若水撰：《甘泉先生文集》，嘉靖本，内编，第18卷，第18页）《新泉问辨录》亦记载，"黄淑问云：'阳明在广，对先生门人则曰："随处体认天理，与致良知一般。"向别人则又云："随处体认天理，是义袭而取之。"前后不同，如何？'其时只与默然，更有何云。"（湛若水撰：《泉翁大全集》，第70卷，第22页）
③ 湛若水晚年在回答"问闻人谤师当如何、谤师嘲师者如何"的问题时，曾说："吾在庶吉士时，闻梁厚斋公道乡人谤石翁之言云云。吾怒之，述陈远峰画士京师时，有乡人谤石翁亦云云，将其人打踢落楼。公默然。"（湛若水撰：《甘泉先生续编大全》，第8卷，第4页；又湛若水撰：《湛甘泉先生文集》，通行本，第7卷，第62页。两版本文字略有差异。）湛若水在弘治十八年入选翰林院庶吉士，正德二年任翰林院编修。梁厚斋，即陈白沙的另一个弟子梁储。

对于陈白沙，王阳明既不想加以称颂，又不能进行批评，那么最好的方式就是尽可能少提他。也许，这才是王阳明不愿意多提陈白沙的原因。

（本文原载深圳大学文学院编《荔园论学集·哲学卷》，北京：北京大学出版社，2013年7月）

王阳明《传习录》人名考述补正

王守仁（1472—1529），字伯安，浙江余姚人，因其曾筑室并讲学阳明洞，学者称阳明先生。《传习录》为王阳明之重要著作。目前，国内外经已有多种《传习录》注释版本，其中以佐藤一斋《传习录栏外书》、陈荣捷《王阳明传习录详注集评》、邓艾民《传习录注疏》等最为重要。这些著作，对于《传习录》之引文用典、人名地名以及义理主张，均有相当详细之批注、考述与诠释。然而，其中尚偶有错误或疏漏之处。兹不揣浅陋，仅就见闻所及，对《传习录》中所涉及之部分人名之考述略加补正。

王嘉秀 （《王阳明全集》上册，上海：上海古籍出版社，2011年版，第20页；《王阳明全集（新编本）》第1册，杭州：浙江古籍出版社，2010年版，第20页；陈荣捷《王阳明传习录详注集评》，台北：学生书局，2006年修订版，第49条）

佐藤一斋曰："王嘉秀，字号、乡贯未考。《年谱》载王嘉秀、萧惠好谈仙佛事。"[1] 叶绍钧曰："王嘉秀，字实夫，好谈仙佛。守仁尝警之，谓'二氏之学，其妙与圣人祇有毫厘之间，故不易辨，惟笃志圣学者始能究析其隐微'。"[2] 陈荣捷曰："王嘉秀，字实夫，里籍不详。阳明由贵州龙场归后

---

[1] 佐藤坦撰：《传习录栏外书》（山崎道夫校注），《佐藤一斋全集》第5册，日本：明德出版社，1998年版，第355页。案：佐藤坦，字大道，号一斋。

[2] 叶绍钧点注：《传习录》，台北：商务印书馆，1968年版，第47页。

（一五一〇）受业。好谈仙佛。"① 邓艾民曰："王嘉秀，字实夫，好谈仙佛。"②

【补正】王嘉秀，字实夫，湖广辰阳（今湖南沅陵）人，阳明弟子。阳明《门人王嘉秀实夫萧琦子玉告归书此见别意兼寄声辰阳诸贤》云，"王生兼养生，萧生颇慕禅；迢迢数千里，拜我滁山前。吾道既匪佛，吾学亦匪仙。坦然由简易，日用匪深玄。始闻半疑信，既乃心豁然。譬彼土中镜，暗暗光内全；外但去昏翳，精明烛嫭妍。世学如剪彩，妆缀事蔓延；宛宛具枝叶，生理终无缘。所以君子学，布种培根原；萌芽渐舒发，畅茂皆由天。秋风动归思，共鼓湘江船。湘中富英彦，往往多及门。临歧缀斯语，因之寄拳拳"③。则王嘉秀颇好释道，当无可疑。《阳明先生年谱》亦云，"王嘉秀、萧惠好谈仙佛"④。又据阳明《题王实夫画》⑤，当能画。

德章 （《王阳明全集》上册，第35页；《王阳明全集（新编本）》第1册，第34页；陈荣捷《王阳明传习录详注集评》，第107条）

佐藤一斋曰："德章，刘氏，名号、乡贯未考。"⑥陈荣捷曰："德章，姓刘，馀不详。其名不见《王文成传本》、《王文成公全书》之年谱与书札、及《儒林宗派》。"⑦邓艾民曰："德章姓刘，其它不详。"⑧

【补正】王阳明佚文中有《祭袁德彰文》，文云："呜呼德彰！士而不知学，其生也如梦，死则蜉蝣蠛蠓矣。德彰始钻研于辞章训诂而疲劳于考索著述，矻矻然将终老矣；已而幡然有觉，尽弃旧习如脱敝屣，锐志于圣贤之学，虽其精力既衰，而心志迥然不群矣。中道而殁，盖斯文之不吊、古所谓'朝闻道，夕死可'者，德彰其庶几哉！呜呼！此心此理，万古一

---

① 陈荣捷撰：《王阳明传习录详注集评》，台北：学生书局，2006年修订版，第88页。
② 邓艾民撰：《传习录注疏》，基隆：法严出版社，2000年版，第78页。
③ 王守仁撰：《王阳明全集（新编本）》第3册，杭州：浙江古籍出版社，2010年版，第770页。
④ 王守仁撰：《王阳明全集（新编本）》第4册，第1243页。
⑤ 王守仁撰：《王阳明全集（新编本）》第3册，第777页。
⑥ 佐藤坦撰：《传习录栏外书》，《佐藤一斋全集》第5册，第359页。
⑦ 陈荣捷撰：《王阳明传习录详注集评》，第129页。
⑧ 邓艾民撰：《传习录注疏》，第120页。

日,无分于人我,无间于幽明,无变于死生。故生而顺焉,没而宁焉。昭昭于其生,乃所以昭昭于其死也。呜呼德彰!亦何憾乎!"①薛侃文集中亦有《祭袁德章文》,文云:"宿草不哭,哭友之礼。岂谓寥寥?学绝教弛。有如公者,吾其可已?公尝告吾,'三十有肆,既已悔悟,一朝而弃。今复三十,自谓穷礼。挟策与游,亡羊均耳。学之弗明,乃底于是。不有我师,亦终也矣'。求之愈征,老而弥励,有如公者,吾其可已。考德问业,乃虔子弟。望闻警发,四方同志。正切远朝,遽尔长逝。几杖犹暄,别公未几。呜呼哀哉!沂奠一觞,临风悲涕。蟾光无昼,公其来际。嗟呼哀哉!"②邹守益《袁云峰征士挽卷》云:"云峰袁德彰,赣之隐君子也。异时负其才气,谓科第可俯取,猎经撷史,以应世求,崛然有闻矣,而竟未有所合。乃隐居教授,蕲以著述表于后,旁搜远勘,历寒暑不易。比耆矣,始闻大道之要,怅然自失,取其巨帙累牍而焚之,瞿瞿从事,不知年之不足也。……君之卒也,阳明先生诔之曰:'古所谓朝闻道夕死可矣者,德彰其庶几焉!'"③据此三文,可知德章乃袁氏而非刘氏。而王阳明《朱子晚年定论》之末,有落款为"正德戊寅六月望,门人雩都袁庆麟谨识"之跋语,跋语云"麟无似,从事于朱子之训馀三十年,非不专且笃,而竟亦未有居安资深之地,则犹以为知之未详,而览之未博也。戊寅夏,持所著论若干卷来见先生。闻其言,如日中天,睹之即见;如五谷之艺地,种之即生;不假外求,而真切简易,恍然有悟。退求其故而不合,则又不免迟疑于其间。及读是编,始释然,尽投其所业,假馆而受学,盖三月而若将有闻焉。然后知向之所学,乃朱子中年未定之论,是故三十年而无狀。今赖天之灵,始克从事于其所谓定见者,故能三月而若将有闻也。非吾先生,几乎已矣!敢以告夫同志,使无若麟之晚而后悔也"④。跋语所言,与

---

① 王守仁撰:《王阳明全集(新编本)》第5册,第1916—1917页。案:此文原载清魏瀛等修纂《赣州府志》卷六十六"艺文志"。
② 薛侃撰:《薛中离先生全书》第12卷,公昌印务公司,民国四年(1915)铅印本,第2页。
③ 邹守益撰:《邹守益集》上册(董平整理),南京:凤凰出版社,2007年版,第37页。
④ 王守仁撰:《王阳明全集(新编本)》第1册,第155页。

阳明、薛侃《祭袁德章文》以及邹守益《袁云峰征士挽卷》所说相应。万斯同《儒林宗派》卷十五云,"袁庆麟,[字]德彰,雩都[人]"①。谢旻、陶成修纂《江西通志》卷九十四云,"袁庆麟,字德彰,雩都人。初矻矻攻举子业,已而幡然有觉,尽弃旧习。师王文成,锐志圣贤之学"②。可见,此"德章",即德彰,即为《朱子晚年定论》作跋之袁庆麟。佐藤一斋、陈荣捷、邓艾民"德章姓刘"之说,非是。

子仁 (《王阳明全集》上册,第 36 页;《王阳明全集(新编本)》第 1 册,第 35 页;陈荣捷《王阳明传习录详注集评》,第 111 条)

佐藤一斋曰:"子仁,栾氏名惠,浙江人。"③叶绍钧曰:"子仁,栾惠字,浙江西安人。母患疯疾十三年,饮食搔摩,必躬必亲。聘充南雍六堂学长,辞。龙游郡守请往布乡约,四方学者云集。"④邓艾民曰:"栾子仁,名惠,浙江西安人。王阳明有《书栾惠卷》(《全书》卷二十四)。一说指林春,字子仁。参见《明儒学案》卷三十二略传,疑非是。"⑤而陈荣捷则曰:"子仁,佐藤一斋谓子仁,栾氏名惠,浙江人。孙锵则谓子仁,姓冯名恩,号尚江,华亭人。见《儒林宗派》。并谓不知一斋何据。按栾惠姓名见于《阳明年谱》正德九年五月,阳明至南京,栾惠、陆澄等二十馀人同聚师门。但未言栾惠之字为子仁。……叶[绍]钧谓子仁,栾惠字,浙江西安人。郡守请往施行乡约,四方学者云集。不知叶氏何所本。《学案》无栾惠传。余重耀《阳明弟子传纂》目录页十八有栾惠,谓见于《阳明年谱》,无字里,《传纂》亦无传。综上所论,则孙锵是也。《明儒学案》卷二十五南中王门学案序云,'冯恩,字子仁,号南江(孙作尚江,盖印

---

① 万斯同撰:《儒林宗派》,《景印文渊阁四库全书》第 458 册,台北:商务印书馆,1986 年影印本,第 583 页。
② 谢旻、陶成修纂:《(康熙)江西通志》,《景印文渊阁四库全书》第 517 册,台北:商务印书馆,1986 年影印本,第 176 页。
③ 佐藤坦撰:《传习录栏外书》,《佐藤一斋全集》第 5 册,第 359 页。
④ 叶绍钧点注:《传习录》,第 83 页。
⑤ 邓艾民撰:《传习录注疏》,第 123 页。

误），华亭（今江苏松江）人。嘉靖丙辰进士。阳明征思田，南江以行人使其军，因束修为弟子'。"①

【补正】阳明《南都诗》中，有《次栾子仁韵送别四首》，其序云："子仁归，以四诗请用其韵答之，言亦有过者，盖因子仁之病而药之，病已则去其药。"②《南都诗》题下注云，"正德甲戌四月升南京鸿胪寺卿作"③。阳明《书栾惠卷（庚辰）》云："栾子仁访予于虔，舟遇于新淦。嗟乎！子仁久别之怀，兹亦不足为慰乎？顾兹簿领纷沓之地，虽固道无不在，然非所以从容下上其议时也，子仁归矣。乞骸之疏已数上，行且得报。子仁其候我于梧江之浒，将与子盘桓于云门、若耶间有日也。闻子仁居乡，尝以乡约善其族党，固亦仁者及物之心，然非子仁所汲汲。孔子云：'言忠信，行笃敬，虽蛮貊之邦行矣。'然惟'立则见其参于前，在舆则见其倚于衡也，而后行'。子仁其务立参前倚衡之诚乎！至诚而不动者，未之有也；不诚未有能动者也。聊以是为子仁别去之赠。"④由此可知，栾惠字子仁，正德九年甲戌（1514）阳明升南京鸿胪寺卿时，经已从学阳明；正德十五年庚辰（1520），其时阳明巡抚南赣，曾往访阳明于虔。徐象梅《两浙名贤录》、嵇曾筠《（雍正）浙江通志》云，"栾惠，字子仁，西安人。师事王文成，潜心理学。事父母曲尽孝道。母尝患疯疾，手足拘挛者十三年，惠温衾扇枕，饮食抚摩，必躬必亲，始终不怠。及父母相继卒，与妻吴氏负土襄事，庐墓三载，朝夕哭奠，衰绖顷刻不去身。一夜风雨，虎入其庐，驯若畜犬然。服阕，南冑移书请为六堂学长，辞不赴。时龙游水北梗化，郡邑中之监司，请惠往布行乡约，梗化者革心。自是深居寡出，而四方学者云集，无虑数百人。以寿卒于家"⑤。西安，今浙江衢州市。据《明

---

① 陈荣捷撰：《王阳明传习录详注集评》，第133页。
② 王守仁撰：《王阳明全集（新编本）》第3册，第781页。
③ 同上书，第772页。
④ 同上书，第964页。
⑤ 徐象梅撰：《两浙名贤录》，《续修四库全书》第542册，上海：上海古籍出版社，2002年版，第192页；嵇曾筠等修纂《（雍正）浙江通志》，《景印文渊阁四库全书》第524册，台北：商务印书馆，1986年影印本，第128页。

儒学案》，冯恩乃在嘉靖七年（1528），阳明征思、田时，"以行人使其军，因束修为弟子"①。而《阳明先生年谱》云，正德十三年戊寅（1518）八月，"[薛]侃得徐爱所遗《传习录》一卷、序二篇，与陆澄各录一卷，刻于虔"②。薛侃刻《传习录》时，冯恩尚未从学阳明。然则，此所谓子仁，应为栾惠，而非冯恩。故佐藤一斋、叶绍钧、邓艾民之说，不误；陈荣捷及孙锵之说，非是。

国英　（《王阳明全集》上册，第 37 页；《王阳明全集（新编本）》第 1 册，第 35 页；陈荣捷《王阳明传习录详注集评》，第 112 条）

佐藤一斋曰："国英，陈氏，名号、乡贯未考。"③叶绍钧曰："国英，陈姓，莆人。"④陈荣捷曰："国英，姓陈，名杰，莆田（福建）人。此据万斯同《儒林宗派》卷十五页十下。《明儒学案》与毛奇龄《王文成传本》均无陈杰或国英。余重耀《阳明弟子传纂》目录页十八，谓陈杰之名见于《年谱》，但不言其字为国英。查《年谱》，正德九年（一五一四）陈杰与陆澄等二十馀人受业，亦不提国英。"⑤邓艾民曰："国英姓陈，其它不详。"⑥

【补正】陈杰，字国英，号方岩，福建莆田人，世居金桥。登正德三年戊辰进士，授景宁县知县。正德九年甲戌（1514），升南京湖广道监察御使，时王阳明讲学南都，杰从之游⑦。阳明《与顾惟贤》书云，"向在南都，相与者，曰仁之外，尚有太常博士马明衡、兵部主事黄宗明、见素之

---

① 黄宗羲撰：《明儒学案（修订本）》上册（沈芝盈点校），北京：中华书局，2008 年版，第 578 页。
② 王守仁撰：《王阳明全集（新编本）》第 4 册，第 1262 页。
③ 佐藤坦撰：《传习录栏外书》,《佐藤一斋全集》第 5 册，第 360 页。
④ 叶绍钧点注：《传习录》，第 83 页。
⑤ 陈荣捷撰：《王阳明传习录详注集评》，第 134 页。
⑥ 邓艾民撰：《传习录注疏》，第 124 页。
⑦ 柯维骐《南京湖广道御史陈杰传》，焦竑辑：《献征录》第 3 册，上海：上海书店，1987 年版，第 2910 页。

子林达,有御史陈杰、举人蔡宗兖、饶文璧之属"①。其中,提及御史陈杰。又:正德十五年庚辰(1520),阳明有《与陈国英》书②。

守衡 (《王阳明全集》上册,第 39 页;《王阳明全集(新编本)》第 1 册,第 37 页;陈荣捷《王阳明传习录详注集评》,第 119 条)

佐藤一斋曰:"守衡,姓名、乡贯未考。"③陈荣捷曰:"诸注家均谓守衡未详。《明儒学案》、《儒林宗派》、《阳明弟子传纂》均无守衡。惟查《年谱》有门人朱衡。嘉靖十一年(1532),阳明没后三年,门人四十馀人,合同志会于京师,朱衡与焉。守衡恐是朱衡之误。"④邓艾民曰,守衡,"情况未详"⑤。

【补正】雷礼《国朝列卿纪》云,"郭持平,字守衡,江西吉安府万安县人。正德丁丑进士"⑥。《阳明先生年谱》"正德十三年戊寅七月"条所列门人中,有"郭持平"之名⑦。而阳明于《飞报宁王谋反疏》、《江西捷音疏》、《擒获宸濠捷音疏》、《重上江西捷音疏》等奏疏中亦多次提到"进士郭持平"或"侍亲进士郭持平"⑧。此"守衡",应为郭持平。陈氏所谓"守衡恐是朱衡之误",非是。

志道 (《王阳明全集》上册,第 40 页;《王阳明全集(新编本)》第 1 册,第 38 页;陈荣捷《王阳明传习录详注集评》,第 121 条)

佐藤一斋曰."志道,姓字、乡贯未考。《学案》载管志道,字登之,号东溟,苏之太仓人。然东溟受业于耿天台定向,著《古本大学章句》

---

① 王守仁撰:《王阳明全集(新编本)》第 3 册,第 1045 页。
② 王守仁撰:《王阳明全集(新编本)》第 1 册,第 189 页。
③ 佐藤坦撰:《传习录栏外书》,《佐藤一斋全集》第 5 册,第 360 页。
④ 陈荣捷撰:《王阳明传习录详注集评》,第 141 页。
⑤ 邓艾民撰:《传习录注疏》,第 132 页。
⑥ 雷礼撰:《国朝列卿纪》,《续修四库全书》第 523 册,上海:上海古籍出版社,2002 年版,第 639 页。
⑦ 王守仁撰:《王阳明全集(新编本)》第 4 册,第 1261 页。
⑧ 王守仁撰:《王阳明全集(新编本)》第 2 册,第 416、420、423、459 页。

者，自是别人。"① 陈荣捷曰："志道，姓字、乡贯不详。《明儒学案》卷三十二序有管志道，字登之，号东溟，江苏之太仓人。受业于阳明门人耿定向。东溟著书数十万言，大抵鸠合儒释，又好谈鬼神，与此志道言诚不类，当另一人。《儒林宗派》、毛奇龄《王文成传本》、余重耀《阳明弟子传纂》均无此志道，不解何故。"② 邓艾民曰，志道，"情况未详"③。

【补正】林达《同心之言诗卷序》云："同心之言，阳明夫子赠陆清伯语。夫子设教金陵，及门下之士，言必曰国英、曰宾阳、曰诚甫、曰子莘、曰清伯。质莫如国英，敏莫如宾阳，才莫如清伯，而笃信莫如诚甫、子莘。若尚谦、希颜、德温、曰仁，则又及门久，而得夫子之深也。清伯上春官，同门有赠，夫子命以是；比曰仁考最绩，德温上春官，夫子已开府南赣，赠犹属之，尊师训也。今宾阳君出守襄阳，独予与国英、诚甫、子莘在焉，即席联句，得若干首，追和若干首，别言又若干首。师友睽违，感慨寓焉，非详不足以尽也。予在门墙独疏鄙，而年又少长，卷成，特叙其略，以辨群言之首。正德丁丑暮春，友人莆田林达志道书。"④ 可见，志道即林达。《明史·林俊传》云，林俊（字待用，号见素，莆田人）之子林达，"正德九年进士，官至南京吏部郎中，工篆籀，能古文"⑤。阳明《与顾惟贤》书云，"向在南都，相与者，曰仁之外，尚有太常博士马明衡、兵部主事黄宗明、见素之子林达，有御史陈杰、举人蔡宗兖、饶文璧之属"⑥。其中提及"见素之子林达"。倪涛《六艺之一录》云，"林达，字志道，号愧吾，正德甲戌进士，历官南京吏部考功郎中。工篆隶，能诗文"⑦。由此可知，林达，字志道，号愧吾，福建莆田人。林俊之子。阳明门人。

---

① 佐藤坦撰：《传习录栏外书》，《佐藤一斋全集》第 5 册，第 361 页。
② 陈荣捷撰：《王阳明传习录详注集评》，第 145 页。
③ 邓艾民撰：《传习录注疏》，第 134 页。
④ 王守仁撰：《王阳明全集（新编本）》第 5 册，第 1794 页。
⑤ 张廷玉撰：《明史》第 17 册，北京：中华书局，2003 年版，第 5140 页。
⑥ 王守仁撰：《王阳明全集（新编本）》第 3 册，第 1045 页。
⑦ 倪涛撰：《六艺之一录》，《景印文渊阁四库全书》第 837 册，台北：商务印书馆，1986 年影印本，第 806 页。

刘观时 （《王阳明全集》上册，第42页；《王阳明全集（新编本）》第1册，第40页；陈荣捷《王阳明传习录详注集评》，第125条）

佐藤一斋曰："刘观时，字号乡贯未考。"①叶绍钧曰："刘观时，辰阳人。"②陈荣捷曰："刘观时，武陵（今湖南常德）人。馀不详。佐藤一斋谓乡贯未考，叶[绍]钧以为辰阳人，东敬治以为阳明同乡余姚人而近藤信康沿之，皆误。孙锵以为武陵人，是也。此见万斯同《儒林宗派》。"③邓艾民曰，"情况未详"④。

【补正】阳明《见斋说》云，"辰阳刘观时学于潘子，既有见矣，复学于阳明子。尝自言曰：'吾名观时，观必有所见，而吾犹惛惛无睹也。'扁其居曰'见斋'以自励"⑤；《别易仲》诗序云，"辰州刘易仲从予滁阳，一日问'道可言乎？'予曰：'哑子吃苦瓜，与你说不得。尔要知我苦，还须你自吃。'易仲省然有悟。久之，辞归，别以诗。"⑥由此可知，刘观时，字易仲，湖广辰州（今湖南沅陵）人。阳明弟子。叶绍钧以刘观时为辰阳人，不误；陈荣捷及孙锵以刘观时为武陵人，非是。

徐成之 （《王阳明全集》上册，第45页；《王阳明全集（新编本）》第1册，第44页；陈荣捷《王阳明传习录详注集评》，第159页）

叶绍钧曰："徐成之，守仁同乡。"⑦邓艾民曰："徐成之，名守诚，绍兴人。参见《绍兴府志》第四十一卷第四十八页。"⑧

【补正】嵇曾筠《（雍正）浙江通志》引述《万历绍兴府志》云："徐守诚，字成之，余姚人。弘治进士，授南兵部主事。寻执父丧，庐于墓，有驯虎甘露之异，乡人名其山曰慈山。服除，补刑部，与四方名士相讨

---

① 佐藤坦撰：《传习录栏外书》，《佐藤一斋全集》第5册，第361页。
② 叶绍钧点注：《传习录》，第97页。
③ 陈荣捷撰：《王阳明传习录详注集评》，第149页。
④ 邓艾民撰：《传习录注疏》，第140页。
⑤ 王守仁撰：《王阳明全集（新编本）》第1册，第279页。
⑥ 王守仁撰：《王阳明全集（新编本）》第3册，第765页。
⑦ 叶绍钧点注：《传习录》，第103页。
⑧ 邓艾民撰：《传习录注疏》，第151页。

论,学益进。尝陈时政十馀事,多见采纳。出为湖广佥事,理冤释枉,不避权势。迁山东参议,以疾归。守诚孝友廉介,非其义一介不取。历官二十馀年,室庐仅蔽风雨。有《慈山杂著》数十则,为学者所诵。"①据明清进士题名碑录,弘治六年癸丑科有"徐守诚"之名②;阳明《春郊赋别引》亦有"秋官徐成之"之说③。与《万历绍兴府志》所谓徐守诚"弘治进士"、"服除,补刑部"之说相符。故邓氏谓"徐成之,名守诚",可无疑也。惟邓氏谓徐成之之籍贯为绍兴,则似欠准确。或许,邓氏以为余姚县隶属绍兴府,因而儱侗言之欤?

希颜 (《王阳明全集》上册,第102页;《王阳明全集(新编本)》第1册,第99页;陈荣捷《王阳明传习录详注集评》,第201条)

叶绍钧曰,"希颜,即蔡宗兖"④。陈荣捷曰,"希颜,《王文成传本》、《阳明弟子传纂》、《儒林宗派》均无此名,诸注均云未考。捷疑希颜乃希渊(蔡宗兖)之误。抄录者因上行有'颜子',故误'渊'为'颜'"⑤。邓艾民曰:"情况不明,或曰即蔡希渊。"⑥

【补正】阳明《寄希渊》书(四首),或称希颜,或称希渊;《别三子序》云,"盖自近年而又得蔡希颜、朱守忠于山阴之白洋,得徐曰仁于余姚之马堰";《送蔡希颜三首》序云,"正德癸酉冬,希渊赴南宫试,访予滁阳,遂留阅岁。既而东归,问其故,辞以疾。希渊与予论学琅琊之间,于斯道既释然矣,别之以诗"⑦。可见,希颜,即希渊,蔡宗兖之别字。叶氏之说,是;陈氏未检读阳明其它诗文,乃杜撰误抄之说,非。

---

① 嵇曾筠等修纂:《(雍正)浙江通志》,《景印文渊阁四库全书》第524册,第135页。
② 朱保炯、谢沛霖撰:《明清进士题名碑录索引》下册,上海:上海古籍出版社,2004年版,第2484页。
③ 王守仁撰:《王阳明全集(新编本)》第3册,第1076页。
④ 叶绍钧点注:《传习录》,第192页。
⑤ 陈荣捷撰:《王阳明传习录详注集评》,第285页。
⑥ 邓艾民注:《传习录注疏》,第276页。
⑦ 王守仁撰:《王阳明全集(新编本)》第1册,第170—172、241页;第3册,第769页。

于中 （《王阳明全集》上册，第104页；《王阳明全集（新编本）》第1册，第101页；陈荣捷《王阳明传习录详注集评》，第204条）

佐藤一斋曰："于中，王氏，名未考。"①叶绍钧曰："于中，王氏，名未详。"②陈荣捷曰："于中，佐藤一斋云姓王，名未考。日本注家从之。予一九六三年英译《传习录》亦从之。中田胜与柳田达也则谓于中，姓王，名良胜，但不详言。今查《阳明弟子传纂》卷二页四十五，有夏良胜传。良胜字子中，南城（江西）人。正德三年进士，官吏部考功员外郎。己卯（一五一九）南巡诏下，良胜与陈九川联署进言，下诏狱，廷杖除名。予敢谓于中乃子中之误。查《年谱》，九川正德十六年（一五二一）侍阳明于南昌，与于中论内外之说。此于中必是与之联署进言之子中。《弟子传纂》同页万潮传谓与舒芬、夏良胜、陈九川称江西四谏。舒芬即国裳，与九川、于中同论内外之说，可知九川与夏良胜往来甚密。故此于中必是子中，可无疑矣。"③邓艾民曰："情况不详。"④

【补正】佐藤一斋、叶绍钧谓"于中，王氏"，非是。《阳明先生年谱》附录二云："舒国裳在师门，《文录》无所见，惟行福建市舶司取至军门一牌。《传习续录》则与陈惟浚、夏于中同时在坐问答语颇多。"⑤据此，于中，乃夏氏，非王氏。《明史·夏良胜传》云，"夏良胜，字于中，南城人。少为督学蔡清所知，曰'子异日必为良臣，当无有胜于子者'，遂名良胜"。正德三年（1508）进士⑥。据《四库全书》，夏良胜著作有《中庸衍义》十七卷、《东洲初稿》十四卷⑦。又：陈荣捷依据余重耀《阳明弟子传纂》卷二"夏子中先生良胜"、"夏先生良胜，字子中，南城人"之说，曰"予敢谓于中乃子中之误"、"此于中必是子中"。陈氏谓"于中乃子中之

---

① 佐藤坦撰：《传习录栏外书》，《佐藤一斋全集》第5册，第379页。
② 叶绍钧点注：《传习录》，第196页。
③ 陈荣捷撰：《王阳明传习录详注集评》，第289—290页。
④ 邓艾民撰：《传习录注疏》，第282页。
⑤ 王守仁撰：《王阳明全集（新编本）》第4册，第1392页。
⑥ 张廷玉：《明史》第16册，第5020—5022页。
⑦ 载《景印文渊阁四库全书》，第715册；第1269册。

误"、"此于中必是子中",非是①。经查,《阳明弟子传纂》目录作"夏于中先生良胜"。故"子中"乃"于中"之误,而非"于中乃子中之误"。

敷英 (《王阳明全集》上册,第108页;《王阳明全集(新编本)》第1册,第104页;陈荣捷《王阳明传习录详注集评》,第219条)

陈荣捷曰:"敷英,《儒林宗派》、《王文成传本》、《阳明弟子传纂》均无此名。"② 邓艾民曰:"情况不详。"③

【补正】《明史·王时柯传》云:"王时柯,字敷英,万安人。正德十二年进士,授行人。嘉靖三年擢御史,疏言:'桂萼辈以议礼迎合,传升美官,薛蕙、陈相、段续、胡侍等连章论劾,实出至公。今佞人超迁而群贤获罪,恐海内闻之,谓陛下好谀恶直。愿采忠谠之言,消朋比之祸,特宽蕙等而听席书、方献夫辞职,除张璁、桂萼别任,则是非不谬,人情悦服。'忤旨切责。未几,有伏阙之事,再予杖除名。"穆宗即位,复官。卒,赠光禄少卿④。阳明卒后,其门人祭文中,有署名"王时柯等"之祭文一篇⑤;程辉《丧纪》云,"丁丑,榇抵吉安府螺川驿。……门人御史王时柯,庠生萧宠、萧荣、王舜鹏、袁登应、罗绷、谢廷昭、周文甫、王惠迪、刘德、蓝瑜、龙潢、龙渐、幕吏龙光,各就位哭奠"⑥。可见,此敷英,即王时柯。

范兆期 (《王阳明全集》上册,第115页;《王阳明全集(新编本)》第1

---

① 林庆彰《评陈荣捷著〈王阳明传习录详注集评〉》云,"第二○四条'复与于中、国裳论内外之说'。(页288)于中,日人皆以为姓王,[陈荣捷]先生则详加论证,以为'子中'之误。(页289)各条中此类之注甚多,皆纠正前人失误者,亦即本书注文最大之特色"。(《汉学研究》,台湾汉学研究中心,1984年,第2卷第1期,第334页)林氏以此为陈氏"纠正前人失误者",亦非。
② 陈荣捷撰:《王阳明传习录详注集评》,第298页。
③ 邓艾民撰:《传习录注疏》,第296页。
④ 张廷玉撰:《明史》第17册,第5089页。
⑤ 王守仁撰:《王阳明全集(新编本)》第4册,第1464页。
⑥ 同上书,第1475页。

册，第 111 页；陈荣捷《王阳明传习录详注集评》，第 244 条）

陈荣捷曰："范兆期，名引年，号半野。《年谱》嘉靖九年，记薛侃建精舍于天真山祀阳明，兆期等董其事。参看《阳明弟子传纂》卷一页三十五。"① 邓艾民曰："情况不详。"②

【补正】范引年，字兆期，号半野，浙江余姚人。正德十六年（1521）九月，阳明归余姚省祖茔，引年与夏淳、吴仁、柴凤、孙应奎等七十馀人来从学。嘉靖九年（1530），薛侃建天真精舍于杭州城南十里，以祀阳明，引年与董澐、刘侯、孙应奎、程尚宁、柴凤等董其事；二十一年（1542），引年以经师为有司延聘主青田教事，讲艺中时发阳明之旨，从游者甚众。建混元书院于青田，以祀阳明。引年卒，春秋配食③。

刘君亮 （《王阳明全集》上册，第 118 页；《王阳明全集（新编本）》第 1 册，第 114 页；陈荣捷《王阳明传习录详注集评》，第 256 条）

佐藤一斋曰："君亮，字元道，文录有与刘元道书，可考。王门又有刘邦采字君亮号师泉者，与元道别人。"④ 叶绍钧曰："刘君亮，字元道。"⑤ 陈荣捷曰："刘君亮，字元道。《全书》卷五有癸未《与刘元道书》。《明儒学案》卷十九有刘邦采字君亮，与此君亮不同。《年谱》嘉靖三年有刘侯入山养静之问，阳明答语与此条不同。刘侯当另是一人。三轮执斋指出《年谱》刘侯，但不云与刘君亮同是一人。中田胜与柳町达也则疑是一人。《儒林宗派》无刘君亮元道，亦无刘侯。刘侯见《阳明弟子传纂》目录，但不见《王文成传本》，此两书并无刘君亮元道。"⑥ 邓艾民曰："刘君亮，字元

---

① 陈荣捷撰：《王阳明传习录详注集评》，第 315 页。
② 邓艾民撰：《传习录注疏》，第 322 页。
③ 参《阳明先生年谱》及附录，《王阳明全集（新编本）》第 4 册，第 1291、1341、1348 页；黄宗羲撰：《明儒学案（修订本）》上册，第 219 页；邵廷采撰：《思复堂文集》，杭州：浙江古籍出版社，2010 年版，第 46 页；余重耀撰：《阳明弟子传纂》第 1 卷，《阳明先生传纂》附录，上海：中华书局，1924 年版，第 35 页。
④ 佐藤坦撰：《传习录栏外书》，《佐藤一斋全集》第 5 册，第 381 页。
⑤ 叶绍钧点注：《传习录》，第 224 页。
⑥ 陈荣捷撰：《王阳明传习录详注集评》，第 320—321 页。

道。王守仁有《与刘元道》一信（见《全书》卷五）。非《明儒学案》的郡丞刘君亮（名邦采）。"①佐藤氏、陈氏、邓氏均谓，此刘君亮非刘邦采。（刘邦采，字君亮，号师泉，江西安福人。阳明弟子。）

【补正】佐藤氏、叶氏、陈氏、邓氏诸人谓"刘君亮，字元道"，其理据似为嘉靖二年癸未阳明《与刘元道》书所言，与《传习录》此条所论相近。阳明《与刘元道》书云，"来喻：'欲入坐穷山，绝世故，屏思虑，养吾灵明。必自验至于通昼夜而不息，然后以无情应世故。'且云：'于静求之，似为径直，但勿流于空寂而已。'观此足见任道之刚毅，立志之不凡。且前后所论，皆不为无见者矣。可喜可喜！夫良医之治病，随其疾之虚实、强弱、寒热、内外而斟酌加减。调理补泄之要，在去病而已。初无一定之方，不问证候之如何，而必使人人服之也。君子养心之学，亦何以异于是！元道自量其受病之深浅、气血之强弱，自可如其所云者而斟酌为之，亦自无伤。且专欲绝世故、屏思虑，偏于虚静，则恐既已养成空寂之性，虽欲勿流于空寂，不可得矣。大抵治病虽无一定之方，而以去病为主，则是一定之法。若但知随病用药，而不知因药发病，其失一而已矣。闲中且将明道《定性书》熟味，意况当又不同。忧病，不能一一，信笔草草无次"②。而《阳明先生年谱》云，嘉靖三年甲申（1524）八月，刘侯有入山养静之问。阳明谓刘侯曰："君子养心之学如良医治病，随其虚实寒热而斟酌补泄之，是在去病而已，初无一定之方，必使人人服之也。若专欲入坐穷山，绝世故，屏思虑，则恐既已养成空寂之性，虽欲勿流于空寂，不可得矣。"③两相比较，《年谱》所记阳明答刘侯之言，即阳明《与刘元道》书中之语。唯阳明《与刘元道》书标明撰作时间为"[嘉靖二年]癸未"，且书中有"忧病，不能一一"之语，则其时阳明尚在守丧中；阳明在嘉靖三年四月服阕，而《年谱》将阳明答刘侯之言系于嘉靖三年甲申八月，其系年当有错误。吕妙芬据《寿昌县志》云，刘侯，字原道，又字

---

① 邓艾民撰：《传习录注疏》，第334页。
② 王守仁撰：《王阳明全集（新编本）》第1册，第204—205页。
③ 王守仁撰：《王阳明全集（新编本）》第4册，第1300—1301页。

伯元,浙江寿昌人。"受业王阳明。嘉靖十三年,提学林云同聘主天真书院"①。是故,刘侯即是刘元道,似可无疑;而所谓"刘君亮,字元道"之说,文献不足。若此刘君亮非刘邦采,则其名号、乡贯以及履历,尚待考证。

李侯璧 (《王阳明全集》上册,第118页;《王阳明全集(新编本)》第1册,第115页;陈荣捷《王阳明传习录详注集评》,第260条)

陈荣捷曰:"李侯璧,名珙,永康(浙江)人。馀不详。《王文成传本》卷二页十七有李洪,未审是否李珙之误。"②

【补正】李珙,字侯璧,号东溪,浙江永康人。"由岁贡授东乡训导,升溆浦教谕。嘉靖乙丑,诏拔异才以风郡吏,当道荐珙,擢大理评事。珙蚤有志理学,徒步见阳明先生于越,先生授以致良知之诀。珙悟,独居精思,尽得其旨。于是同门钱绪山、王龙溪辈推重之。在东乡,当道聘主豫章书院教事;及溆浦,日与同志订会。所至发明师训,听从者众。平居不事生业。死之日,惟曰:'只此见在良知,吾今紧密受用,性命皆了。'古所谓得正而毙者,珙之谓欤!所著有《质疑稿》若干卷"③。

柴鸣治 (《王阳明全集》上册,第127页;《王阳明全集(新编本)》第1册,第123页;陈荣捷《王阳明传习录详注集评》,第294条)

陈荣捷曰:"柴鸣治,不详。《儒林宗派》、《王文成传本》、《阳明弟子传纂》之阳明弟子名表,无姓柴者。"④ 邓艾民曰:"情况不详。"⑤

---

① 吕妙芬撰:《阳明学士人社群:历史、思想与实践》,北京:新星出版社,2006年版,第200、384页。
② 陈荣捷撰:《王阳明传习录详注集评》,第323页。
③ 参过庭训《本朝分省人物考》卷五十三、徐象梅《两浙名贤录》卷四、王崇炳《金华征献略》卷六,《续修四库全书》第534册,第468—469页;第542册,第137页;第547册,第108页。
④ 陈荣捷撰:《王阳明传习录详注集评》,第344页。
⑤ 邓艾民撰:《传习录注疏》,第371页。

【补正】《阳明先生年谱》"正德十六年辛巳九月"条,提及"柴凤"来见从学;《阳明先生年谱·附录一》"嘉靖九年庚寅五月"条,则提及同门"柴凤";程辉《丧纪》"[嘉靖八年]己丑正月癸丑"条,亦提及门人"柴凤"①。黄宗羲《明儒学案》云,"柴凤,字后愚,[浙江余姚人]。主教天真书院,衢、严之士多从之"②。然"后愚"作为别字,与"凤"之名不相应;而"鸣治"作为别字,则正与"凤"之名相应。兹疑柴凤,字鸣治,号后愚。不知是否。详情有待进一步考证。

钱友、钱子 (《王阳明全集》上册,第 136 页;《王阳明全集(新编本)》第 1 册,第 131 页;陈荣捷《王阳明传习录详注集评》,第 318 条)

佐藤一斋曰:"'钱友'、'钱子',并指德洪。"③陈荣捷曰:钱友、钱子,"佐藤一斋谓是钱德洪。然经东敬治指出,此处云在居夷之前,则此钱友必非钱德洪。盖此时德洪尚未来学也"④。邓艾民曰:钱友、钱子,"情况不详,非钱德洪。据《年谱》格竹事在一四九二年,钱德洪从学在一五二一年"⑤。

【补正】曾才汉校辑《阳明先生遗言录》云:"先生云:'某十五六岁时,便有志圣人之道,但于先儒格致之说若无所入,一向姑放下了。一日寓书斋,对数茎竹,要去格他理之所以然,茫然无所得。遂深思数日,卒遇危疾,几至不起,乃疑圣人之道恐非吾分所及,且随时去学科举之业,既后心不自已,略要起思,旧病又发,于是又放情去学二氏,觉得二氏之学比之吾儒反觉径捷,遂欣然去究竟其说。后至龙场,又觉二氏之学未尽。履险处危,困心衡虑,又豁然见出这头脑来,真是痛快,不知手舞足蹈。此学数千百年,想是天机到此,也该发明出来了,必非某之思虑所

---

① 王守仁撰:《王阳明全集(新编本)》第 4 册,第 1291、1341、1478 页。
② 黄宗羲撰:《明儒学案(修订本)》上册,第 219 页。
③ 佐藤坦撰:《传习录栏外书》,《佐藤一斋全集》第 5 册,第 390 页。
④ 陈荣捷撰:《王阳明传习录详注集评》,第 371 页。
⑤ 邓艾民撰:《传习录注疏》,第 405 页。

能及也。'"① 据《阳明先生遗言录》，阳明格竹乃其十五六岁时事，当成化二十二、二十三年。而据《阳明先生年谱》，钱德洪从学阳明在正德十六年九月，时阳明五十岁②。故佐藤一斋谓"钱友"、"钱子"并指钱德洪，非也；陈氏、邓氏谓"钱友"、"钱子"非指钱德洪，是也。

邵端峰 （《王阳明全集》上册，第 136 页；《王阳明全集（新编本）》第 1 册，第 132 页；陈荣捷《王阳明传习录详注集评》，第 319 条）

佐藤一斋曰："邵端峰，名字、乡贯未考。"③ 陈荣捷曰："邵端峰，不详。《儒林宗派》、《王文成传本》、《阳明弟子传纂》均无阳明弟子姓邵者。"④ 邓艾民曰，"情况不详"⑤。

【补正】邵锐，字思抑，号端峰，浙江仁和人。正德三年戊辰科会元、进士，改翰林院庶吉士。"时逆瑾擅政，而焦芳、刘宇深相结。芳子黄与宇子仁，皆为庶吉士，未几传旨俱授编修。锐以甲第列于仁上，亦并授焉，耻与为列，方具疏辞免。会伯兄钦至，以危言沮之，且曰：'以会元而得史职，非过忝也，公议自在，于汝何尤？' 寻以父丧守制。瑾败，诏革传奉官，亦并及之。言者以去非其罪，而锐竟不辩也。服阕，改宁国府推官，寻擢南京吏部文选司主事、转祠部员外郎，因病在告。庚辰，起为江西督学佥事，进福建副使，仍董学政。锐温良乐易，雅志作人，两为学使，皆以变化士习为先，取士必先行谊，多士翕然向风。历湖广参政、河南按察使、广东山东左右布政使，所至咸有惠政。升太仆寺卿，以病乞归。卒年五十四。赠都察院右副都御史，谥康僖。锐为人谦冲不伐、忠信直谅、笃孝于亲、婣睦宗党，不为皎皎之行，而伦谊克敦。其学无所不窥，与昆山魏校相友善，贻书往复，皆圣学精微、时政机要，不及时俗语。内行淳

---

① 王守仁撰:《王阳明全集（新编本）》第 5 册，第 1606 页。
② 王守仁撰:《王阳明全集（新编本）》第 4 册，第 1291 页。
③ 佐藤坦撰:《传习录栏外书》,《佐藤一斋全集》第 5 册，第 390 页。
④ 陈荣捷撰:《王阳明传习录详注集评》，第 371 页。
⑤ 邓艾民撰:《传习录注疏》，第 406 页。

备，耻于近名，天下以为真道学云。没之日，笥无数金，田仅百亩。身后之泽，谆谆语其子勿请乞也。人益高之"。①阳明官江西时，有《批提学佥事邵锐乞休呈》，略云："据江西按察司呈，看得提学佥事邵锐求归诚切，坚守《考盘》之操；而按察使伍文定挽留恳至，曲尽《缁衣》之情。是亦人各有志，可谓两尽其美。然求归者虽亦明哲保身，使皆洁身而去，则君臣之义或几乎息；挽留者虽以为国惜贤，使皆腼颜在位，则高尚之风亦日以微。况本院自欲求退而未能，安可沮人之求退。仰该司备行本官，再加酌量于去就之间，务求尽合于天理之至，必欲全身远害，则挂冠东门，亦遂听行所志。若犹眷顾宗国，未忍割情独往，且可见危受命，同舟共艰，稍须弘济，却遂初心，则临难之义，既无苟免于抢攘之日；而恬退之节，自可求伸于事定之馀。兴言及此，中心怆切！"②而《阳明先生年谱》"正德十五年庚辰九月"条则云，"是时陈九川、夏良胜、万潮、欧阳德、魏良弼、李遂、舒芬及裴衍日侍讲席，而巡按御史唐龙、督学佥事邵锐，皆守旧学相疑，唐复以彻讲择交相劝。先生答曰：'吾真见得良知人人所同，特学者未得启悟，故甘随俗习非。今苟以是心至，吾又为一身疑谤，拒不与言，于心忍乎？求真才者，譬之淘沙而得金，非不知沙之汰者十去八九，然未能舍沙以求金为也。'当唐、邵之疑，人多畏避，见同门方巾中衣而来者，俱指为异物。独王臣、魏良政、良器、锺文奎、吴子金等挺然不变，相依而起者日众"③。邵锐，乃阳明在江西时之属官。

曾才汉（《王阳明全集》上册，第143页；《王阳明全集（新编本）》第1册，第138页；陈荣捷《王阳明传习录详注集评》，第386页）

佐藤一斋曰："曾才汉，名号、乡贯未考。"④陈荣捷曰："曾才汉，不

---

① 徐象梅《两浙名贤录》卷三十七，《续修四库全书》第543册，第325—326页；又参沈朝宣《嘉靖仁和县志》卷九，《四库全书存目丛书》史部第194册，济南：齐鲁书社，1997年版，第143—144页。
② 王守仁撰：《王阳明全集（新编本）》第2册，第634页。
③ 同上书，第1286—1287页。
④ 佐藤坦撰：《传习录栏外书》，《佐藤一斋全集》第5册，第389页。

王阳明《传习录》人名考述补正　199

详。《儒林宗派》、《王文成传本》、《阳明弟子传纂》均无此人。"①邓艾民曰："情况不详。"②

【补正】谢旻、陶成纂修《(康熙)江西通志》卷五十四"嘉靖七年戊子乡试"云，"曾才汉，泰和人，参议"③。嵇曾筠等纂修《(雍正)浙江通志》卷五十八云，"泉溪，在[太平县]县治之南。《太平县志》：'明嘉靖间，知县曾才汉疏之。'"④曾国荃等纂修《(光绪)湖南通志》卷一百十六"职官志七·文职七·明四·世宗朝一"云，"曾才汉，泰和[人]，进士。右参议，分巡湖北道"⑤。曾国荃等纂修《(光绪)湖南通志》卷一百十七"职官志八·文职八·明五·世宗朝二"又云，"曾才汉，广西举人，茶陵州知州"⑥。(案：《(光绪)湖南通志》所谓"曾才汉，广西举人"，疑为"曾才汉，江西举人"之误。)罗洪先《诸儒理学要语序》云，"吾观泰和曾明卿所择诸儒理学要语，自宋至近世凡十有五家，意曰：'求于此者，亦已足乎！'吾以为苟得其人，自有择矣；非其人，不犹以为游谈乎？夫游谈者，不必其远于事之谓也，非吾之不容已者皆是也。呜呼！吾已不能自免于此，而暇忧人乎？明卿知吾，必有正之者"⑦。邹守益《诸儒理学语要序》云，"嘉靖甲辰，吾友曾明卿氏守茶陵，出其平日所抄诸儒要言，于宋自濂溪公而下得十人焉，于国朝自阳明公而上得五人焉，刻之洣江书院，以嘉惠诸生，其用心亦良苦矣"⑧。据此，曾才汉，字明卿，江西泰和人。嘉靖七年戊子举人。曾任浙江太平县知县、湖南茶陵州知州；湖广右参议，分巡湖北道。嘉靖二十三年甲辰（1544），编刻《诸儒理学语要》于洣江书院。嘉靖三十四年乙卯（1555），将黄直、钱德洪所纂阳明语录略加校订，

---

① 陈荣捷撰：《王阳明传习录详注集评》，第387页。
② 邓艾民撰：《传习录注疏》，第447页。
③ 谢旻、陶成纂修：《(康熙)江西通志》卷五十四，《景印文渊阁四库全书》第514册，第768页。
④ 嵇曾筠等纂修：《(雍正)浙江通志》，《景印文渊阁四库全书》第520册，第491页。
⑤ 曾国荃等纂修：《(光绪)湖南通志》卷一百十六，《续修四库全书》第664册，上海：上海古籍出版社，2002年版，第167页。
⑥ 曾国荃等纂修：《(光绪)湖南通志》卷一百十七，《续修四库全书》第664册，第175页。
⑦ 罗洪先撰：《罗洪先集》上册（徐儒宗编校整理），南京：凤凰出版社，2007年版，第479页。
⑧ 邹守益撰：《邹守益集》上册，第81页。

并题名为《阳明先生遗言录》，刊行于荆①。钱德洪在《传习录》卷下跋文中称曾才汉为"同门"②，则其为阳明弟子，可无疑也。吴震则曰："曾才汉（生卒不详），字明溪，号双溪，江西泰和人，进士出身，曾任茶陵州州守及太平县令。阳明弟子。"③曾国荃、吴震均谓曾才汉为"进士"，然而，朱保炯、谢沛霖编《明清进士题名碑录索引》之中④，并无曾才汉之名。

对于《传习录》所涉及之人名加以考述补正，为人们了解王阳明之弟子情况、了解王阳明之交游与交往情况、王阳明思想学术之传播情况，或许有所帮助。例如，闽中王门弟子，黄宗羲《明儒学案》云，"自子莘以外无著者焉"⑤。其实，《传习录》中之国英（陈杰）、志道（林达）即是闽中王门弟子，且志道乃林俊之子⑥。所可惜者，或因文献不足，或由见闻有限，《传习录》中尚有部分人物之姓名、字号、乡贯、履历，未能加以补正，如唐诩、萧惠、黄勉叔以及黄梅尹张君等等，此则有待博闻君子。

（本文原载景海峰编《燃薪集：深圳大学国学研究所30周年纪念文集》，北京：北京大学出版社，2014年12月）

---

① 参王守仁撰：《王阳明全集（新编本）》第1册，第138页；第5册，第1597—1607页。案：《阳明先生遗言录上》署名为"门人金溪黄直纂辑，门人泰和曾才汉校辑"；《阳明先生遗言录下》署名为"门人余姚钱德洪纂辑，门人泰和曾才汉校辑"。
② 参王守仁撰：《王阳明全集（新编本）》第1册，第138页。
③ 吴震撰：《〈传习录〉精读》，上海：复旦大学出版社，2011年版，第35页。案：吴震先生此所谓"字明溪"，疑为"字明卿"之误。
④ 朱保炯、谢沛霖编：《明清进士题名碑录索引》（全三册），上海：上海古籍出版社，2004年版。
⑤ 黄宗羲撰：《明儒学案（修订本）》上册，第655页。案：子莘，即马明衡。
⑥ 钱明"闽中王门"考，亦提及志道、国英为闽中王门弟子，谓"阳明《与马子莘》书中，也涉及两位闽中学者，因《传习录》上卷载有阳明与他俩的问答语，故亦可归入阳明早期弟子之列。其中字志道者，姓名不详，惟由阳明信函而知其为莆田人。另一位字国英者，姓陈名杰，号万严，莆田人，正德三年（1508）进士，授景陵知县，擢南御史，从阳明游，阳明称其'笃信好学，高洁自守'。"（钱明撰：《王阳明及其学派论考》，北京：人民出版社，2009年版，第395页）然而，钱氏关于志道之论述，乃语焉不详；关于国英之论述，则错误时见，既将其号"方岩"误作"万严"，又将其职"景宁知县"误作"景陵知县"。

王阳明《传习录》中卷论学书编年考证

王阳明《传习录》，乃吾人了解与研究阳明思想之重要著作。其上卷为语录，由阳明弟子徐爱、陆澄、薛侃所记录；中卷为阳明论学书，由阳明本人所撰；下卷亦为语录，由陈九川、黄直、黄修易、黄省曾以及钱德洪等人所录。其中，又以中卷所录阳明论学书最为重要。佐藤一斋曰，《传习录》"上册为文成中年语；下册则遗言，为绪山所选；惟此册皆其晚年亲笔，为极纯粹，且文能尽言，言能尽意，明畅详悉，无复馀蕴。……读者最宜潜心翫味，毋忽易"[1]。其言是也。《传习录》中卷所录阳明论学书共八首，笼统而言，皆阳明晚年著作；具体而论，其编年则说法不一。兹不揣浅陋，就见闻所及，对《传习录》中卷论学书之编年，略加考证。

一

国内外学术界中，较早注意《传习录》中卷论学书编年问题者，为日本佐藤一斋。佐藤一斋曾得见南大吉续刻《传习录》之嘉靖二十三年（1544）德安府重刊本。佐藤一斋于其《传习录栏外书》中抄录落款为"嘉靖三年冬十月十有八日，赐进士出身中顺大夫绍兴知府门人渭北南大吉谨序"之《刻传习录序》后，云："《年谱》曰，'嘉靖三年甲申十月，门人南大吉续刻《传习录》。《传习录》，薛侃首刻于虔，凡三卷。至

---

[1] 佐藤坦撰：《传习录栏外书》（山崎道夫校注），《佐藤一斋全集》第5卷，日本：明德出版社，1998年版，第362页。

是年，大吉取先生论学书，复增五卷，续刻于越'。愚今检南本，序明言讨论之书为既刻，则薛刻于虔者四卷，而南刻于越者亦四卷也。其曰'三卷'、曰'五卷'者，谬矣。《年谱》又以《答顾东桥书》系之嘉靖四年乙酉，《答欧阳崇一书》、《答聂文蔚书》系之五年丙戌；而元善续刻则在嘉靖甲申矣。续刻之为甲申，正与南序合，乃知三书之在乙酉、丙戌，亦并谬矣。"[1]显然，佐藤一斋将其所得见之嘉靖二十三年（1544）德安府重刻本南大吉兄弟续刻《传习录》，完全等同南大吉兄弟嘉靖三年（1524）十月续刻《传习录》，而忽略古籍之重刻本多有增删之例，质疑《阳明先生年谱》之可靠性，作出"《年谱》又以《答顾东桥书》系之嘉靖四年乙酉，《答欧阳崇一书》、《答聂文蔚书》系之五年丙戌；而元善续刻则在嘉靖甲申矣。续刻之为甲申，正与南序合，乃知三书之在乙酉、丙戌，亦并谬矣"之论断。

中国学者中，较早注意《传习录》中卷论学书编年问题者，为钱穆先生。钱先生《读阳明〈传习录〉》云，"《年谱》：世宗嘉靖三年甲申十月，门人南大吉续刻《传习录》。注：《传习录》，薛侃首刻于虔，凡三卷。至是年，大吉取先生论学书，复增五卷，续刻于越。此即今传《传习录》之中卷。时阳明年五十四。惟此卷复经钱德洪增删。今《传习录》中卷开首有德洪一短记，谓南元善刻《传习录》于越，凡二册。下册摘录先师手书凡八篇，其《答徐成之》二书，经德洪删去，而增录《答聂文蔚》第二书。今按：答聂第二书既系德洪增入，而今传刻本于答聂第二书后，有'右南大吉录'一行，此谓本卷以上各书皆由南大吉所录。足证今刻本《传习录》卷中，又经后人手，遂有此误，疑非德洪增删时之原本矣。又按：德洪所记，南大吉原录答周道通、陆清伯、欧阳崇一四书，又答罗整庵及聂文蔚第一书，又删答徐成之二书，共八篇。然据《年谱》，《答顾东桥书》在嘉靖四年乙酉之九月，而南大吉续刻《传习录》在上年之十月，今《答顾东桥》一书，襄然列于《传习录》中之首篇，宜亦德洪所增入。

---

[1] 佐藤坦撰：《传习录栏外书》，《佐藤一斋全集》第5卷，第347页。

盖以替代南大吉之以《答徐成之》二书列册首也"①。又云,"更可疑者,乃在《答聂文蔚》之第一书,据《年谱》,乃在嘉靖五年丙戌之八月,尚在《答顾东桥书》后一年。又文蔚原与阳明不相识,是年夏,以御史巡抚福建,渡钱塘来见阳明,别后致书,则其第一书明在是年之八月可知。此岂两年前南大吉续刻《传习录》时所能有?《年谱》亦德洪手编,乃与其改编南刻《传习录》时之短记彼此相牾,岂德洪删南刻,尚有一篇未说及,抑南刻所录阳明书共止七篇,抑别有致误之故,则不可详矣。然答顾东桥及答聂文蔚三书,皆与阳明在嘉靖六年丁亥九月在天泉桥与王龙溪、钱德洪论四句教之时间极相近,斯诚阳明晚年思想,不可不深细玩味也"②。钱穆先生质疑《答顾东桥书》、《答聂文蔚》第一书为南大吉嘉靖三年十月序刊本续刻《传习录》辑录之可能性,相信《阳明先生年谱》系年之准确性,因而有《答顾东桥书》、《答聂文蔚》均为钱德洪编辑《传习录》时所"增入"之说法。

随后,陈荣捷先生、陈来先生亦对《传习录》中卷论学书编年问题有所注意。(相关说法详后)陈荣捷先生、陈来先生之说大体相同,较多地受佐藤一斋《传习录栏外书》相关说法之影响。他们以为,《阳明先生年谱》关于《答顾东桥书》、《答欧阳崇一》与《答聂文蔚》之系年都在嘉靖四年之后,均晚于南大吉兄弟嘉靖三年十月续刻《传习录》,而钱德洪《传习录》中卷序、佐藤一斋《传习录栏外书》均谓南大吉续刻《传习录》经已收录此数篇论学书,因此,两位陈先生或作出《年谱》系此诸书之年与系南刻之年"二者必有一误"、或作出"凡此皆与三年续刻之说无可相合也"之论断。与佐藤一斋相同,两位陈先生似亦将嘉靖二十三年德安府重刻本南大吉兄弟续刻《传习录》,等同南大吉兄弟嘉靖三年十月序刊本续刻《传习录》,似亦忽略古籍之重刻本多有增删之例。其中,又以陈荣捷先生为甚。

可见,人们多以通行本《传习录》中卷所录阳明论学书,为南大吉嘉

---

① 钱穆撰:《中国学术思想论丛》第7卷,合肥:安徽教育出版社,2004年版,第85—86页。
② 同上书,第86页。

靖三年十月序刊本续刻《传习录》经已收录,然而取以与《阳明先生年谱》系年相比照,则发现彼此不相符合,进而多怀疑年谱所系年月之可靠性。此乃将嘉靖二十三年德安府重刻本南大吉兄弟续刻《传习录》,等同南大吉兄弟嘉靖三年十月序刊本续刻《传习录》所致。其实,误将南大吉兄弟续刻《传习录》之重刊本,等同南大吉兄弟嘉靖三年十月序刊本续刻《传习录》,阳明弟子钱德洪已然。钱德洪所撰《传习录》中卷序云:"德洪曰:昔南元善刻《传习录》于越,凡二册。下册摘录先师手书,凡八篇。其答徐成之二书,吾师自谓:'天下是朱非陆,论定既久,一旦反之为难。二书姑为调停两可之说,使人自思得之。'故元善录为下册之首者,意亦以是欤?今朱、陆之辨明于天下久矣。洪刻先师《文录》,置二书于外集者,示未全也,故今不复录。其馀指知行之本体,莫详于答人论学与答周道通、陆清伯、欧阳崇一四书;而谓格物为学者用力日可见之地,莫详于答罗整庵一书。平生冒天下之非诋推陷,万死一生,遑遑然不忘讲学,惟恐吾人不闻斯道,流于功利、机智,以日堕于夷狄、禽兽而不觉,其一体同物之心,譊譊终身,至于毙而后已,此孔、孟以来圣贤苦心,虽门人子弟未足以慰其情也。是情也,莫详于答聂文蔚之第一书。此皆仍元善所录之旧。而揭'必有事焉'即'致良知'功夫,明白简切,使人言下即得入手,此又莫详于答文蔚之第二书,故增录之。元善当时汹汹,乃能以身明斯道,卒至遭奸被斥,油油然惟以此生得闻斯学为庆,而绝无有纤芥愤郁不平之气。斯录之刻,人见其有功于同志甚大,而不知其处时之甚艰也。今所去取,裁之时义则然,非忍有所加损于其间也。"① 序中谓今本《传习录》中卷八篇书信,答人论学、答周道通、答陆清伯(二首)、答欧阳崇一、答罗整庵以及答聂文蔚之第一书,"皆仍元善所录之旧";惟答聂文蔚之第二书,由钱氏本人增录。加上钱德洪序之开头,有"昔南元善刻《传习录》于越,凡二册。下册摘录先师手书,凡八篇"之说,使人误以答人论学、答周道通、答陆清伯(二首)、答欧阳崇一、答罗整庵以及答聂文蔚之第一书,均为

---

① 王守仁撰:《王阳明全集(新编本)》第 1 册(吴光、钱明、董平、姚延福编校),杭州:浙江古籍出版社,2010 年版,第 44—45 页。

南大吉在嘉靖三年十月序刊本续刻《传习录》所收录。如山下龙二先生、钱明先生所云，钱德洪重编《传习录》时所见之南大吉续刻《传习录》，并不是嘉靖三年十月序刊本续刻《传习录》，而是南大吉续刻《传习录》之重刊本①。因此，钱德洪《传习录》中卷序所说，并不完全可靠。

二

王阳明《传习录》中卷论学书之辑录，前后经历过三次较为重要之变迁。兹简述其变迁情形如下：

一、**嘉靖三年十月南大吉序刊本续刻《传习录》**。嘉靖三年十月南大吉序刊本续刻《传习录》，分上下二册，其完整本是否留存，有待考证。然其下册尚残存世间，此即台北国家图书馆藏明刊本《传习录》是也。台北国家图书馆藏明刊本《传习录》，现存下册四卷，其卷一为《答徐成之书》（二首）、《答罗整庵少宰书》；卷二为《答人论学书》（即《答顾东桥书》）；卷三为《答周道通书》、《答陆原静书》（二首）；卷四为《示弟立志说》、《训蒙大意示教读刘伯颂等》、《教约》。隆庆五年（1571），冯柯（字子新，号宝阴，浙江慈溪人）撰作《求是编》，批评阳明之《传习录》。《求是编》卷四之末云："或曰：《传习录》近有增定者，视旧加详而辩不及，何也？曰：余所辩《传习录》，盖上册是阳明在赣时其徒徐曰仁、陆原静、薛尚谦之所录，而下册则阳明归越而郡守南元善益以问答诸书者也。观其序云'师之在日，精神足以自致，尚不能无赖于是录之助'，则是录实阳明亲所裁定，而犹有遗论若此，况今所增定乃出于其没后钱德

---

① 日本山下龙二先生曰，"事实上，钱氏所见南本与德安府重刊本皆为别本，德安府重刊本不过比钱氏所见南本增加了些内容"。（山下龙二《〈王文成公全书〉的成立——兼述〈传习录〉的形成》，吴震、吾妻重二主编：《思想与文献：日本学者宋明儒学研究》，上海：华东师范大学出版社，2010年版，第302页）钱明先生曰，"钱德洪在重编《传习录》时，也无意中把改编本当作了原刻本"。（钱明撰：《阳明全书成书经过考》，《王阳明全集》下册［吴光、钱明、董平、姚延福编校］，上海：上海古籍出版社，1992年版，第1638页）

洪、王汝中之手，其又何足以为据而与之辩哉？"[①]然则，冯柯批评《传习录》，所依据者，应为南大吉嘉靖三年十月序刊本续刻《传习录》之原始版本。而从《求是编》所选录或摘录之阳明言论观之，其涉及书信者，有《答徐成之》（二）、《答罗整庵少宰书》、《答顾东桥书》、《答周道通书》、《答陆原静书》（一、二），无《答欧阳崇一》以及《答聂文蔚》（一、二）[②]。两相比照，可知台北国家图书馆藏明刊本《传习录》，当即南大吉嘉靖三年十月序刊本续刻《传习录》。台北国家图书馆藏明刊本《传习录》，亦无《答欧阳崇一》以及《答聂文蔚》（一、二）。

二、南大吉续刻《传习录》之嘉靖二十三年德安府重刊本。限于条件，此本未曾得见。佐藤一斋《传习录栏外书》云，"愚往得南元善兄弟校《传习录》二册，系嘉靖二十三年德安府重刊本。上册分为四卷：第一、徐曰仁录；第二、陆原静录；第三、薛尚谦录；第四、则为《答欧阳崇一书》一首，《答聂文蔚书》三首。下册亦分为四卷：第一、《答徐成之书》二首，《答储柴墟书》二首，《答何子元书》一首，《答罗整庵书》一首；第二、《答人论学书》一首；第三、《答周道通书》一首，《答陆原静书》二首；第四、则为《示弟立志说》四则，《训蒙大意》六则。案南元善序曰'是录也，门弟子录阳明先生问答之辞、讨论之书，而刻以示诸天下者也'；又曰'命逢吉弟校续而重刻之，以传诸天下'。据此，上册所收讨论之书，乃系门弟子旧录；下册四卷则出于元善兄弟，所云'续而刻之'是也。文

---

① 冯柯撰：《求是编》，冈田武彦、荒木见悟主编：《和刻影印近世汉籍丛刊·思想三编》第15册，日本京都：中文出版社，1977年影印本，第337—338页；冯柯《贞白五书·求是编》，张寿镛辑《四明丛书》第22册，扬州：广陵书社，2006年影印本，第13354页。

② 冯柯撰：《求是编》，冈田武彦、荒木见悟主编：《和刻影印近世汉籍丛刊·思想三编》第15册，第240—334页；冯柯《贞白五书·求是编》，张寿镛辑《四明丛书》第22册，第13331—13353页。又参林月惠撰：《诠释与工夫：宋明理学的超越蕲向与内在辩证》，台北：中央研究院文哲研究所，2008年版，第143—146页。案：冯柯《求是编》中，最后一条，即"良知者，孟子所谓'是非之心，人皆有之'者也。是非之心，不待虑而知，不待学而能，是故谓之良知"条，（《和刻影印近世汉籍丛刊·思想三编》第15册，第334—338页；《四明丛书》第22册，第13353—13354页）并非出自阳明《传习录》，而是出自《大学问》。《大学问》乃阳明于嘉靖六年（1527）起复征思、田，即将离浙江赴广西时所作。（参王守仁撰：《王阳明全集（新编本）》第3册，第1014页）文

成公《寄陆原静书》曰,'南元善曾将原静后来论学数条刊入后录中';又《答王虈庵书》曰,'谨以新刻小书二册,奉求教正。盖鄙心之所欲效者,亦略具于中矣'。并正谓此本也。又案上册三卷,与今行诸本大同小异;至第四卷书类,则今行本移之中卷。下册与今行本中卷编次前后不同,盖皆出于钱绪山所改订。又今行本下卷语录,绪山名之曰'续录',编成于嘉靖三十五年丙辰,后文成之殁,实二十九年,故南本无是续录也。"①据佐藤一斋之说,南大吉续刻《传习录》之嘉靖二十三年德安府重刊本,较南大吉嘉靖三年十月序刊本《传习录》,多收阳明书信六首,即《答欧阳崇一书》、《答聂文蔚书》(二首)、《答储柴墟书》(二首),《答何子元书》。②

三、明隆庆二年郭朝宾等杭州刊本《王文成公全书》。其《传习录》部分,与隆庆六年谢廷杰刊本《王文成公全书》内容基本相同③。所不同

---

① 佐藤坦撰:《传习录栏外书》,《佐藤一斋全集》第5卷,第346页。案:对于南大吉续刻《传习录》之嘉靖二十三年德安府重刊本,张克伟先生曰,"日本内阁记录课藏明嘉靖二十三年刊本,该本共分六卷:卷一为徐爱所录,共十二条;卷二为陆澄所录,共四十二条;卷三为薛侃所录,共二十五条;卷四为《示弟立志说》及《训蒙大意》;卷五为《答罗整庵书》;卷六为《答友人论学书》。卷首有南大吉撰《续刻传习录序》、《初刻传习录序》,徐爱(字曰仁,1487—1517)撰序并引言"。(张克伟撰:《王阳明〈传习录〉之刊刻过程及其主要版本胪论》,《四川图书馆学报》,1992年第5期,第65页)钱明先生曰,日本内阁文库藏续刻《传习录》分六卷,"前三卷为徐爱等所录,与今本《传习录》上卷同。后三卷收录了《答徐成之》二书、《示弟立志说》、《训蒙大意》、《答罗整庵书》和《答友人论学书》"。(钱明撰:《阳明全书成书经过考》,《王阳明全集》下册,上海古籍出版社本,第1637页)张先生、钱先生所述,似属相同版本之《传习录》。唯张先生所述,未提及《答徐成之》一书。然则,张先生、钱先生所述,与佐藤一斋所见版本之卷数、篇目、编次,均有不同。
② "《答聂文蔚》(二首)",佐藤一斋原文作"《答聂文蔚》三首",因佐藤氏将阳明《答聂文蔚》第二书分为二首。又:钱德洪于《传习录》中卷小序中,谓《答聂文蔚》第二书乃钱氏本人增录,非南大吉本《传习录》原有;而据佐藤一斋,南大吉续刻《传习录》之德安府重刊本经已收录《答聂文蔚》第二书,且多《答储柴墟书》(二首)、《答何子元书》。然则,钱德洪所见南大吉续刻《传习录》之重刊本,与佐藤一斋所见本应非同一版本,而属于较早之刊本。
③ 此处,将郭朝宾本之刊刻时间系于隆庆二年(1568)、将谢廷杰本之刊刻时间系于隆庆六年(1572),系采用传统说法。据朱鸿林先生考证,郭朝宾本并非刊刻于隆庆二年,而是刊刻于隆庆六年;谢廷杰本亦非刊刻于隆庆六年,而是刊刻于万历元年(1573)。(参朱鸿林《〈王文成公全书〉刊行与王阳明从祀争议的意义》,《中国近世儒学实质的思辨与习学》,北京:北京大学出版社,2005年版,第317—322页)

者，郭朝宾刊本于"王文成公全书卷之一·语录一·传习录上"之后，署名"门人余姚徐爱传习"、"揭阳薛侃茸录"、"余姚钱德洪编次"、"山阴王畿增茸"、"南昌唐尧臣校阅"，分五行书之；于"王文成公全书卷之二·语录二·传习录中"之后，署名"门人余姚钱德洪编次"、"渭南南大吉茸录"、"安成邹守益校正"、"山阴王畿增茸"、"余姚孙应奎校阅"，分五行书之；于"王文成公全书卷之三·语录三·传习录下"之后，署名"门人余姚钱德洪续录"、"临川陈九川茸录"、"泰和欧阳德校正"、"山阴王畿增茸"、"余姚严中校阅"，分五行书之。其《传习录》中卷，收录阳明论学书八首，即《答顾东桥书》、《答周道通书》、《答陆原静书》（二首）、《答欧阳崇一》、《答罗整庵少宰书》、《答聂文蔚》（二首）。

附：《传习录》辑录阳明论学书变迁表

篇　　名	南大吉序刊本	德安府重刊本	王文成公全书
《答徐成之书》（二首）	√	√	
《答罗整庵少宰书》	√	√	√
《答人论学书》（即《答顾东桥书》）	√	√	√
《答周道通书》（或作《启问道通书》）	√	√	√
《答陆原静书》（二首）	√	√	√
《答欧阳崇一》		√	√
《答聂文蔚》（二首）		√	√
《答储柴墟书》（二首）		√	
《答何子元书》		√	

由上可见，据台北国家图书馆藏明刊本《传习录》下册，《传习录》中卷所收录八首阳明论学书中，有五首，即《答罗整庵少宰书》、《答顾东桥书》（或作《答人论学书》）、《答周道通书》（或作《启问道通书》）、《答陆原静书》（二首），已为嘉靖三年十月南大吉序刊本《传习录》所收录。换言之，此五首书信，其撰作时间在南大吉序刊本续刻《传习录》编辑、刊刻完成之前，则无可疑议也。此为吾人考定《传习录》中卷论学书编年之关键证据。然而，南大吉序刊本续刻《传习录》之刊刻完工

于何时？嘉靖三年甲申，王阳明《答王鏊庵中丞》书云，"谨以新刻小书二册奉求教正。盖鄙心之所欲效者，亦略具于其中矣"①。若此所谓"新刻小书二册"，是指南大吉序刊本续刻《传习录》，则南大吉序刊本续刻《传习录》之刊刻完工于嘉靖三年年底。不然，南大吉序刊本续刻《传习录》之刊刻完工时间，最晚亦应在嘉靖四年年底之前。理据为，阳明弟子孙应奎在嘉靖四年年底，曾获阳明手赠《传习录》②；而据孙应奎嘉靖三十年为蔡汝楠校刻本《传习录》所作之序（《刻阳明先生传习录序》），阳明所赠即南大吉序刊本续刻《传习录》。（详见考证"答顾东桥书"之引述。）

三

既然钱德洪、佐藤一斋所见南大吉续刻《传习录》为嘉靖二十三年重刊本，而古籍重刊本往往会有增删。南大吉续刻《传习录》之嘉靖二十三年重刊本，并非其嘉靖三年南大吉序刊本续刻《传习录》之重印本或翻刻本，而为增订本。因此，吾人考证《传习录》中卷论学书之编年时，不能以南大吉续刻《传习录》之嘉靖二十三年重刊本为参照，而应当以其它资料为依据。相关考证如下：

---

① 王守仁撰：《王阳明全集（新编本）》第3册，第862页。
② 孙应奎获阳明手赠《传习录》事，其《燕诒录引》云："既弱冠，应奎举于乡，［先大人栖溪先生］又命之曰：'阳明王先生倡道越中，豪杰景从，汝盍往师之？'应奎祇命，入谒先生，留侍侧授餐，随事发明，近暮而退。如此者二日，而先生无倦容，有终日言□不出此图之意。予闻之，心戚戚焉，机不自已，乃请师焉。先生引至天泉楼，授经文至'致知格物'而止，示之曰：'学问宗旨全在此四字。'然应奎未能问也。此在嘉靖乙酉岁十月也。踰月会试，行。先大人携之过越，命人请一言以训。应奎登堂立候移时，先生瞷之始见，率以'离师辅学，易失宗致'勉。乃手授二书，其一《传习录》，盖论学语而门人记之也"。（孙应奎撰：《燕诒录》卷首，《四库全书存目丛书》集部第90册，济南：齐鲁书社，1997年版，第532页）据此记载，则孙应奎师事阳明并获赠《传习录》事，在嘉靖四年年底。案：据《阳明先生年谱》以及《年谱附录一》，正德十六年辛巳九月，阳明归余姚省祖茔时，孙应奎已经从学于阳明。（参王守仁撰：《王阳明全集（新编本）》第4册，第1291、1347页）

答顾东桥书

顾璘，字华玉，号东桥居士，苏州人，寓居上元。对于阳明《答顾东桥书》，陈荣捷先生曰，"《年谱》系此书于嘉靖四年（1525）九月。是年阳明在越，九月归余姚省墓。《年谱》系南大吉续刻《传习录》于嘉靖三年（1524），尚在此书之前一年，何以能采录此书？故两者必有一误"①；陈来先生亦曰，"《传习录》书札之另一问题，为所收书之年月往往有与《传习录》刊行年月不合者。如其中最重要的《答顾东桥书》，《年谱》谓作于嘉靖四年乙酉，而《年谱》又谓南大吉《续刻传习录》在嘉靖三年甲申，今存南序亦明云'嘉靖三年冬十月十有八日，赐进士出身中顺大夫绍兴知府门人渭北南大吉谨序'，若续刻在三年，如何能收入四年所作之书？"②两位陈先生所疑，不无理由。目前，有助于吾人了解阳明《答顾东桥书》编年之相关资料确实不多。较为重要者有，嘉靖三十年（1551）夏五月壬寅，孙应奎为蔡汝楠校刻本《传习录》作序（即《刻阳明先生传习录序》）云，"应奎不敏，弱冠始知有所谓圣贤之学。时先生倡道东南，因获师事焉。忆是时先生独引之天泉楼，口授《大学》首章至'致知格物'，曰：'知者，良知也，天然自有即至善也。物者，良知所知之事也；格者，格其不正以归于正也。格之，斯实致之矣。'及再见，又手授二书，其一《传习录》。且曰：'是《录》，吾之所为学者，尔毋徒深藏之可也。'应奎请事于斯几三十年，每思讲授至意，恐卒为先生罪人，故有独苦心而莫敢以语人者。……兹应奎较艺衡水，涉洞庭、登祝融、访石鼓，跂乎濂溪之上，有馀慨焉。道不加闻而年则逮矣，固愿窃有豪杰者出，以翼吾之往也。同志蔡子子木守衡，则已群多士而摩之以性命之学，亦浸浸乎有兴矣。应奎因乐与成之，乃出先生旧所手授《传习录》，俾刻置石鼓书院"③。蔡汝楠校刻本《传习录》，又称"衡湘书院本"。限于条件，此本亦未曾得见。吴

---

① 陈荣捷撰：《王阳明传习录详注集评》，台北：学生书局，2006年修订版，第164页。
② 陈来撰：《有无之境：王阳明哲学的精神》，北京：人民出版社，1991年，第381页。
③ 王守仁撰：《王阳明全集（新编本）》第6册，第2101—2102页。

震先生曰，衡湘书院本《传习录》"收有后被钱德洪删除的《答徐成之》二书，所收书信的年限为嘉靖四年，即《答顾东桥书》，而未收嘉靖五年之后的《答欧阳崇一》、《答聂文蔚一》、《答聂文蔚二》。由此推测，南［大吉］本序在嘉靖三年，刊行或在嘉靖四年"。吴先生又曰，据孙应奎序，衡湘书院本《传习录》之底本"当是阳明于嘉靖四年授予应奎的原本"，"或许最为接近南［大吉］本原貌"①。依据古人刻书，有序作于前、书刻于后之例，吴先生关于"南［大吉］本序在嘉靖三年，刊行或在嘉靖四年"之说，不能说不合情理。若吴先生之说近实，则《阳明先生年谱》将《答顾东桥书》系于嘉靖四年乙酉九月②，并非完全不可信从。当然，若南大吉序刊本续刻《传习录》之刊刻完工于嘉靖三年年底，则《答顾东桥书》之撰作，应在南大吉序刊本续刻《传习录》之编辑、刊刻之前。吾人偏向于后者。理由是，根据台北国家图书馆藏明刊本《传习录》下册，其书信部分均按撰作年月之先后编辑。其中《答徐成之书》（二首）作于正德六年辛未（1511）或七年壬申（1512）③，《答罗整庵少宰书》作于正德十五年庚辰（1520）六月，《答周道通书》作于嘉靖三年春夏之间，《答陆原静书》（二首）亦作于嘉靖三年（1524）关于阳明《答罗整庵少宰书》、《答周道通书》以及《答陆原静书》撰作时间之相关考证，详后。而《答顾东桥书》（《答人论学书》）则置于《答罗整庵少宰书》与《答周道通书》之间，据此，《答顾东桥书》应作于嘉靖三年春夏间《答周道通书》之前。又《答顾东桥书》中有"来书

---

① 吴震撰：《〈传习录〉精读》，上海：复旦大学出版社，2011年版，第31页。
② 王守仁撰：《王阳明全集（新编本）》第4册，第1303—1307页。
③ 阳明《答徐成之书》，《王文成公全书》将其编年为"壬午"，即嘉靖元年（1522），（王守仁撰：《王文成公全书》，上海：商务印书馆，"四部丛刊初编"缩印本，1936年版，第3册，第638—642页；《王阳明全集（新编本）》第3册，第843—848页）非是；《阳明先生年谱》将其系于正德六年辛未；（《王阳明全集（新编本）》第4册，第1238—1239页）山本正一则以为作于壬申，且曰《王文成公全书》之编年"壬午"，乃为"'壬申'之误"。（山本正一《王阳明》。转引自山下龙二《〈王文成公全书〉的成立——兼述〈传习录〉的形成》，吴震、吾妻重二主编：《思想与文献：日本学者宋明儒学研究》，第307—308页）以作于正德六年或七年为是。

云：所释《大学》古本，谓'致其本体之知'，此固孟子尽心之旨"之说，所谓"致其本体之知"一语，不见于阳明正德十三年庚寅（1518）七月所作《大学古本序》①，而见于其修改后之《大学古本序》②。据阳明正德十六年辛巳（1521）《与陆清伯书》"屡得书，见清伯所以省愆罪己之意，可谓真切恳到矣。即此便是清伯本然之良知。凡人之为不善者，虽至于逆理乱常之极，其本心之良知，亦未有不自知者。但不能致其本然之良知，是以物有不格、意有不诚，而卒入于小人之归。故凡致知者，致其本然之良知而已。《大学》谓之'致知格物'，在《书》谓之'精一'，在《中庸》谓之'慎独'，在《孟子》谓之'集义'，其工夫一也。向在南都，尝谓清伯吃紧于此。清伯亦自以为既知之矣。近睹来书，往往似尚未悟，辄复赘此，清伯更精思之。《大学古本》一册寄去，时一览。近因同志之士多于此处不甚理会，故序中特改数语。有得，便中写知之。冀惟乾事，善类所共冤，望为委曲周旋之"③，则《大学古本序》之修改在正德十六年④。然则，《答顾东桥书》应作于正德十六年修改《大学古本序》之后。由此可见，《答顾东桥书》应作于正德十六年修改《大学古本序》之后、嘉靖三年春夏间《答周道通书》之前。（其

---

① 阳明正德十三年庚寅七月所作《大学古本序》，见罗钦顺《困知记》三续。（罗钦顺撰：《困知记》，北京：中华书局，1990年版，第95页）
② 王守仁撰：《王文成公全书》，上海：商务印书馆，1936年"四部丛刊初编"缩印本，第2册，第241页。案：《王阳明全集（新编本）》将"致"字误作"至"。（王守仁撰：《王阳明全集（新编本）》第1册，第258页）
③ 王守仁撰：《王阳明全集（新编本）》第3册，第1060页。案："冀惟乾"，原误作"季惟乾"，径改。
④ 刘勇先生依据李梦阳《白鹿洞书院新志》、郑廷鹄《白鹿洞志》以及孙家骅等主编《白鹿洞书院碑刻摩崖选集》等资料，考证阳明修改其《大学古本序》之时间"在正德十六年，而且很可能就在该年五月阳明赴［白鹿］洞讲学前后"。（刘勇撰：《中晚明时期的讲学宗旨、〈大学〉文本与理学学说建构》，《中央研究院历史语言研究所集刊》，2009年9月，第八十本第三分，第424页注解）邓艾民先生则以为，《大学古本序》之最后修订应在嘉靖二年。（参邓艾民撰：《传习录注疏》，基隆：法严出版社，2000年版，第159页）其依据疑为阳明嘉靖二年《寄薛尚谦（癸未）》所谓"致知二字，是千古圣学之秘，向在虔时终日论此，同志中尚多有未彻。近于古本序中改数语，颇发此意，然见者往往亦不能察。今寄一纸，幸熟味"之说。（王守仁撰：《王文成公全书》第1册，第208页；王守仁撰：《王阳明全集（新编本）》第1册，第213页）

具体年月，尚有待进一步考证）①。

答周道通书

周衝，字道通，号静庵，宜兴人。陈荣捷先生以为《答周道通书》应作于嘉靖三年甲申之后，理由是嘉靖三年正月"道通方受业，书中有云'春间再承教益'，可知此书必在甲申以后"②；陈来先生亦以为《答周道通书》应作于嘉靖三年之后，依据为"据此书中云'若是未知格物则是致知工夫亦未尝知也。近有一书与友人论此颇详，今往一通'，注家向谓此所谓与友人论格物致知书即与顾东桥书，是则启周道通书当作于与顾东桥书之后，今《年谱》云与顾书在[嘉靖]四年，而异本云与周书在三年，是其间亦有抵牾之处"③。其言外之意为，阳明《答周道通书》应作于嘉靖三年、甚至四年之后。陈来先生谓"注家向谓此所谓与友人论格物致知书即与顾东桥书"。此说见解不一。阳明"此所谓与友人论格物致知书"，或许是指《答顾东桥书》；当然，也有可能不是指《答顾东桥书》。佐藤一斋《传习录栏外书》注解"近有一书"云，"文成论格致书，检《全书》，不止十数。本文'一书'，今未审的指何书"④；东正纯《传习录参考》则云，"致我心之良知于事事物物，事事物物得我心之良知而得其正。文成一生所说，千言万语，不出此数句，可谓格致之真诠也。与友人一书，世以为不审何人，而今据此，则为答罗整庵无疑也"⑤。薛侃、王畿在嘉靖十六年（1537）编辑、刊刻《阳明先生则言》，将阳明《答罗整庵少宰书》题为"答格物书"⑥；钱德洪《传习录》中卷序云，"而谓格物为学者用力日可见

---

① 据《千顷堂书目》，有《顾东桥年谱行状》一卷。（黄虞稷撰：《千顷堂书目》，上海：上海古籍出版社，1990年版，第273页）不知此书尚存世间否。若存，对考定阳明《答顾东桥书》之确切撰作时间，或有所帮助。
② 陈荣捷撰：《王阳明传习录详注集评》，第202页。
③ 陈来撰：《有无之境：王阳明哲学的精神》，第381页。
④ 佐藤坦撰：《传习录栏外书》，《佐藤一斋全集》第5卷，第347页。
⑤ 东正纯撰：《传习录参考》，《泽泻先生全集》上册，日本：川冈事务所，1918年版，第647页。
⑥ 王守仁撰：《阳明先生则言》（薛侃、王畿编辑），《续修四库全书》第937册，上海：上海古籍出版社，2002年影印本，第391—394页。

之地，莫详于答罗整庵一书"①。然则，东正纯之说不能说无据。由于《答顾东桥书》有可能作于正德十六年修改《大学古本序》之后、嘉靖三年春夏间之前，故阳明《答周道通书》中"此所谓与友人论格物致知书"，不论是否指《答顾东桥书》，均不能因此而断定《答周道通书》作于嘉靖四年之后。是故，陈来先生所谓"启周道通书当作于与顾东桥书之后，今《年谱》云与顾书在[嘉靖]四年"，暗示《答周道通书》作于嘉靖四年之后之说，值得商榷。陈荣捷先生以为《答周道通书》应作于嘉靖三年之后，理由是嘉靖三年正月"道通方受业"。其实，周道通之从学阳明，并非嘉靖三年。湛若水《明唐府纪善进长史俸静庵周君墓碑铭》云，"正德庚午，领应天乡荐。明年会试中乙榜，授江西万安训导。……庚辰，用御史徐赞荐，铨授湖广应城县令。……嘉靖壬午，当道疏君耳疾，铨司改邵武教授。……乙酉，进唐府纪善，屡以正学启王。……在万安，闻阳明王先生讲道于虔，亟往受业，闻求心致良知之说，以圣贤为必可学，以存天理去人欲为下手工夫。自应城之京，复受学于甘泉湛先生，闻随处体认天理之要。之邵武，授诸生以二先生之学，信从者众。尝遣门人米子荣辈质疑阳明，问答具《传习录》中"②。周衝任"江西万安训导"，在正德六年辛未（1511）至正德十五年庚辰（1520）。《阳明先生年谱》云，阳明先生在正德十二年（1517）正月至赣；正德十三年（1518）七月，"先生出入贼垒，未暇宁居，门人薛侃、欧阳德、梁焯、何廷仁、黄弘纲、薛俊、杨骥、郭治、周仲、周衝、周魁、郭持平、刘道、袁（梦）[庆]麟、王舜鹏、王学益、余光、黄槐密、黄鏊、吴伦、陈稷、刘鲁、扶敞、吴鹤、薛侨、薛宗铨、欧阳昱，皆讲聚不散。至是回军休士，始得专意于朋友，日与发明《大学》本旨，指示入道之方"③。所述及之门人姓名中，已有周衝。《明儒学案》"长史周静庵先生衝"亦云，"阳明讲道于虔，先生往受业"④。由此可

---

① 王守仁撰：《王阳明全集（新编本）》第1册，第44页。
② 湛若水撰：《甘泉先生文集》内编第23卷，明嘉靖十五年刻本，第4—8页（又：《儒藏（精华编）》第253册，北京：北京大学出版社，2009年版，第954—957页）。
③ 王守仁撰：《王阳明全集（新编本）》第4册，第1245、1261页。
④ 黄宗羲撰：《明儒学案》上册（沈芝盈点校），北京：中华书局，2008年修订本，第583页。

知，周道通从学于阳明，在阳明讲道于虔、道通训导万安之时，亦即正德十二年正月至十三年七月之间。因此，陈荣捷先生所谓嘉靖三年正月"道通方受业"，故《答周道通书》应作于嘉靖三年之后之说法，亦值得商榷。而阳明《答周道通书》中有"吴、曾两生至，备道道通恳切为道之意，殊慰相念。若道通，真可谓笃信好学者矣。忧病中，曾不能与两生细论"之言、"来书云：'致知之说，春间再承诲益，已颇知用力，觉得比旧尤为简易……'"之说①。所谓"忧病中"，乃指阳明守父丧事，阳明父海日翁卒于嘉靖元年壬午（1522）二月，其除服在嘉靖三年甲申四月②；所谓"春间再承诲益"，即《阳明先生年谱》所云嘉靖三年正月周衝（道通）等访学阳明事③。是故，《答周道通书》当作于嘉靖三年甲申春夏之间，亦即正月周道通来访阳明之后、四月阳明除父丧服之前，可确定无疑也。④

答陆原静书（二首）

陆澄，字原静，一字清伯，归安人。对于《传习录》中卷所载阳明

---

① 王守仁撰：《王阳明全集（新编本）》第1册，第62、65页。案："忧病中，曾不能与两生细论"之"曾"字，原作"會"，据明刊本《传习录》、《阳明先生集要》、《标注传习录》改。(王守仁撰：《传习录》下册，台北国家图书馆藏明刊本，第3卷第1页；施邦曜辑评：《阳明先生集要》上册〔王晓昕、赵平略点校〕，北京：中华书局，2008年版，第186页；三轮执斋撰：《标注传习录》中册，日本东京：青木嵩山堂，线装刻本〔刊刻时间不详〕，第37页）

② 《阳明先生年谱》云，"四月，服阕，朝中屡疏引荐"。（王守仁撰：《王阳明全集（新编本）》第4册，第1302页）

③ 《阳明先生年谱》云，嘉靖三年正月，门人日进。"于是萧璆、杨汝荣、杨绍芳等来自湖广，杨仕鸣、薛宗铠、黄梦星等来自广东，王艮、孟源、周衝等来自直隶，何秦、黄弘纲等来自南赣，刘邦采、刘文敏等来自安福，魏良政、魏良器等来自新建，曾忭来自泰和"。（王守仁撰：《王阳明全集（新编本）》第4册，第1299页）案：周衝此来，非初从学于阳明，乃再访学于阳明也。

④ 关于《答周道通书》之撰作时间，施邦曜辑评《阳明先生集要》、俞嶙辑《王阳明先生全集》标herror为"甲申"，即嘉靖三年。（施邦曜辑评：《阳明先生集要》上册，第186页；俞嶙辑：《王阳明先生全集》，《四库全书存目丛书》集部第50册，济南：齐鲁书社，1997年影印本，第311页）三轮执斋曰："异本《全书》题下有'甲申'字，是嘉靖三年先生五十三岁之书也。按《年谱》，嘉靖元年二月龙山公卒、三年四月服阕，则书中所谓'忧病'及'荒愦'等语，是丧中之词也。而下文言'春间再承'，则是为三四月中之书，亦可知。"（三轮执斋撰：《标注传习录》中册，第36页）相关说法与吾人考证之结论相近。

《答陆原静书》二书，施邦曜辑评《阳明先生集要》、陈荣捷《王阳明传习录详注集评》、邓艾民《传习录注疏》均以为作于嘉靖三年甲申①。嘉靖五年丙戌（1526），阳明《寄陆原静》云，"南元善曾将原静后来论学数条刊入《后录》中，初心甚不欲渠如此，近日朋辈见之，却因此多有省悟。始知古人相与辩论穷诘，亦不独要自己明白，直欲共明此学于天下耳。盖此数条，同志中肯用功者，亦时有疑及之，然非原静，则亦莫肯如此披豁吐露；就欲如此披豁吐露，亦不能如此曲折详尽。故此原静一问，其有益于同志，良不浅浅也"②。所谓"南元善曾将原静后来论学数条刊入《后录》中"，当指南大吉收入续刻《传习录》之《答陆原静书》二书。是故，阳明《答陆原静书》二书，撰作于南大吉嘉靖三年十月序刊本续刻《传习录》之前，亦可以无疑。其实，对阳明《答陆原静书》二书之写作时间，人们并无异议。

答欧阳崇一

欧阳德，字崇一，号南野，泰和人。对《答欧阳崇一》，陈荣捷先生曰，"答崇一书，《年谱》系此书于嘉靖五年（1526），是年阳明五十五岁，在越。然南大吉刻《传习录》先此一年，为嘉靖四年，二者必有一误"③。陈先生之说值得商榷。理由是，嘉靖三年十月南大吉序刊本续刻《传习录》并未收录《答欧阳崇一》书。嘉靖五年丙戌，阳明《与欧阳崇一》书云："正之诸友下第归，备谈在京相与之详，近虽仕途纷扰中，而功力略无退转，甚难甚难！得来书，自咎真切，论学数条，卓有定见，非独无退转，且大有所进矣。文蔚所疑，良不为过。孟子谓'有诸己之谓信'，今吾未能有诸己，是未能自信也，宜乎文蔚之未能信我矣。乃劳崇一逐一为我解嘲，然又不敢尽谓崇一解嘲之言为口给，但在区区则亦未能一一如崇一所解者，为不能无愧耳，固不敢不勉力也！文蔚天资甚厚，其平日学问

---

① 施邦曜辑评：《阳明先生集要》上册，第164页；陈荣捷：《王阳明传习录详注集评》，第214页；邓艾民撰：《传习录注疏》，第201页。
② 王守仁撰：《王阳明全集（新编本）》第1册，第230页。
③ 陈荣捷撰：《王阳明传习录详注集评》，第240页。案："然南大吉刻《传习录》先此一年，为嘉靖四年"，原文如此，似应作"然南大吉刻《传习录》先此二年，为嘉靖三年"。

工夫，未敢谓其尽是，然却是朴实头，有志学古者，比之近时徒尚口说、色取行违而居之不疑者，相去远矣。前者承渠过访，惜以公务不能久留，只就文义间草草一说，鄙心之所愿致者略未能少效，去后殊为怏怏。良知之说，近世朋友多有相讲一二年尚眩惑未定者，文蔚则开口便能相信，此其资质诚有度越于人，只是见得尚浅，未能洞彻到得'如有所立卓尔'，是以未免尚为书见旧闻所障，然其胸中渣累绝少，而又已识此头脑，加之笃信好学如是，终不虑其不洞彻也。因咳嗽正作，兼以人事纷沓，不暇写书，故迟孙仓官久候。"①。信中所谓"前者承渠过访，惜以公务不能久留，只就文义间草草一说，鄙心之所愿致者略未能少效，去后殊为怏怏"，指聂文蔚嘉靖五年夏来访阳明事，可见《与欧阳崇一》作于聂文蔚来访之后；信中所谓"论学数条"，疑即阳明《答欧阳崇一》书中所引述之数段欧阳崇一"来书云"。或许，阳明《与欧阳崇一》和《答欧阳崇一》为同一封书信之两个部分。因此，《答欧阳崇一》之撰作时间，疑应与嘉靖五年《与欧阳崇一》书相同或相近。换言之，《阳明先生年谱》将《答欧阳崇一》书系于嘉靖五年丙戌四月②，并非毫无根据。

答罗整庵少宰书

罗钦顺，字允升，号整庵，泰和人。《阳明先生年谱》记载，正德十五年庚辰（1520）六月，阳明先生如赣，"行至泰和，少宰罗钦顺以书问学。先生答曰"云云③。所谓"少宰罗钦顺以书问学"之"书"，即罗钦顺《困知记》所附录之"《与王阳明书》"，其题下标明写作时间为"庚辰夏"④；所谓"先生答曰"之"答"，即此《答罗整庵少宰书》。对于《阳明先生年谱》将《答罗整庵少宰书》系于正德十五年庚辰六月，人们无异议。又：

---

① 王守仁撰：《王阳明全集（新编本）》第5册，第1823—1824页；束景南撰：《阳明佚文辑考编年》下册，上海：上海古籍出版社，2012年版，第824—825页。案：此信被作为阳明集外文收录。其中，自"正之诸友下第归"至"固不敢不勉力也"一段，原已收入阳明文集，题为《与欧阳崇一（丙戌）》。（《王阳明全集（新编本）》第1册，第229—230页）
② 王守仁撰：《王阳明全集（新编本）》第4册，第1310—1311页。
③ 同上书，第1280页。
④ 罗钦顺撰：《困知记》（阎韬点校），北京：中华书局，1990年版，第108页。

阳明《答罗整庵少宰书》之墨迹尚存，其落款为"泰和舟次，守仁再顿首。六月廿日"①。因此，阳明《答罗整庵少宰书》之具体撰作时间，为正德十五年六月二十日。

答聂文蔚（一）

聂豹，字文蔚，号双江，永丰人。对于《答聂文蔚》第一书，陈荣捷先生曰，"《年谱》系聂书于嘉靖五年（1526），是年阳明五十五岁，在越。《年谱》谓是年夏先生见阳明，别后致此书。又《年谱》谓南元善于嘉靖三年（1524）续刻《传习录》，录收此书，则《年谱》系聂书之年与系南刻之年，必有一误"②。陈来先生曰，"据《年谱》，聂文蔚嘉靖五年（丙戌）始来学，故答文蔚第一书不得早于丙戌，南本既刊于三年甲申，何以又收与文蔚丙戌之书？"③两位陈先生所疑，与他们将南大吉兄弟续刻《传习录》之嘉靖二十三年德安府重刻本，等同南大吉嘉靖三年十月序刊本续刻《传习录》有关。阳明《答聂文蔚（一）》有"春间远劳迂途枉顾问证，惓惓此情，何可当也"之说，其中所谓"春间"，施邦曜辑评《阳明先生集要》作"夏间"，且于题下标明撰作时间为"丙戌"④。聂豹《启阳明先生》亦有"遂违道范，丙戌之夏，迄今两易寒暑矣"之说⑤。可见，聂豹来访阳明事，在嘉靖五年丙戌夏间。宋仪望《明荣禄大夫太子太保兵部尚书赠少保谥贞襄双江聂公行状》亦云，嘉靖四年乙酉，"始召入为福建道监察御史。……明年春，按应天。……是岁，乃往谒阳明王公于越，相与讲良知之学，先生于是锐然以圣人为必可至。其后以书问学于王公，公深叹先生任道之勇，乃为书复之"⑥。所谓"明年"，即嘉靖五年丙戌。罗洪先《跋阳明先生与双江书》则明言，"阳明先生与双江书，在嘉靖丙戌。又二年，先

---

① 杨儒宾、马渊昌也主编：《中日阳明学者墨迹》，台北：台湾大学出版中心，2008年版，第24—25页。
② 陈荣捷撰：《王阳明传习录详注集评》，第257页。
③ 陈来撰：《有无之境：王阳明哲学的精神》，第381页。
④ 施邦曜辑评：《阳明先生集要》上册，第285页。
⑤ 聂豹撰：《聂豹集》（吴可为编校整理），南京：凤凰出版社，2007年版，第233页。
⑥ 聂豹撰：《聂豹集》，第641页。案：乙酉，原误作"己酉"。己酉，为嘉靖二十八年（1549）。

生遂有南康之变。是时公犹未执弟子礼，而先生尽以近日所独得者，切切语之，惟恐不尽吐露，斯其付托之重，可知矣。夫万物一体之义，自孔门仁字发之，至宋明道始为敷绎，其后《西铭》一篇，程门极其称羡。自是止以文义视之，微先生，则孔门一脉几于绝矣。故尝以为先生一体之说，虽谓之发之千古之秘亦可也。公珍重是书，既勒诸石，乃以原稿付谢生经，以其责望，岂无意乎？"①因此，《阳明先生年谱》将聂豹"渡钱塘来见[阳明]先生"事系于嘉靖五年夏，将阳明《答聂文蔚（一）》系于同年八月②，所系年月应无误。然《年谱》谓其时聂豹"以御史巡按福建"，则非。据宋仪望《双江聂公行状》，聂豹其时乃"以福建道监察御史"巡按应天。

答聂文蔚（二）

聂文蔚《启阳明先生》书中有所谓"逖违道范，丙戌之夏，迄今两易寒暑矣。……丁亥春，北上，次真州，曾具状托王巡按转致，竟不知达否。……西粤之乱，先声所至，莫不震叠，凯还当在日下。……某承乏一方，百无能为。以春正入闽境，诸务从委，茫无下手处"之说③。所谓"以春正入闽境"，指聂豹巡按福建事。宋仪望《双江聂公行状》云，嘉靖七年"戊子春，入闽"④；又云，"是春，复以书往阳明论学，亹亹数千言，复书俱悉所云"⑤。可知聂文蔚《启阳明先生》书，当作于嘉靖戊子七年春间。而阳明《答聂文蔚（二）》中有"贱躯旧有咳嗽畏热之病，近入炎方，辄复大作。主上圣明洞察，责付甚重，不敢遽辞。地方军务冗沓，皆舆疾从事。今却幸已平定，已具本乞回养病。得在林下稍就清凉，或可瘳耳"之说⑥，其中所谓"地方军务冗沓，皆舆疾从事。今却幸已平定"，乃指平定

---

① 罗洪先撰：《罗洪先集》下册（徐儒宗编校整理），南京：凤凰出版社，2007年，第685页；王守仁撰：《王阳明全集（新编本）》第6册，第2234页。
② 王守仁撰：《王阳明全集（新编本）》第4册，第1311页。
③ 聂豹撰：《聂豹集》，第233页。
④ 同上书，第641页。
⑤ 同上书，第642页。
⑥ 王守仁撰：《王阳明全集（新编本）》第1册，第89—90页。

广西思恩、田州以及断藤峡叛乱事；所谓"已具本乞回养病"，应指阳明嘉靖七年十月初十日所上《乞恩暂容回籍就医养病疏》[①]。且阳明于《答聂文蔚（二）》中所答聂文蔚之疑，均见于聂文蔚《启阳明先生》所谓"外疑事数条，附录以请"之文[②]。毫无疑问，阳明《答聂文蔚（二）》乃其对聂豹《启阳明先生》之回复。嘉靖七年十一月二十九日，阳明病卒于江西南安[③]。是故，《答聂文蔚（二）》当作于其嘉靖七年十月上《乞恩暂容回籍就医养病疏》之后、十一月病卒之前[④]，为阳明临终绝笔之作，可确定无疑也。

综上所述，《传习录》中卷所收八首阳明论学书中，《答罗整庵少宰书》作于正德十五年庚辰六月、《答陆原静书》（二首）作于嘉靖三年、《答聂文蔚（二）》作于嘉靖七年冬，对于此四封书信之编年，人们多无异议。然而，对于《答顾东桥书》、《答周道通书》、《答欧阳崇一》以及《答聂文蔚（一）》之系年，人们说法不一。经考证，吾人以为，《答顾东桥书》疑应作于正德十六年修改《大学古本序》之后、嘉靖三年春夏间之前（《阳明先生年谱》将其系于嘉靖四年九月），《答周道通书》作于嘉靖三年春夏间，《答欧阳崇一》作于嘉靖五年四月，《答聂文蔚（一）》作于嘉靖五年八月。换言之，《阳明先生年谱》对于《传习录》中卷所收阳明论学书之系年，基本可信（其中，《答顾东桥书》之编年值得斟酌）；而佐藤一斋、陈荣捷先生、陈来先生等对于《传习录》中卷阳明论学书编年方面之若干说法，值得商榷。

（本文原载景海峰主编《儒家思想与当代中国文化建设》，北京：人民出版社，2013年10月）

---

① 王守仁撰：《王阳明全集（新编本）》第2册，第553—555页。
② 聂豹撰：《聂豹集》，第234—237页。
③ 王守仁撰：《王阳明全集（新编本）》第4册，第1336—1337页。
④ 嘉靖七年有闰月，闰十月。（参方诗铭、方小芬编：《中国史历日和中西历日对照表》，上海：上海人民出版社，2007年版，第621页）

《王阳明全集（新编本）》点校指瑕

吴光、钱明、董平、姚延福等先生编校、由浙江古籍出版社于2010年12月出版之《王阳明全集（新编本）》，是在上海古籍出版社版《王阳明全集》（1992年12月初版）基础上加以修订、增补、编纂而成。新编本在王阳明语录、诗文之补遗以及相关资料之搜集等方面，花费了许多精力，进行了大量工作，收录了《传习录》未收阳明语录、言行录三百多则，增加了阳明集外诗文三百馀首，补充了相关序跋、传记等资料一百多篇。据说，该书"实为迄今收录最全、考辨最精的王阳明著作全集"[①]。这为我们研究王阳明及其生平、思想提供了许多方便。近日，将《王阳明全集（新编本）》翻阅一遍，发现该书在录排出版、标点断句方面，错误仍频，疏漏尚多，并非精善之本，难称"考辨最精的王阳明著作全集"。因取手边之《王文成公全书》（上海：商务印书馆，"四部丛刊初编"据明谢廷杰隆庆年间刊本缩印，1936年版。后文引用，简称"四部丛刊本"）略为对勘比照，将其中由于错误排印、错误标点以致明显影响阅读、使人误解文义者，稍加订正，得若干条。兹不揣浅陋，就见闻所及，冒昧抄出。

一、录排出版方面的错漏

在录排出版方面，《王阳明全集（新编本）》错漏甚多。兹据四部丛刊

---

① 参《王阳明全集（新编本）》提要。（吴光、钱明、董平、姚延福编校《王阳明全集（新编本）》，杭州：浙江古籍出版社，2010年版）

本《王文成公全书》，对这些错误与疏漏，略加订正①。

【第 22 页】《传习录上》：须自中心先晓得冬至之刻始得。

案："中心"，四部丛刊本作"心中"②。

【第 26 页】《传习录上》：颜子"虽欲从之，未由也已"，即文王"望道未见"意。

案："未由"，四部丛刊本作"末由"③。

【第 45 页】《传习录中》：其一体同物之心，謹謹终身，至于毙而后已，此孔、孟以来贤圣苦心，虽门人子弟未足以慰其情也。

案："贤圣"，四部丛刊本作"圣贤"④。

【第 45 页】《传习录中·答顾东桥书》：若"诚意"之说，自是圣门教人用功第一义。但近世学者乃作第二义看，故稍与提掇繫要出来，非鄙人所能特倡也。

案："繫要"，四部丛刊本作"紧要"⑤。

【第 45 页】《传习录中·答顾东桥书》：来书云："但恐立说太高，用功太捷，后生师傅，影响谬误，未免坠于佛氏明心见性、定慧顿悟之机，无怪闻者见疑。"

案："师傅"，四部丛刊本作"师傅"⑥。

【第 60 页】《传习录中·答顾东桥书》：三代之衰，王道熄而霸术猖；孔、孟既没，圣学晦而邪说横。

案："猖"，四部丛刊本作"焻"⑦。

【第 61 页】《传习录中·答顾东桥书》：圣人之学日远日晦，而功利之

---

① 在指出其录排方面之错漏时，若所摘引段落之句读有错误者，亦略加订正，且不再在标点部分罗列，以免繁复。
② 王守仁撰：《王文成公全书》第 1 册，上海：商务印书馆，"四部丛刊初编"据明谢廷杰隆庆年间刊本缩印，1936 年版，第 71 页。
③ 王守仁撰：《王文成公全书》第 1 册，第 74 页。
④ 同上书，第 88 页。
⑤ 同上。
⑥ 同上。
⑦ 同上书，第 100 页。

习愈趣愈下。

案:"趣",四部丛刊本作"趋"①。

【第61—62页】《传习录中·答顾东桥书》:其称名僭号,未尝不曰"吾欲以共成天下之务";而其诚心实意之所在,以为不如是则无以济其私而满其欲也。

案:"僭号",四部丛刊本作"借号"②。

【第67页】《传习录中·答陆原静书》:来书云:"前日精一之论,即作圣之功否?"

案:四部丛刊本无此十五字③。佐藤一斋《传习录栏外书》云,王本(即王贻乐编《王阳明先生全集》)有"来书云:'前日精一之论,即作圣之功否?'十五字。诸本并脱"④。陈荣捷《王阳明传习录详注集评》亦云,"诸本无此十五字,惟王本有。捷疑此题为王贻乐据复书所加。原静来书,每条议论颇长,尤以第二书为甚。……今依贻乐所补,则只此一问,恐非来书之旧。至本来面目如何,则已不可考。《全书》与诸本宁缺毋误耳"⑤。邓艾民《传习录注疏》云,"'来书云'等十五字,诸本并脱,据王本补"⑥。不知何故,新编本于此处并无校勘记加以说明。

【第80页】《传习录中·答欧阳崇一》:来书又有云:"人情机诈百出,御之以不疑,往往为所欺;觉则自入于逆臆。……"

案:此处之"臆"及同页其它八九处之"臆"字,四部丛刊本均作"億"⑦。

【第81页】《传习录中·答欧阳崇一》:君子学以为己,未尝虞人之欺己也,恒不自欺其良知而已;未尝虑人之不信己也,恒自信其良知而已;

---

① 王守仁撰:《王文成公全书》第1册,第101页。
② 同上书,第102页。
③ 同上书,第106页。
④ 佐藤坦撰:《传习录栏外书》(山崎道夫校注),《佐藤一斋全集》第5卷,日本:明德出版社,1998年版,第365页。
⑤ 陈荣捷撰:《王阳明传习录详注集评》,台北:学生书局,2006年修订版,第215页。
⑥ 邓艾民撰:《传习录注疏》,基隆:法严出版社,2000年版,第202页。
⑦ 王守仁撰:《王文成公全书》第1册,第115—116页。

未尝求先觉人之诈与不信也,恒务自觉其良知而已。

案:"虑",四部丛刊本作"虞"①。

【第84页】《传习录中·答罗整庵少宰书》:韩氏云:"佛、老之害,甚于杨、墨。"韩愈之贤不及孟子,孟子不能救之于未坏之先,而韩愈乃欲全之于已坏之后,其亦不量其力,且见其身之危,莫之救以死也矣。

案:四部丛刊本无"莫之救以死也矣"之"矣"字②。又:"佛、老之害"至"莫之救以死也"一段文字,均为韩愈《与孟尚书书》之言,其原文作:"释老之害,过于杨墨,韩愈之贤不及孟子,孟子不能救之于未亡之前,而韩愈乃欲全之于已坏之后,呜呼,其亦不量其力,且见其身之危,莫之救以死也!"③。故此处句读应作:韩氏云:"佛、老之害,甚于杨、墨。韩愈之贤不及孟子,孟子不能救之于未坏之先,而韩愈乃欲全之于已坏之后,其亦不量其力,且见其身之危,莫之救以死也。"

【第85页】《传习录中·答罗整庵少宰书》:某为《朱子晚年定论》,盖亦不得已而然。

案:"某",四部丛刊本作"其"④。

【第92页】《传习录中·答聂文蔚(二)》:良知只是一个,随他发见流行处,当下具足,更无去求,不须假借。

案:"去求",四部丛刊本作"去来"⑤。

【第94页】《传习录中·答聂文蔚(二)》:细观文蔚之论,其意以恐尽心知天者废却存心、修身之功,而反为尽心知天之病。

案:"其意以"之"以",四部丛刊本作"似"⑥。

【第97页】《传习录中·教约》:凡习礼歌诗之数,皆所以常存童子之心,使其乐习不倦,而无暇及于邪僻。教者如此,则知所施矣。

---

① 王守仁撰:《王文成公全书》第1册,第116页。
② 同上书,第119页。
③ 马其昶撰:《韩昌黎文集校注》,上海:上海古籍出版社,1998年版,第215页。
④ 王守仁撰:《王文成公全书》第1册,第119页。
⑤ 同上书,第124页。
⑥ 同上书,第126页。

案:"數",四部丛刊本作"類";"如此",作"知此"①。

【第101页】《传习录下》:又问:"用功收心时,有声有色在前,如常闻见,恐不是专一。"

案:"有声有色在前",四部丛刊本作"有声色在前"②。

【第101页】《传习录下》:又问:"陆子之学何如?"先生曰:"濂溪、明道之后,还是象山,只是粗些。"

案:"只是粗些",四部丛刊本作"只还粗些"③。

【第103页】《传习录下》:无实用功而不得其要者提撕之甚,沛然得力。

案:"无",新编本校勘记云,"《四库》本作'与',今存异"④。"无",四部丛刊本作"与"⑤。又:此处句读应作:与实用功而不得其要者提撕之,甚沛然得力。

【第105页】《传习录下》:这良知人人皆有,圣人只是保全,无些障蔽,兢兢业业,叠叠翼翼,自然不息,便也是学;……

案:"叠叠",四部丛刊本作"亹亹"⑥。

【第110页】《传习录下》:不肖为声利牵缠,甘心为此,徙自苦耳。

案:"徙",四部丛刊本作"徒"⑦。

【第111页】《传习录下》:先生一日出游禹穴,顾田间禾曰:"能几同时,又如此长了!"

案:"同时",四部丛刊本作"何时"⑧。

【第113页】《传习录下》:中人以下的人,便与他说性说命,他也不省得,也须慢慢琢磨他起来。

---

① 王守仁撰:《王文成公全书》第1册,第128页。
② 同上书,第130页。
③ 同上书,第131页。
④ 王守仁撰:《王阳明全集(新编本)》第1册,第155页。
⑤ 王守仁撰:《王文成公全书》第1册,第132页。
⑥ 同上书,第133页。
⑦ 同上书,第137页。
⑧ 同上书,第138页。

案："慢慢"，四部丛刊本作"谩谩"①。

【第 116 页】《传习录下》：今人不会宴息，夜来不是昏睡，即是忘思魇寐。

案："忘思"，四部丛刊本作"妄思"②。

【第 117 页】《传习录下》：先生曰："孟子不动心，告子不动心，所异只在毫厘间。……"

案："孟子不动心"后，四部丛刊本有"与"字③。此处句读应作：先生曰："孟子不动心与告子不动心，所异只在毫厘间。……"

【第 119 页】《传习录下》：昔有禅师，人来问法，只把麈尾提起。

案：此处之"麈尾"及同段四处"麈尾"，四部丛刊本均作"麈尾"④。

【第 121 页】《传习录下》：巧力只是发明圣知之义，若识得圣知本体是何物，便了自然。

案："便了自然"，四部丛刊本作"便自然了"⑤；施邦曜辑评《阳明先生集要》、水西精舍刊本《传习录》、三轮执斋《标注传习录》则作"便自了然"⑥。作"便自了然"，于义为长。

【第 122 页】《传习录下》：先生曰："须是大哭一番方乐，不哭便不乐矣；虽哭，此心安处即是乐也，本体未尝有动。"

案："一番"后，四部丛刊本有"了"字⑦。

【第 123 页】《传习录下》：舜只是自进于义，以义熏烝，不去正地奸恶。

案："正地"，四部丛刊本作"正他"⑧。

---

① 王守仁撰：《王文成公全书》第 1 册，第 139 页。
② 同上书，第 142 页。
③ 同上。
④ 同上书，第 144 页。
⑤ 同上书，第 146 页。
⑥ 施邦曜辑评：《阳明先生集要》上册（王晓昕、赵平略点校），北京：中华书局，2008 年版，第 120 页；王守仁撰：《传习录》，《孔子文化大全：中说、传习录、四存编》，济南：山东友谊书社，1994 年影印本，第 355 页；三轮执斋撰：《标注传习录》下册，日本东京：青木嵩山堂，线装刻本（刊刻时间不详），第 43 页。
⑦ 王守仁撰：《王文成公全书》第 1 册，第 147 页。
⑧ 同上。

【第 138 页】《传习录下》：益指示专一则体悟日精，几迎于言前，神发于言外，感遇之诚也。

案："益"，四部丛刊本作"盖"①。

【第 138 页】《传习录下》：嘉靖丙辰夏四月，门人钱德洪拜书于蕲之崇正书院。

案："蕲"，四部丛刊本作"蕲"②。

【第 139 页】《朱子晚年定论》：朱子病目静久，忽悟圣学之渊薮，乃大悔中年注述误己误人，遍告同志。

案："渊薮"，四部丛刊本作"渊微"③。

【第 139 页】《朱子晚年定论》：守仁早岁业举，溺志词章之习，既乃稍知从事正学，而苦于众说之纷扰疲病，茫无可入，……

案："纷扰疲病"，四部丛刊本作"纷挠疲癃"④。

【第 141 页】《朱子晚年定论》：程子说"不得以天下万物扰己，己立后自能了得天下万物"，……

案："扰"，四部丛刊本作"挠"⑤。

【第 148 页】《朱子晚年定论》：充之近读何书？恐更当于日用之间为人之本者，深加省察，而去其有害于此者为佳。

案："为人"，四部丛刊本作"为仁"⑥。朱子原文亦作"为仁"⑦。

【第 155 页】《朱子晚年定论》：闻其言，如日中天，睹之即见；象五谷之艺地，种之即生；不假外求，而真切简易，恍然有悟。

案："象"，四部丛刊本作"如"⑧。

---

① 王守仁撰：《王文成公全书》第 1 册，第 159 页。
② 同上。
③ 同上。
④ 同上书，第 160 页。
⑤ 同上书，第 161 页。
⑥ 同上书，第 165 页。
⑦ 朱熹撰：《晦庵先生朱文公文集》，《朱子全书》第 22 册，上海/合肥：上海古籍出版社、安徽教育出版社，2002 年版，第 1986 页。
⑧ 王守仁撰：《王文成公全书》第 1 册，第 169 页。

【第155页】《朱子晚年定论》：然后知乡之所学，乃朱子中年未定之论，是故三十年而无获。

案："乡"，四部丛刊本作"嚮"①。

【第155页】《朱子晚年定论》：若夫直求本原于言语之外，真有以验其必然而无疑者，则存乎其之自力，是编特为之指迷耳。

案："则存乎其之自力"之"其"后，四部丛刊本有"人"字②。

【第156页】《与辰中诸生》：明道云："纔学便须知有着力处，既学便须知有着力处。"

案："既学便须知有着力处"之"着力"，四部丛刊本作"得力"③。此所引明道语，见《二程集》，《二程集》作"得力"④。

【第164页】《与黄宗贤（五）》：寻亦痛自悔责，以为吾人相与，岂宜有如此芥蒂，却有堕入世间较计坑陷中，亦成何等胸次！

案："却有"，四部丛刊本作"却是"⑤。

【第165页】《与黄宗贤（五）》：自以为进于高明光大，而不知陷于狠戾险嫉，亦诚可哀也已！

案："狠戾"，四部丛刊本作"狼戾"⑥。

【第177页】《答王天宇（二）》：如使斯人不识大都所在，泛焉欲往，其不南走越北走胡几希矣。

案："北走胡"，四部丛刊本作"北走吴"⑦。

【第187页】《答甘泉》：至共向往直前，以求必得乎此之志，则有不约而契、不求而合者。

---

① 王守仁撰：《王文成公全书》第1册，第169页。
② 同上书，第170页。
③ 同上。
④ 程颢、程颐撰：《二程集》第1册（王孝鱼点校），北京：中华书局，1984年版，第137页。
⑤ 王守仁撰：《王文成公全书》第1册，第175页。
⑥ 同上书，第176页。
⑦ 同上书，第184页。

《王阳明全集（新编本）》点校指瑕　229

案："至共"，四部丛刊本作"至其"①。

【第214页】《寄邹谦之》：缘人未有真为圣人之志，未免挟有见小欲速之私，则此重学问，极足支吾眼前得过。

案："此重"，四部丛刊本作"此种"②。

【第247页】《别王纯甫序》：古子君之，有诸己而后求诸人也。

案："古子君之"，四部丛刊本作"古之君子"③。

【第258页】《大学古本序》：至其本体之知，而动无不善。

案："至"，四部丛刊本作"致"④。

【第263页】《重修文山祠记》：呜呼！公之忠，天下之达忠也。结椎异类，犹知敬慕，而况其乡之人乎！逆旅经行，犹存尸祝，而况其乡之士乎！凡有职守，皆知尊尚，而况其士之官乎！然而乡人之慕之也，三有司之崇尚之也，文公之没，今且三百年矣。吉士之以气节行义，后先炳耀，谓非闻公之风而兴不可也。

案："而况其士之官乎"之"士"，四部丛刊本作"土"⑤。又：此处句读疑应作：呜呼！公之忠，天下之达忠也。结椎异类，犹知敬慕，而况其乡之人乎！逆旅经行，犹存尸祝，而况其乡之士乎！凡有职守，皆知尊尚，而况其土之官乎！然而乡人之慕之也三，有司之崇尚之也文。公之没，今且三百年矣。吉士之以气节行义，后先炳耀，谓非闻公之风而兴不可也。

【第294页】《书诸阳伯卷（甲申）》：妻侄诸阳伯复请学，既告之以格物致知之说矣。

案：新编本校勘记云，"《书诸阳伯卷（甲申）》"之"阳"字下"夺'伯'字，据内文及卷二十四外集六同题内文改"⑥。所谓"卷二十四外集

---

① 王守仁撰：《王文成公全书》第1册，第190页。
② 同上书，第209页。
③ 王守仁撰：《王文成公全书》第2册，第233页。
④ 同上书，第241页。
⑤ 同上书，第244页。
⑥ 王守仁撰：《王阳明全集（新编本）》第1册，第301页。

六同题内文"，指卷二十四所收录之《书诸阳伯卷（戊寅）》。经查，"《书诸阳伯卷（甲申）》"，四部丛刊本作"《书诸阳卷（甲申）》"，其目录亦作"《书诸阳卷（甲申）》"①。余重耀《阳明弟子传纂》之"诸伯复先生阳"条云，"诸先生阳，字伯复。阳明弟子。嘉靖元年举人。父用明，阳明妻弟，积德励善，有可用之才而不求仕进。或劝之仕，用明曰：'为善最乐。'因以四字扁其居。率二子（先生兄名阶）日与乡之俊彦，读书讲论其中（《阳明集》）"②。此外，《阳明先生年谱》以及程辉《丧纪》均提及"诸阳"③。可见诸阳，字伯复。而王阳明文集卷二十四之"《书诸阳伯卷（戊寅）》"所谓"诸阳伯"④，即诸扬伯，即诸偊。（相关考证见后"【第962页】《书诸阳伯卷（戊寅）》"条）诸阳与诸阳伯，并非同一人，而为两人。是故，新编本校勘记所谓"《书诸阳伯卷（甲申）》"之"阳"字下"夺'伯'字，据内文及卷二十四外集六同题内文改"，非是。又：此处句读应作：妻侄诸阳伯复请学，既告之以格物致知之说矣。

【第335页】《攻治盗贼二策疏》：然而今此下民之情，莫不欲大举夹功，以快一朝之忿，……

案："夹功"，四部丛刊本作"夹攻"⑤。

【第338页】《添设清平县治疏》：乞于河头、中营处添设县治，引带汀、潮，侯襟清、宁。

案："侯襟"，四部丛刊本作"喉襟"⑥。

【第377页】《浰头捷音疏》：二月初二等日，与贼战于和平等处。擒斩大贼首陈活鹞、黄弘闰、张玉林等十一名颗，贼从李等祥四百三十一名颗；……

---

① 王守仁撰：《王文成公全书》第2册，第266页；第1册，第24页。
② 余重耀撰：《阳明弟子传纂》第1卷，第39页。(《阳明弟子传纂》，见余重耀《阳明先生传纂》，上海：中华书局，1924年版，附录。)
③ 王守仁撰：《王阳明全集（新编本）》第4册，第1291、1480页。
④ 王守仁撰：《王阳明全集（新编本）》第3册，第962页。
⑤ 王守仁撰：《王文成公全书》第2册，第296页。
⑥ 同上书，第299页。

案："李等祥"，四部丛刊本作"李廷祥"①。据文意，疑应作"李廷祥等"。

【第410页】《再请疏通盐法疏》：实夹公私两便，内外兼资。……若已毕而复举，是遗后人以所难，而于职守为不忠矣。

案："实夹"，四部丛刊本作"实亦"；"已毕"，作"已革"②。

【第450页】《收复九江南康参失事官员疏》：至于各该府县首领儒学仓场局务等官，虽无守土之责，俱有弃城职之罪。

案："弃城职"，四部丛刊本作"弃职"③。

【第452页】《乞宽免税粮急救民困以弭灾变疏》：夫荒旱极矣，而又因之以变乱；变乱极矣，而又竭之以师旅；……

案："竭"，四部丛刊本作"加"④。

【第468页】《征收秋粮稽迟待罪疏》：臣时起兵旁郡，恐其扇惑，实时移文远近，宣布朝延恩德，蠲其租赋，许以奏免，……

案："朝延"，四部丛刊本作"朝廷"⑤。

【第474页】《剿平安义叛党疏》：如此，庶使有功者录而人所知劝，死事者酬而人无所憾矣。

案："所知劝"，四部丛刊本作"知所劝"⑥。

【第478页】《乞便道归省疏》：当明良之会，圣人作而万物睹，天下之士孰不觸然有观光之愿，……

案："觸然"，四部丛刊本作"顒然"⑦。

【第488页】《辞免重任乞恩养病疏》：御史石金据事论奏，是盖忠于陛下，将为国家宏仁覆久远之图，所以激励锳等，使之集谋决策，收之桑榆也。

---

① 王守仁撰：《王文成公全书》第2册，第329页。
② 同上书，第356页。
③ 同上书，第385页。
④ 同上书，第387页。
⑤ 同上书，第399页。
⑥ 同上书，第403页。
⑦ 同上书，第406页。

232 明儒思想与文献论集

案:"宏",四部丛刊本作"弘"①。

【第493页】《赴任谢恩遂陈肤见疏》:梧州库藏所遣,不满五万之数矣;……

案:"所遣",四部丛刊本作"所遗"②。

【第497页】《奏报田州思恩平复疏》:又参称先后抚臣举措失当,姚镆等攘夷无策,轻信寡谋,图田州已不可得,并思恩胥复失之,要得通信查究追夺。

案:"通信",四部丛刊本作"通行"③。

【第540页】《八寨断藤峡捷音疏》:广西督兵佥事吴天挺,参议汪必东,副使汪素,……督剿县丞林应聪,主簿李本,……

案:"李本",四部丛刊本作"季本"④。

【第543页】《处置八寨断藤峡以图永安疏》:如取機上之肉,下箸无弗得者;

案:"機",四部丛刊本作"机"⑤。"機"与"机"在古汉语中含义有别。

【第553页】《乞恩暂容回籍就医养病疏》:而其事势既□颠覆破漏,如将倾之屋,半溺之舟,莫知所措。

案:"□",四部丛刊本作"已"⑥。

【第563页】《告谕各府父老子弟》:……勤俭以守家业,谦和以处乡里,心要平怒,毋怀险谲,事贵含忍,毋轻斗争。

案:"平怒",四部丛刊本作"平恕"⑦。

【第570页】《告谕新民》:……一则彰明尔等为善去恶之诚,一则剪除莨莠,免致延蔓,贻累尔等良善。

---

① 王守仁撰:《王文成公全书》第2册,第414页。
② 同上书,第417页。
③ 同上书,第420页。
④ 同上书,第452页。
⑤ 同上书,第455页。
⑥ 同上书,第463页。
⑦ 王守仁撰:《王文成公全书》第3册,第469页。

案:"莨莠",四部丛刊本作"莨莠"①。

【第 581 页】《征剿横水桶冈分委统哨牌》:探得各巢贼首闻知湖广士兵将到,集众劫掠,猖炽日甚,凿山开堑,为备益坚。

案:"士兵",四部丛刊本作"土兵"②。

【第 585 页】《征剿横水桶冈分委统哨牌》:仰守备南、赣二府地方,以都指挥体统行事,指挥使郁文,统领后开官兵,前往南安府,……

案:此处"郁文"及同篇三处"郁文",四部丛刊本作"郏文"③。

【第 592 页】《批留兵搜捕呈》:务使搜剿之兵,若农夫之耘耨,庶几盗贼之种,如莨莠之可除。

案:"莨莠",四部丛刊本作"莨莠"④。

【第 597 页】《克期进剿牌》:及行仰守备指挥郁文、监督指挥姚玺、余恩、千户孟俊等三哨官兵,分路进剿。

案:"郁文",四部丛刊本作"郏文"⑤。

【第 625 页】《咨兵部查验文移》:今照前因,照得本职缪当军旅重奇,地方安危所关,三军死生攸系,……

案:"重奇",四部丛刊本作"重寄"⑥。

【第 632 页】《告谕安义等县渔户》:族党之中,果有长恶不悛,不听劝谕者,众共拘执送官,明正典刑,以安善类,毋容莨莠,致害嘉禾。

案:"莨莠",四部丛刊本作"稂莠"⑦。

【第 645 页】《奖励主簿丁吐》:访得兴国县主簿于旺,独能操持清白,处事详审,近委管理抽分,纤毫无玷,奸弊划单,抚属小官之内,诚不多见,相应奖励,以劝其馀。

---

① 王守仁撰:《王文成公全书》第 3 册,第 474 页。
② 同上书,第 482 页。
③ 同上书,第 485、486、487 页。
④ 同上书,第 490 页。
⑤ 同上书,第 494 页。
⑥ 同上书,第 512 页。
⑦ 同上书,第 517 页。

案:"划革",四部丛刊本作"划革"①。

【第 653 页】《牌谕都指挥冯勋等振旅还师》:本月二十一日据知县熊價所禀,已知安义叛贼略平,……知县熊價不必解贼,且可在县抚安被扰军民,令各安居乐业。

案:两"熊價",四部丛刊本均作"熊价"②。"價"、"价"在古汉语中音义有别。以作"熊价"为是。

【第 690 页】《绥柔流贼》:如农夫之植嘉禾而去莨莠,……

案:"莨莠",四部丛刊本作"稂莠"③。

【第 696 页】《太白楼赋》:宁直死以顑舍兮,夫焉患得而局促。

案:"顑舍",四部丛刊本作"顑颔"④。

【第 697 页】《九华山赋》:倚透碧之峞屼,谢尘寰之纷扰。

案:"峞屼",四部丛刊本作"峞屼"⑤。

【第 697 页】《九华山赋》:苟初心之可绍兮,永矢弗挠兮!

案:"永矢",四部丛刊本作"冰矢"⑥。

【第 717 页】《阳明子之南也其友湛元明歌九章以赠崔子锺和之以五诗于是阳明子作八咏以答之》:屡兴还屡僕,惴息几不免。

案:"僕",四部丛刊本作"仆"⑦。"僕"与"仆"在古汉语中音义有别。

【第 727 页】《陟湘于迈岳麓是尊仰止先哲因怀友生丽泽兴感伐木寄言二首》:林墅有馀采,昔贤此藏修;……

案:"昔贤",四部丛刊本作"普贤"⑧。

【第 733 页】《始得东洞遂改为阳明小洞天三首》:上古处巢窟,抔饮皆污樽。

---

① 王守仁撰:《王文成公全书》第 3 册,第 526 页。
② 同上书,第 532 页。
③ 同上书,第 557 页。
④ 同上书,第 560 页。
⑤ 同上书,第 561 页。
⑥ 同上书,第 562 页。
⑦ 同上书,第 572 页。
⑧ 同上书,第 578 页。

案:"抔",四部丛刊本作"杯"①。

【第752页】《次韵胡少参见过》:旋管小酌典春裘,佳客真惭竟日留。

案:"旋管",四部丛刊本作"旋营"②。

【第809页】《重游化城寺二首》:帘松尽长青冥幹,瀑水犹悬翠壁流。

案:"帘",四部丛刊本作"檐"③。

【第813页】《贾胡行》:贾胡得明珠,藏珠剖其驱;……

案:"驱",四部丛刊本作"躯"④。

【第814页】《纪梦》:事成同享帝王贵,事败乃为顾命臣。

案:"乃",四部丛刊本作"仍"⑤。

【第820页】《归兴二首》:种果移花新事业,茂林修竹旧风流。

案:"种果",四部丛刊本作"种菓"⑥。

【第824页】《观从吾登炉峰绝顶戏赠》:岩底独行窝虎穴,峰头清啸乱猿群。

案:"窝",四部丛刊本作"穿"⑦。

【第827页】《示诸生三首》:尔身各各自天真,不用求人更问人。

案:"不用",四部丛刊本作"不问"⑧。

【第827页】《示诸生三首》:遂使蓁茅成间塞,僅教麋鹿自纵横。

案:"僅",四部丛刊本作"儘"⑨。

【第834页】《破断藤峡》:迁宾玉石分须早,聊庆云霓怨莫迟。

案:"聊",四部丛刊本作"柳"⑩。又:迁,指迁江;宾,指宾州(宾

---

① 王守仁撰:《王文成公全书》第3册,第582页。
② 同上书,第591页。
③ 同上书,第620页。
④ 同上书,第622页。
⑤ 同上书,第623页。
⑥ 同上书,第626页。
⑦ 同上书,第628页。
⑧ 同上书,第629页。
⑨ 同上。
⑩ 同上书,第633页。

阳）；柳，指柳州府；庆，指庆远府。四地均在广西①。此处句读应作：迁宾玉石分须早，柳庆云霓怨莫迟。

【第844页】《答徐成之》：故仆原二兄置心于公平正大之地，无务求胜。

案："原"，四部丛刊本作"愿"②。

【第849页】《答储柴墟》：道德之所在，齿与位不得而干焉，仆与某之谓矣。

案："仆与某之谓矣"之"与"，四部丛刊本作"於"③。

【第850—851页】《答储柴墟》：人之小知小觉者益众，则其相与为知觉也益易且明，如是而后大知大觉可期也。

案："易且明"，四部丛刊本作"易以明"④。

【第875页】《罗履素诗集序》：夫有一言之合于道，是于其世也，亦有一言之训矣，又况其不止于是也，而又奚为其不可以传哉？

案："于其"，四部丛刊本作"其于"⑤。

【第879页】《山东乡试录序》：若夫诸士之责，其不听者犹可以自勉，而又惧其或以自画也。

案："不听"，四部丛刊本作"不能"⑥。

【第880页】《附山东乡试录》：夫以道事君如此，使其为之君者，于吾仁义之言说而弗绎焉，则是志有不行矣。其可拙身以通道乎？

案："拙身"，四部丛刊本作"诎身"⑦。

【第882页】《附山东乡试录》：民之树艺，即未能人人而必知矣，能保其无不饥者乎？

---

① 参谭其骧主编：《中国历史地图集》第7册（元、明时期），北京：地图出版社，1982年版，第74—75页。
② 王守仁撰：《王文成公全书》第3册，第639页。
③ 同上书，第643页。
④ 同上书，第644页。
⑤ 同上书，第662页。
⑥ 同上书，第664页。
⑦ 王守仁撰：《王文成公全书》第4册，第876页。

案："即"，四部丛刊本作"既"①。

【第886页】《附山东乡试录》：考德者师之任，人君果能愿安承教，无所建拒，则德成于身，足以为立准之地，而王者之基，日以开拓矣。

案："建拒"，四部丛刊本作"违拒"②。

【第888页】《附山东乡试录》：后世无事懈弛，有事则张惶，戎之不靖也，有由然哉！

案："无事"后，四部丛刊本有"则"字③。

【第897页】《附山东乡试录》：拟唐张九龄上千秋金监录表。

案："監"，四部丛刊本作"鑑"④。

【第897页】《附山东乡试录》：开元二十四年八月五日，具官臣张九龄上言，恭遇千秋圣节，谨以所撰《千秋金监录》进呈者。

案："監"，四部丛刊本作"鑑"⑤。

【第910页】《附山东乡试录》：……彼为守令者，无是亦莫不汲汲于求去，而莫有诚确久远之图，此则求效太速之使然耳。

案："无是"，四部丛刊本作"因是"⑥。

【第911页】《附山东乡试录》：吾夫子以道德之师，鐘灵毓秀，挺生于数千载之上，是皆穷天地，亘古今，超然而独盛焉者也。

案："鐘"，四部丛刊本作"鍾"⑦。

【第924页】《送南元善入觐序》：则及缉稽山书院，萃其秀颖，而日与之谆谆焉，亹亹焉，越月踰时，诚感而意孚。

案："及"，四部丛刊本作"又"⑧。

【第942页】《东林书院记》：然而世之宗先生者，或以其文輪之工，

---

① 王守仁撰：《王文成公全书》第4册，第877页。
② 同上书，第880页。
③ 同上书，第882页。
④ 同上书，第888页。
⑤ 同上。
⑥ 同上书，第900页。
⑦ 同上书，第901页。
⑧ 王守仁撰：《王文成公全书》第3册，第673页。

或以其学术之邃，或以其政事之良；……

案："文輪"，四部丛刊本作"文翰"①。

【第946—947页】《重修浙江贡院记》：夫兴居靡所而责以殚心厥事，人情有所不能矣。无亦休其启处，忧其饩养，使人乐事劝忠，以各供其职，庶亦尽心求士之诚乎！慢令弛禁，使陷罔于非僻，而后摧辱之，其为狎侮士类，亦甚矣！

案："忧其饩养"，四部丛刊本作"优其饩养"；"弛禁"，作"始禁"；"使陷罔于非僻"，作"罔使陷于非僻"②。

【第957页】《论元年春王正月》：是攘邻之鸡而恶有其为盗，责人之不弟而自殴其兄也。

案："恶有其为盗"，四部丛刊本无"有"字③。

【第962页】《书诸阳伯卷（戊寅）》：诸阳伯俛从予而问学，将别请言。

案："《书诸阳伯卷（戊寅）》"，四部丛刊本同，然四部丛刊本目录作"《书诸阳卷》"④。疑目录脱"伯"字。又："诸阳伯俛"，四部丛刊本同。过庭训《本朝分省人物考》卷四十四、徐象梅《两浙名贤录》卷三十七云，"诸俛，字扬伯，嘉兴人，正德丁丑进士"⑤。此所谓"诸阳伯俛"，即"诸扬伯俛"。《阳明先生年谱》"嘉靖九年甲戌五月"条云，"自徐爱来南都，同志日亲，黄宗明、薛侃、马明衡、陆澄、季本、许相卿、王激、诸俛、林达、张寰、唐愈贤、饶文璧、刘观时、郑骝、周积、郭庆、栾惠、刘晓、何鳌、陈杰、杨杓、白说、彭一之、朱篪辈，同聚师门，日夕渍砺不懈"⑥。其中提及"诸俛"之名。诸俛，应为阳明弟子。

【第997页】《瘗旅文》：薄暮复有人来，云："城下死者二人，傍一人

---

① 王守仁撰：《王文成公全书》第3册，第685页。
② 同上书，第688页。
③ 王守仁撰：《王文成公全书》第4册，第696页。
④ 同上书，第700页；第1册，第46页。
⑤ 过庭训《本朝分省人物考》、徐象梅《两浙名贤录》，《续修四库全书》，上海：上海古籍出版社，2002年版，第534册，第186—187页；第542册，第320—321页。
⑥ 王守仁撰：《王阳明全集（新编本）》第4册，第1243页。

坐叹。"

案:"城下",四部丛刊本作"坡下"①。

【第1000页】《祭浰头山神文》:坛而祀之,神亦永永无祚。

案:"无祚",四部丛刊本作"无怍"②。

【第1007—1008页】《祭杨士鸣文》:忠信明睿之资,一郡一邑之中不能一二见,而顾萃于一家之兄弟,又皆与闻斯道,以承千载之绝学,此岂也出于偶然者!

案:"此岂也出于偶然者",四部丛刊本无"也"字③。

【第1012页】《祭南海文》:天下之水,萃于南海;利济四方,涵儒万类。

案:"涵儒",四部丛刊本作"涵濡"④。

【第1017页】《大学问》:故方圆而不止于规矩,爽其则矣;长短而不止于尺度,乘其剂矣;轻重而不止于权衡,失其准矣;明明德、亲民而不止于至善,亡其本矣。

案:"乘其剂矣"之"乘",四部丛刊本作"乖"⑤。

【第1028页】《五经臆说十三条》:而四方诸侯莫不警惧修者,敦薄立懦,……

案:"修者",四部丛刊本作"修省"⑥。

【第1029页】《五经臆说十三条》:盖凡使我蒸民之得以粒食者,莫非尔后稷之德之所建也。

案:"蒸民",四部丛刊本作"烝民"⑦。

【第1029页】《五经臆说十三条》:奄忽之间,又将艾麦而舆东作矣。

案:"舆",四部丛刊本作"兴"⑧。

---

① 王守仁撰:《王文成公全书》第4册,第724页。
② 同上书,第726页。
③ 同上书,第731页。
④ 同上书,第734页。
⑤ 同上书,第737页。
⑥ 同上书,第745页。
⑦ 同上书,第746页。
⑧ 同上。

【第1030页】《五经臆说十三条》：由是乐声之喤喤，其整密丽肃者，莫非至敬之所寓，而雍容畅达者，莫非至和之所宣，其肃雍和鸣如此，是以幽有以感乎神，而先祖是听，明有以感乎人，而我客来观厥成者。

案："肃雍"，四部丛刊本作"肃雝"①。

【第1038页】《寄正宪男手墨二卷》：至今读之，宛然若示严范。

案："范"，四部丛刊本作"範"②。

【第1038页】《寄正宪男手墨二卷》：正宪年十四，袭师锦衣荫，喜正亿生，遂辞职出就科试。

案："荫"，四部丛刊本作"廕"③。

【第1039页】《寄正宪男手墨二卷》：前月曾遣舍人任锐寄书，歷此时当已发回。

案："歷"，四部丛刊本作"曆"④。此处句读应作：前月曾遣舍人任锐寄书、曆，此时当已发回。

【第1040页】《寄正宪男手墨二卷》：及切衬道义，请益求教，互相夹持，接引来学，真是一善一药。

案："切衬"，四部丛刊本作"切磋"⑤。

【第1040页】《寄正宪男手墨二卷》：在我一家则亦祖宗德泽阴庇，得天杀戮之惨，以免覆败之患。

案："得天"，四部丛刊本作"得無"⑥。

【第1043页】《与郭善甫》：来书所问数节，杨仁夫去，适禅事方毕，亲友纷至，未暇细答。

案："禅事"，四部丛刊本作"禫事"⑦。

---

① 王守仁撰：《王文成公全书》第4册，第747页。
② 同上书，第752页。
③ 同上。
④ 同上书，第753页。
⑤ 同上书，第754页。
⑥ 同上。
⑦ 同上书，第756页。

【第1047—1048页】《与顾惟贤》：其时贱恙当亦平复，即可放舟东下，与诸群一议地方事，遂图归计耳。

案："诸群"，四部丛刊本作"诸君"①。

【第1052页】《与王晋溪司马》：正署，伏惟为国为道自重，不宣。

案："署"，四部丛刊本作"暑"②。

【第1053页】《与王晋溪司马》：生于前月二十日，地方偶获征功，已于是月初二日具本闻奏。

案："征功"，四部丛刊本作"微功"③。

【第1055页】《与王晋溪司马》：祗命以来，推寻酿寇之由，率因姑息之弊。所敢陈情，实怙知已。

案："陈情"，四部丛刊本作"陈请"④。

【第1056页】《与王晋溪司马》：情隘词迫，氣冀矜亮，死罪死罪！

案："氣"，四部丛刊本作"乞"⑤。

【第1056页】《与王晋溪司马》：今虽不能大建奇伟之绩，以仰答知遇，亦幸苟无挠败戮辱，遣缪举之羞于门下，则守仁之罪责亦已少塞，而志愿亦可以无大憾矣，复何求哉！复何求哉！

案："遣"，四部丛刊本作"遗"⑥。

【第1060页】《与陆清伯书》：但不能致其本然之良知，是以物有不格，意有不诚，而卒人于小人之归。

案："卒人于"，四部丛刊本作"卒入于"⑦。

【第1061页】《又》：哀亦有和焉，发于至诚，而无所乘戾之谓也。

案："乘戾"，四部丛刊本作"乖戾"⑧。

---

① 王守仁撰：《王文成公全书》第4册，第759页。
② 同上书，第762页。
③ 同上书，第763页。
④ 同上书，第765页。
⑤ 同上书，第766页。
⑥ 同上。
⑦ 同上书，第769页。
⑧ 同上。

【第 1065 页】《自劾不职以明圣治事疏》：赖祖宗上天之灵，俾张永等早发其奸，陛下奋雷霆之断，诛灭党与，划涤凶秽；……

案："划涤"，四部丛刊本作"划滌"①。

【第 1076 页】《春郊赋别引》：国声得小卷，使世卿首会之作，国声与名父、东卿分书再会，成之书末会，谓守仁弱也，宜为诸公执笔砚之役以叙。

案："世卿"后，四部丛刊本有"书"字②。

【第 1079 页】《告谕庐陵父老子弟》：昨呼兑运军期面语，亦皆乐从，不敢有异。

案："军期"，四部丛刊本作"军旗"③。

【第 1080 页】《告谕庐陵父老子弟》：今姑未责尔，教尔以敦睦，其各息争安分，毋相侵陵。火巷吾将亲视，一不得，吾其罪尔矣。

案："吾其"，四部丛刊本作"其吾"④。

【第 1081 页】《庐陵县公移》：比因知县员缺，主簿宋海官征钱粮，典史林嵩郭粮，止有县丞杨融署印。

案："郭粮"，四部丛刊本作"部粮"⑤。

【第 1083 页】《教场石碑》：四省之寇，惟浰尤黠，拟官僭号，潜图孔蒸。

案："孔蒸"，四部丛刊本作"孔烝"⑥。

【第 1084 页】《铭一首》：惟黾焉而时敏，乃门然而日新。

案："門然"，四部丛刊本作"闇然"⑦。

【第 1084 页】《箴一首》：庶予知新，患在好焉。

案："焉"，四部丛刊本作"爲"⑧。

---

① 王守仁撰：《王文成公全书》第 4 册，第 772 页。
② 同上书，第 780 页。
③ 同上书，第 782 页。
④ 同上书，第 783 页。
⑤ 同上。
⑥ 同上书，第 785 页。
⑦ 同上。
⑧ 同上。

【第1086页】《祭刘仁征主事》：跖、蹻之得志，在往昔而既有；……

案："蹻"，四部丛刊本作"蹻"①。

【第1091页】《澹然子序》：两端妙阖辟，五连无留停。

案："五连"，四部丛刊本作"五运"②。

【第1094页】《东曹倡和诗序》：自命下暨分之行，曹属之为诗以写其眷留之情者，凡若干人。

案："分之行"，四部丛刊本作"公之行"③。

【第1095页】《豫轩都先生八十受封序》：遇南濠子、都玄敬于吴门。遂偕之入玄墓，登天平。

案："玄墓"，四部丛刊本作"玄幕"④。又：南濠子，为都玄敬之号，故此处句读应作：遇南濠子都玄敬于吴门。遂偕之入玄幕，登天平。

【第1098页】《性天卷诗序》：其奔决而僕夭，固非其天矣。

案："僕夭"，四部丛刊本作"仆夭"⑤。"僕"与"仆"在古汉语中音义有别。

【第1099页】《送陈怀文尹宁都序》：宜必有環奇之材，绝逸之足，干青云而蹑风电者，出乎其间矣。

案："環奇"，四部丛刊本作"瓌奇"⑥。

【第1099页】《送陈怀文尹宁都序》：既而匠石麋经，伯乐不遇，遂复困寂寞而伏监车者十有五年。

案："监车"，四部丛刊本作"塩车"⑦。塩，"鹽"之俗字。

【第1115页】《黄楼夜涛赋》：于是慨然长噫，欠伸起立，使童子启户凭栏而望之。

---

① 王守仁撰：《王文成公全书》第4册，第786页。
② 同上书，第789页。
③ 同上书，第791页。
④ 同上。
⑤ 同上书，第794页。
⑥ 同上。
⑦ 同上。

案："馮栏"，四部丛刊本作"憑栏"①。

【第1117页】《来雨山雪图赋》：下隔人世知几许，真境倒照见毛發，凡骨高寒难久留。

案："毛發"，四部丛刊本作"毛髮"②。

【第1119页】《又》：抟风自有天池翼，莫倚逢蒿斥鹌寞。

案："斥鹌"，四部丛刊本作"斥鷃"③。

【第1127页】《题施总兵所翁龙》：高堂四壁生风云，黑雷紫电日昼昏。……只今旱剧枯原野，万国苍生望沾麗。

案："日昼"，四部丛刊本作"白昼"；"沾麗"，作"沾灑"④。

【第1131页】《批南安府请兵策应呈》：二营人马专以相机剿袭为事，声东击西，务使踪迹靡定，條聚复散。

案："條聚"，四部丛刊本作"倏聚"⑤。

【第1135页】《刻期会剿咨》：续据县丞舒富等呈称，各辇贼首，闻知湖广士兵将到，欲奔桶冈，集众拒战，……

案："士兵"，四部丛刊本作"土兵"⑥。

【第1144页】《再批攻剿河源贼巢呈》：如是兵粗措置，俱已齐备，仰即马上差人飞报军门，以凭亲临督战。

案："兵粗"，四部丛刊本作"兵糧"⑦。

【第1165页】《行右江道招回新民牌》：一应机宜，牌谕所不能尽者，就与副总兵张祐计议施行，一面呈报。

案："张祐"，四部丛刊本作"张祐"⑧。

【第1176页】《批右江道移置凤化县南丹卫事宜呈》：若其因循玩愒，

---

① 王守仁撰：《王文成公全书》第4册，第805页。
② 同上书，第806页。
③ 同上书，第808页。
④ 同上书，第811页。
⑤ 同上书，第813页。
⑥ 同上书，第816页。
⑦ 同上书，第822页。
⑧ 同上书，第835页。

隳绩废事，非独自取败坏，抑且罪责难逃。

案："玩惕"，四部丛刊本作"玩愒"①。

【第1183页】《行吉安府禁止镇守贡献牌》：据吉安府御千户所旗甲马思禀称……

案："吉安府"后，四部丛刊本有"守"字②。

【第1185页】《差官调发梅花等峒义兵牌》：近因省城遭变，戕害守臣，正人心思奋，忠议效用之时。

案："忠议"，四部丛刊本作"忠义"③。此处句读应作：近因省城遭变，戕害守臣，正人心思奋忠义效用之时。

【第1186页】《行吉安府踏勘灾伤》：……各属调发官军，佥点民壮，保障城池，把绝要隘，圍结保甲，随同征进，……

案："圍结"，四部丛刊本作"團结"④。

【第1196页】《行江西按察司知会逆党宫眷姓名》：朱会價

案："朱会價"，四部丛刊本作"朱会价"⑤。

【第1202页】《禁省词論告谕》

案："词論"，四部丛刊本作"词讼"⑥。

【第1216页】《截剿安义逃贼牌》：除行知县熊價，专一防守县治，以守为战；

案："熊價"，四部丛刊本作"熊价"⑦。

【第1219页】《批江西布政司清查造册呈》：且将别项职事，牒委佐贰官分埋，俱要专心致志，身亲椶核，照式依期清量查造，……

案："椶核"，四部丛刊本作"综核"⑧。

---

① 王守仁撰：《王文成公全书》第4册，第842页。
② 同上书，第846页。
③ 同上书，第848页。
④ 同上。
⑤ 同上书，第855页。
⑥ 同上书，第860页。
⑦ 同上书，第870页。
⑧ 同上书，第872页。

【第 1223 页】《行岭北道申明教场军令》：各兵遇上班之日，不许因便赴该道府告家乡户婚田上等项事情，查出痛责四十。

案："告"，四部丛刊本作"诉告"；"田上"，作"田土"①。

【第 1225 页】《年谱一》：父讳华，字聽辉，别号实庵，晚称海日翁，尝读书龙泉山中，又称龙山公。

案："聽辉"，四部丛刊本作"德辉"②。

【第 1227 页】《年谱一》：时幾内石英、王勇盗起，……

案："幾内"，四部丛刊本作"畿内"③。

【第 1252 页】《年谱一》：吾南调两广之狼达，西调湖湘之士兵，……

案："士兵"，四部丛刊本作"土兵"④。

【第 1261 页】《年谱一》：先生出入贼垒，未暇宁居，门人薛侃、欧阳德、梁焯、何廷仁、黄弘纲、薛俊、杨骥、郭治、周仲、周衝、周魁、郭持平、刘道、袁梦麟、王舜鹏、王学益、余光、黄槐密、黄鏊、吴伦、陈稷刘、鲁扶敝、吴鹤、薛侨、薛宗铨、欧阳昱，皆讲聚不散。

案："扶敝"，四部丛刊本作"扶黻"⑤。又据余重耀《阳明弟子传纂》目录，"陈稷刘"、"鲁扶（敝）[黻]"，应作"陈稷"、"刘鲁"、"扶黻"⑥。此处句读应作：先生出入贼垒，未暇宁居，门人薛侃、欧阳德、梁焯、何廷仁、黄弘纲、薛俊、杨骥、郭治、周仲、周衝、周魁、郭持平、刘道、袁梦麟、王舜鹏、王学益、余光、黄槐密、黄鏊、吴伦、陈稷、刘鲁、扶黻、吴鹤、薛侨、薛宗铨、欧阳昱，皆讲聚不散。

【第 1269 页】《年谱二》：备云兵部咨题，准令许泰、卻永分领边军四万，从凤阳陆路进；……

---

① 王守仁撰：《王文成公全书》第 4 册，第 875 页。
② 王守仁撰：《王文成公全书》第 5 册，第 903 页。
③ 同上书，第 904 页。
④ 同上书，第 923 页。
⑤ 同上书，第 931 页。
⑥ 余重耀撰：《阳明先生传纂（附阳明弟子传纂）》，目录，第 18 页。

案："郤永"，四部丛刊本作"郤永"①。

【第1281页】《年谱二》：正者，正此也；诚者，诚此也；致者，致此也；格者，格此也。皆所谓穷理以尽也。

案："尽"后，四部丛刊本有"性"字②。

【第1291页】《年谱二》：十月二日，封新建伯。

案："十月二日"，四部丛刊本作"十有二月"③。

【第1293页】《年谱三》：二月十二日己丑，海日翁年七十，疾且革。

案："海日翁年七十疾且革"，四部丛刊本作"海日翁年七十　疾且革"④，即"年七十"后，留有占一字之空白。据杨一清《海日先生墓志铭》、陆深《海日先生行状》，阳明之父海日翁正统十一年丙寅九月甲午，辛于嘉靖元年壬午二月十二日己丑，享年七十有七⑤。"年七十"后之空白处，所缺应为"七"字。《年谱》于"海日翁年七十"后所留之空白，常为人忽略，并因此而误以海日翁之享年为七十⑥。

【第1294页】《年谱三》：越俗宴吊，客必列饼糖，设文绮，烹鲜割肥，以竞丰侈，先生尽革之。……后甘泉先生来吊，见肉食不喜，遗书致责。先生引罪不辩。

案：两"吊"字，四部丛刊本作"弔"；"遗书"，作"遣书"⑦。又：此处句读应作：越俗宴弔客，必列饼糖，设文绮，烹鲜割肥，以竞丰侈，先生尽革之。……后甘泉先生来弔，见肉食，不喜，遣书致责。先生引罪不辩。

【第1297页】《年谱三》：　其心已破坏矣，故不可与人尧、舜之道。

---

① 王守仁撰:《王文成公全书》第5册，第937页。
② 同上书，第946页。
③ 同上书，第954页。
④ 同上书，第956页。
⑤ 王守仁撰:《王阳明全集（新编本）》第4册，第1403、1404、1415、1422页。
⑥ 例如，毛奇龄撰《王文成传本》即以海日翁享年为七十岁。(毛奇龄撰《王文成传本》，《续修四库全书》第551册，第95页。又参余重耀撰《阳明先生传纂》第4卷，第1—2页）
⑦ 王守仁撰:《王文成公全书》第5册，第956页。

案:"与人",四部丛刊本作"与入"①。

【第1304页】《年谱三》:其或矜己之长,攻人之短,粗心浮气,矫以沽名,讦以为道,挟胜心而行愤嫉,以圮族败群为志,则虽日讲时习于此,亦无益矣。

案:"为道",四部丛刊本作"为直"②;《书中天阁勉诸生》亦作"为直"③。

【第1305页】《年谱三》:穷理者,兼格致城正而为功也;……

案:"城",四部丛刊本作"诚"④。

【第1312页】《年谱三》:然而夫子汲汲遑遑,若求亡子于道路,而不假于暖席者,宁以蕲人之信我知我而已哉?

案:"不假",四部丛刊本作"不暇"⑤。

【第1315页】《年谱三》:先生许刻附录一卷,以遣守益,凡四册。

案:"遣",四部丛刊本作"遗"⑥。

【第1323页】《年谱三》:譬诸养蚕,便杂一烂蚕其中,则一筐好蚕尽为所坏矣。

案:"便",四部丛刊本作"但"⑦。

【第1323页】《年谱三》:此议深知大拂喜事者之心,然欲杀敌千无罪之人,以求成一将之功,仁者之所不忍也。

案:"敌千",四部丛刊本作"数千"⑧。

【第1325页】《年谱三》:绥之斯来,速于邮传,舞于之化,何以加焉。

案:"舞于",四部丛刊本作"舞干"⑨。《田州立碑》亦作"舞干"⑩。

---

① 王守仁撰:《王文成公全书》第5册,第958页。
② 同上书,第964页。
③ 王守仁撰:《王阳明全集(新编本)》第1册,第296页。
④ 王守仁撰:《王文成公全书》第5册,第965页。
⑤ 同上书,第971页。
⑥ 同上书,第973页。
⑦ 同上书,第979页。
⑧ 同上。
⑨ 同上书,第981页。
⑩ 王守仁撰:《王阳明全集(新编本)》第3册,第994页。

【第1328页】《年谱三》：如农夫之植嘉禾，以去稂莠，深耕易耨，薹菑灌溉，专心一事，勤诚无情，必有秋获。夫善者益知所劝，则助恶者日衰；恶者益知所惩，则向善者益众：此抚柔之道，而非专有恃于甲兵者也。

案："薹"，四部丛刊本作"芸"；"无情"，作"无惰"；"所劝"，作"所勸"①。"薹"与"芸"在古汉语中含义有别。

【第1328页】《年谱三》：日与各学顺生朝夕开讲，已觉渐有奋发之志。

案："顺生"，四部丛刊本作"師生"②。

【第1328页】《年谱三》：不该赴试者，如常朝夕娶会。

案："娶会"，四部丛刊本作"聚会"③。

【第1329页】《年谱三》：诸生之中，有不率教者，时行榎楚，以警其情。

案："其情"，四部丛刊本作"其惰"④。

【第1335页】《年谱三》：我祖死国事，肇禮在增城。

案："禮"，四部丛刊本作"禋"⑤。《书甘泉壁》亦作"禋"⑥。

【第1348页】《年谱附录一》：记略曰："心极之义，其昉诸古乎？……"

案："昉"，四部丛刊本作"昉"⑦。

【第1349页】《年谱附录一》：有无之间不可以致诘，虽欲从之，未由也已。

案："未由"，四部丛刊本作"末由"⑧。

【第1350页】《年谱附录一》：至嘉靖甲子，衡为尚书，贤宣为方伯，与太僕卿刘悫复完書业，祭祀规制大备，名曰云兴书院云。

---

① 王守仁撰：《王文成公全书》第5册，第983页。
② 同上书，第984页。
③ 同上。
④ 同上。
⑤ 同上书，第989页。
⑥ 王守仁撰：《王阳明全集（新编本）》第3册，第835页。
⑦ 王守仁撰：《王文成公全书》第5册，第1000页。
⑧ 同上。

案:"書业",四部丛刊本作"舊业"①。

【第1354页】《年谱附录一》:是月,洪送王正亿入胄监。

案:"人",四部丛刊本作"入"②。

【第1358页】《年谱附录一》:为此仰本县官史照牌事例,限三日内即查究清理,……

案:"官史",四部丛刊本作"官吏"③。

【第1365页】《年谱附录一》:予往来吉、赣,问其父老云,……

案:此处,四部丛刊本作"予往来吉、赣间,其父老云"④。而徐阶《阳明先生画像记》原文作"予往来吉、赣间,问其父老云"⑤。

【第1368页】《年谱附录一》:丁卯五月,诏病故大臣有应得恤典赠谥而未得者,许部院科道官议奏定夺。

案:"五月",四部丛刊本作"正月"⑥。

【第1372页】钱德洪《阳明先生年谱序》:静摄既久,恍若有悟,蝉脱尘盆,有飘飘遐举之意焉。

案:"尘盆",四部丛刊本作"尘坌"⑦。

【第1372页】钱德洪《阳明先生年谱序》:师既没,吾党学未得止,各执所闻以立教。

案:"止",四部丛刊本作"正"⑧。

【第1390页】钱德洪《答论年谱书》:比非尽性尽仁,'良知'真自得手,乌足与语。

案:"比",四部丛刊本作"此"⑨。

---

① 王守仁撰:《王文成公全书》第5册,第1001页。
② 同上书,第1004页。
③ 同上书,第1008页。
④ 同上书,第1013页。
⑤ 王守仁撰:《王阳明全集(新编本)》第4册,第1508页。
⑥ 王守仁撰:《王文成公全书》第5册,第1016页。
⑦ 同上书,第1019页。
⑧ 同上。
⑨ 同上书,第1033页。

【第1395页】钱德洪《答论年谱书》：师殁后，吾党之教日多歧矣。洪居吴时，见吾党喜为高论，立异说，以为亲得师传，而不本其言之有自。不得已，因其所举而指示言之端。私录数条，未敢示人。不意为好事者窃录。甲午主试广东，其录已久岭表。故归而删正；刻《传习续录》于水西，实以破传者之疑，非好为多述，以耸学者之听也。

案："言之端"，四部丛刊本作"立言之端"；"已久岭表"，作"已入岭表"①。

【第1405页】杨一清《海日先生墓志铭》：浙江方伯祁阳宁君良择师与张公。

案："与"，四部丛刊本作"於"②。

【第1431—1432页】黄绾《阳明先生行状》：我兵乘胜骤进，指挥谢咏、马廷瑞兵由间道先入，悉焚贼巢。

案："谢咏"，四部丛刊本作"谢昶"③。

【第1449页】黄绾《阳明先生行状》：……有为潜布腹心于各镇及幾内各要地，复阴置奸徒于沧州、淮扬、山东、河南之间。

案："幾内"，四部丛刊本作"畿内"④。

【第1454页】《亲友祭文》：方其抗逆坚也，而奸党息；……

案："逆坚"，四部丛刊本作"逆竖"⑤。

【第1463页】《门人祭文》：夫何中山之功甫就，俄盈谤箧之书；武侯之恨有馀，辄动英雄之抚。

案："抚"，四部丛刊本作"怃"⑥。

【第1466页】《讣告同门》：去年季冬十九日，宽、畿西渡钱塘，将北趋殿封。

---

① 王守仁撰：《王文成公全书》第5册，第1036页。
② 同上书，第1042页。
③ 同上书，第1061页。
④ 同上书，第1075页。
⑤ 同上书，第1078页。
⑥ 同上书，第1084页。

案："殿封"，四部丛刊本作"殿對"①。

【第1466页】《讣告同门》：……三年之外，门人治任将归，人揖子贡，相向失声，是非儿女之情也。

案："人揖"，四部丛刊本作"入揖"②。

【第1471页】《谢江广诸当道书》：死乎！何至此极邪！

案："死乎"，四部丛刊本作"天乎"③。

【第1472页】《再谢汪诚斋书》：戚公之私，与日俱积。

案："戚"，四部丛刊本作"感"④。

【第1493页】钱德洪《征宸濠反间遗事》：许泰、郤永分领边军四万，从凤阳等处陆路径扑南昌；……

案："郤永"，四部丛刊本作"郐永"⑤。

【第1503页】《移置阳明先生石刻记》：而先生治兵料敌，卒不以平奸宄者，皆原于切劘之力。

案："卒不以平奸宄者"，四部丛刊本无"不"字⑥。此文乃罗洪先作品。《罗洪先集》所收此文，亦无"不"字⑦。

【第1518页】《辨明功罚疏》：迭僕迭起，朝野推重。

案："僕"，四部丛刊本作"仆"⑧。"僕"与"仆"在古汉语中音义有别。

【第1522页】《题赠谥疏》：原任太子太保吏部尚书兼武英殿大学士石瑶，今赠少保。

案："石瑶"，四部丛刊本作"石珤"⑨。

---

① 王守仁撰：《王文成公全书》第5册，第1085页。
② 同上书，第1087页。
③ 同上书，第1088页。
④ 同上书，第1089页。
⑤ 同上书，第1105页。
⑥ 同上书，第1112页。
⑦ 罗洪先撰：《罗洪先集》上册（徐儒宗编校整理），南京：凤凰出版社，2007年版，第138页。
⑧ 王守仁撰：《王文成公全书》第5册，第1123页。
⑨ 同上书，第1126页。

《王阳明全集（新编本）》点校指瑕　253

【第2078页】徐阶《王文成公全书序》：……已而阅公文，见所谓录若集各自为书，惧夫四方正学者或弗克尽读也，遂汇而寿诸梓，名曰《全书》，属阶序。

案："四方正学者"，四部丛刊本作"四方之学者"①。

【第2088页】钱德洪《刻文录叙说》：……明日又进贵溪，扶丧还玉山。至草萍驿，戒记书筐，故诸稿幸免散逸。

案："书筐"，四部丛刊本作"书箧"②。

【第2090页】钱德洪《刻文录叙说》：狂者志存古人，一切声利纷华之染，无所累其衷，真有凤凰翔依千仞气象。

案："翔依"，四部丛刊本作"翔于"③。

二、标点断句方面的错误

在标点方面，《王阳明全集（新编本）》亦存在一些错误。其中，有因不熟悉文献或不了解地名、人名而导致之错误，有因不理解文义或疏忽而导致之错误，兹略加罗列与订正。

（一）因不熟悉文献或不了解地名、人名等而导致之错误

【第21页】《传习录上》：良久曰："更觉'良工心独苦'。"

案："更觉良工心独苦"，语出杜甫《题李尊师松树障子歌》"老夫平好奇古，对此兴与精灵聚。已知仙客意相亲，更觉良工心独苦"④。此处句读应作：良久曰："'更觉良工心独苦'。"

【第121页】《传习录下》：全得仁体，则天下皆归于吾。仁就是"八荒皆在我闼"意，天下皆与，其仁亦在其中。

案："天下皆与其仁"，语本朱熹《论语集注》"则天下之人皆与其

---

① 王守仁撰：《王文成公全书》第1册，第1页。
② 同上书，第12页。
③ 同上书，第14页。
④ 仇兆鳌撰：《杜诗详注》第2册，北京：中华书局，1995年版，第460页。

仁"①。此处句读应作：全得仁体，则天下皆归于吾仁，就是'八荒皆在我闼'意，'天下皆与其仁'亦在其中。②

【第443页】《处置府县从逆官员疏》：……知事张澍、照磨、雷燮，……

案："照磨"，为官职名，非人名。此处句读应作：……知事张澍、照磨雷燮，……

【第849页】《答储柴墟》：仲由少颜、路三岁，回、由之赠处，盖友也。

案：颜路，颜回之父，孔子弟子。此处句读应作：仲由少颜路三岁，回、由之赠处，盖友也。

【第879页】《山东乡试录序》：颜渊曰："舜何？人也；予何？人也；有为者亦若是。"

案：此所引述颜渊语，见《孟子·滕文公上》③。此处句读应作：颜渊曰："舜何人也？予何人也？有为者亦若是。"

【第899—900页】《附山东乡试录》：《传》曰："礼也者，义之实也，协诸义而协则礼，虽先王未之有，可以义起也。"

案：此所引述《传》言，见《礼记·礼运》④。此处句读应作：《传》曰："礼也者，义之实也，协诸义而协，则礼虽先王未之有，可以义起也。"

【第989页】《太傅王文恪公传》：曾祖伯英。祖惟道。考光化，知县朝用。皆赠光禄大夫柱国少傅兼太子太傅户部尚书武英殿大学士，妣三代皆一品夫人。

案：光化为县名，明时属湖广襄阳府。此处句读应作：曾祖伯英、祖惟道、考光化知县朝用，皆赠光禄大夫柱国少傅兼太子太傅户部尚书武英

---

① 朱熹撰：《四书章句集注》，第155页。
② 叶绍钧、陈荣捷、邓艾民诸先生亦将"'天下皆与其仁'亦在其中"之句读，误作"天下皆与，其仁亦在其中"。（叶绍钧点注：《传习录》，台北：商务印书馆，1968年版，第240页；陈荣捷撰：《王阳明传习录详注集评》，第338页；邓艾民撰：《传习录注疏》，第362页）
③ 朱熹撰：《四书章句集注》，第195页。
④ 朱彬撰：《礼记训纂》上册（饶钦农点校），北京：中华书局，1996年版，第353页。

殿大学士,妣三代皆一品夫人。

【第 999 页】《祭郑朝朔文》:古称豪杰,无文犹兴;有如君者,无愧斯称!

案:"古称豪杰,无文犹兴",典出《孟子·尽心上》"待文王而后兴者,凡民也。若夫豪杰之士,虽无文王犹兴"①。"无文犹兴"之"文",指文王。此处句读应作:古称豪杰,无文犹兴;有如君者,无愧斯称!

【第 1030 页】《与滁阳诸生书并问答语》:嘉靖癸丑秋,太仆少卿吕子怀复聚徒于师祠。

案:吕怀,字汝德,号巾石,湛若水弟子。此处句读应作:嘉靖癸丑秋,太仆少卿吕子怀复聚徒于师祠。

【第 1031 页】《与滁阳诸生书并问答语》:是书孟源、伯生得之金陵。

案:孟源,字伯生。此处句读应作:是书孟源伯生得之金陵。

【第 1045 页】《与顾惟贤》:向在南都相与者,曰仁之外,尚有太常博士马明衡、兵部主事黄宗明、见素之子林达有、御史陈杰、举人蔡宗兖、饶文璧之属。

案:"见素之子林达有",应为"见素之子林达"。见素,即林俊(字待用,号见素,福建莆田人)。《明史·林俊传》云,林俊之子林达,"正德九年进士,官至南京吏部郎中,工篆籀,能古文"②。《阳明先生年谱》于"正德七年壬申三月"条、"正德九年甲戌五月"条两次提到"林达"③。据林达《同心之言诗卷序》之落款"正德丁丑暮春,友人莆田林达志道书"④,林达字志道。顺便说一句,其实,林达就是《传习录》中"志道问.荀子云'养心莫善于诚',先儒非之,何也"之"志道"⑤。由此可知,林

---

① 朱熹撰:《四书章句集注》,第 416 页。
② 张廷玉撰:《明史》第 17 册,第 5140 页。
③ 王守仁撰:《王阳明全集(新编本)》第 4 册,第 1241、1243 页。
④ 王守仁撰:《王阳明全集(新编本)》第 5 册,第 1794 页。
⑤ 王守仁撰:《王阳明全集(新编本)》第 1 册,第 38 页。案:《传习录》中之"志道"为何许人,研究《传习录》之名家佐藤一斋、陈荣捷以及邓艾民诸先生均谓,其姓字乡贯"未考"或"不详"。(佐藤坦撰:《传习录栏外书》,《佐藤一斋全集》第 5 卷,第 361 页;陈荣捷撰:《王阳明传习录详注集评》,第 144 页;邓艾民撰:《传习录注疏》,第 134 页)

达,字志道,福建莆田人,林俊之子,阳明门人。此处句读应作:向在南都,相与者,曰仁之外,尚有太常博士马明衡、兵部主事黄宗明、见素之子林达,有御史陈杰、举人蔡宗兖、饶文璧之属。

【第1069页】《乞恩表扬先德疏》:臣又伏睹陛下即位诏书,内开:"自弘治十八年五月十八日以后,大小官员有因忠直谏诤,及守正被害去任等项,各该衙门备查奏请,大臣量进阶级,并与应得恩荫。"臣父以守正触怒逆瑾,无故被害去任,……

案:两"守正"并非专有名词,不必加专名线。此处句读应作:臣又伏睹陛下即位诏书,内开:"自弘治十八年五月十八日以后,大小官员有因忠直、谏诤及守正被害去任等项,各该衙门备查奏请,大臣量进阶级,并与应得恩荫。"臣父以守正触怒逆瑾,无故被害去任,……

【第1097页】《送黄敬夫先生佥宪广西序》:入为冬官主事,出治水于山东,改秋官主事,擢员外郎,僚寀曰:"吾兄弟也。"

案:"僚寀",指同官、同事①,并非专有名词,亦非人名,不必加专名线。此处句读应作:入为冬官主事,出治水于山东,改秋官主事,擢员外郎,僚寀曰:"吾兄弟也。"

【第1232页】《年谱一》:巡按山东监察御史陆偁聘主乡试,试录皆出先生手笔。

案:此处句读应作:巡按山东监察御史陆偁聘主乡试,试录皆出先生手笔。

【第1373页】钱德洪《阳明先生年谱序》:偕抚君、胡汝茂往哭之。

案:抚君,并非专有名词,亦非人名,不必加专名线。此处句读应作:偕抚君胡汝茂往哭之。

【第1449页】黄绾《阳明先生行状》:所著有《阳明集》、《居夷集》、《抚夷节略》、《五经臆说》、《大学古本旁注》及门人所记《传习录》,所纂则言诵而习者可知其造诣矣。

---

① 广东、广西、湖南、河南辞源修订组与商务印书馆编辑部编《辞源》(修订本)上册,北京:商务印书馆,1991年版,第258页。

案：《则言》，即《阳明先生则言》（二卷），由薛侃等编纂、刊刻。此处句读应作：所著有《阳明集》、《居夷集》、《抚夷节略》、《五经臆说》、《大学古本旁注》及门人所记《传习录》、所纂《则言》，诵而习者可知其造诣矣。

【第1547页】《传习录拾遗》：曰："狂狷为孔子所思，然至乎传道，不及琴、张辈，而传习曾子，岂曾子乃狂狷乎？"曰："不然。琴、张辈，狂者之禀也。虽有所得，终止于狂。曾子，中行之禀也，故能悟入圣人之道。"

案：琴张，春秋时卫人，名牢，字子开，一字子张，以字配姓为琴张。孔子弟子[1]。此处句读应作：曰："狂狷为孔子所思，然至乎传道，不及琴张辈，而传习曾子，岂曾子乃狂狷乎？"曰："不然。琴张辈，狂者之禀也。虽有所得，终止于狂。曾子，中行之禀也，故能悟入圣人之道。"

【第1582页】《与道通书（五）》：颜子当时在陋巷，不改其乐，亦正是箪食瓢饮之时。当时颜、路尚在，安得无仰事俯育？

案：颜路，颜渊之父。此处句读应作：颜子当时在陋巷，不改其乐，亦正是箪食瓢饮之时。当时颜路尚在，安得无仰事俯育？

【第1629页】《言行录汇辑上》：来教云："先师谓：'良知是未发之中，此是骨髓入微处。若从此致之，便自能感而遂通，便自能物来顺应。''便自能'三字，先师提省人，免得临事揣摩、赚入义，袭科白。"

案："义袭"为一词，语出《孟子·公孙丑上》"是集义所生者，非义袭而取之也"[2]。此处句读应作：来教云："先师谓'良知是未发之中，此是骨髓入微处。若从此致之，便自能感而遂通，便自能物来顺应'。'便自能'三字，先师提省人，免得临事揣摩、赚入'义袭'科白。"

【第1669页】《言行录辑要下》：先师之宰庐陵也，惠爱沦浃，弦诵满城，人俨然以宓子言游视之，谓守令治法中，殆无复余理。

案：宓子、言游，均为孔子弟子。此处句读应作：先师之宰庐陵也，

---

[1] 《辞源》（修订本）下册，第2065页。
[2] 朱熹撰：《四书章句集注》，第270页。

惠爱沧浃，弦诵满城，人俨然以宓子、言游视之，谓守令治法中，殆无复馀理。

【第1952页】《牌委福建都布按三司照处本地叛军》：……由水路于本月十五日行至丰城县地，名黄土脑节。据地方总甲人等禀报，……

案：此处句读应作：……由水路于本月十五日行至丰城县地名黄土脑，节据地方总甲人等禀报，……

【第2133页】钱启忠《重刻传习录后叙》：传有之，信。信也疑，疑亦信也，而先儒亦言此道要信得及。

案：此所引述传言，见《荀子·非十二子》，文云"信信，信也；疑疑，亦信也"①。此处句读疑应作：传有之："信，信也；疑疑，亦信也。"而先儒亦言"此道要信得及"。

【第2207页】熊德阳《重刻王文成公传习录序》：学问之道在求放心，旦昼反复，愈放愈远，而愈失孟氏。犹于不屑不受其颡有泚处，指其萌芽，所谓复其见天地之心乎？

案："不屑不受"，典出《孟子·公孙丑上》；"其颡有泚"典出《孟子·滕文公上》②；"复其见天地之心"，语见《周易·复卦》③。此处句读应作：学问之道在求放心，旦昼反复，愈放愈远而愈失。孟氏犹于"不屑不受"、"其颡有泚"处，指其萌芽，所谓"复其见天地之心乎"！

【第2212页】佐藤坦《传习录栏外书跋文》：明季自陈建著《学蔀通辨》，而求是编，异端辨正诸书并出，各肆骂詈。

案：此处句读应作：明季自陈建著《学蔀通辨》，而《求是编》、《异端辨正》诸书并出，各肆骂詈。

【第2227页】张元忭《跋客座私祝》：忭佩服先生之训，如临左右常张之客座间，凡见者亡不瞻对徘徊，起高山之仰永。春季金部启东甫，请

---

① 王先谦撰：《荀子集解》上册（沈啸寰、王星贤点校），北京：中华书局，1997年版，第97页。
② 朱熹撰：《四书章句集注》，第280、307页。
③ 黄寿祺、张善文译注：《周易译注》，上海：上海古籍出版社，1990年版，第205页。

重刻之，以惠同好。

案：永春，地名，在福建。金部，官名，属户部，掌库藏等①。季，为"启东甫"之姓氏。此处句读应作：忱佩服先生之训，如临左右，常张之客座间，凡见者亡不瞻对徘徊，起高山之仰。永春季金部启东甫请重刻之，以惠同好。

【第2232页】蒋冕《贺总督军务新建伯南京兵部尚书兼都察院左都御史阳明王公平寇序》：布政既陟，都宪抚治郧阳滨行，谓公抚定削平之功，在吾广右者，不可无纪述，以为圣天子简任得人贺也。

案：布政，指林富；广右，即广西。此处句读应作：布政既陟都宪，抚治郧阳，滨行，谓公抚定削平之功在吾广右者，不可无纪述，以为圣天子简任得人贺也。

【第2249页】耿定向《新建伯文成王先生世家》：谅故游聘君康斋门者，为语"圣人为必可至"，深契焉。

案：聘君康斋，指吴与弼。娄谅曾从学于吴与弼。此处句读应作：谅故游聘君康斋门者，为语"圣人为必可至"，深契焉。

（二）因不理解文义或因疏忽而导致之错误

【第2页】《传习录上》：今姑就所问者言之：且如事父不成，去父上求个孝的理？事君不成，去君上求个忠的理？交友治民不成，去友上民上求个信与仁的理？都只在此心。

案："不成"，犹言"难道"②。此处句读应作：今姑就所问者言之。且如事父，不成去父上求个孝的理？事君，不成去君上求个忠的理？交友治民，不成去友上民上求个信与仁的理？都只在此心。

【第35页】《传习录上》：先生曰："学是学去人欲，存天理；从事于去人欲，存天理，则自正。诸先觉考诸古训，……"

案：此处句读应作：先生曰："学是学去人欲、存天理。从事于去人欲、存天理，则自正诸先觉、考诸古训，……"

---

① 参《辞源》（修订本）下册，第3158页。
② 《辞源》（修订本）上册，第67页。

【第37页】《传习录上》：孩提之童，无不知爱其亲，无不知敬其兄，只是这个灵能不为私欲遮隔，充拓得尽，便完；完是他本体，便与天地合德。

案："完完"，完整无缺貌①。此处句读应作：孩提之童，无不知爱其亲，无不知敬其兄，只是这个灵能不为私欲遮隔，充拓得尽，便完完是他本体，便与天地合德。

【第47页】《传习录中·答顾东桥书》：朱子以"尽心、知性、知天"为物格、知致，以"存心、养性、事天"为诚意、正心、修身，以"殀寿不贰、修身以俟"为知至仁、尽圣人之事。

案：此处句读应作：朱子以"尽心、知性、知天"为物格、知致，以"存心、养性、事天"为诚意、正心、修身，以"殀寿不贰、修身以俟"为知至仁尽、圣人之事。

【第84页】《传习录中·答罗整庵少宰书》：夫众方嘻嘻之中，而独出涕嗟，若举世恬然以趋，而独疾首蹙额以为忧，……

案：此处句读应作：夫众方嘻嘻之中，而独出涕嗟若；举世恬然以趋，而独疾首蹙额以为忧，……

【第112页】《传习录下》：《易》是问诸天人，有疑自信不及，故以《易》问天；谓人心尚有所涉，惟天不容伪耳。

案：此处句读应作：《易》是问诸天。人有疑，自信不及，故以《易》问天，谓人心尚有所涉，惟天不容伪耳。

【第114页】《传习录下》：先生曰："孔子无不知而作；颜子有不善，未尝不知，此是圣学真血脉路。"·

案：此处句读应作：先生曰："孔子无不知而作，颜子有不善未尝不知，此是圣学真血脉路。"

【第125页】《传习录下》：先生曰："苏秦、张仪之智也，是圣人之资。……"

---

① 《辞源》（修订本）上册，第808页。

案：此处句读应作：先生曰："苏秦、张仪之智，也是圣人之资。……"

【第140页】《朱子晚年定论》：予既自幸其说之不谬于朱子，又喜朱子之先得我心之同，然且慨夫世之学者徒守朱子中年未定之说，而不复知求其晚岁既悟之论，……

案：此处句读应作：予既自幸其说之不谬于朱子，又喜朱子之先得我心之同然，且慨夫世之学者徒守朱子中年未定之说，而不复知求其晚岁既悟之论，……

【第145页】《朱子晚年定论》：道间与季通讲论，因悟向来函养工夫全少，而讲说又多，疆探必取寻流逐末之弊。

案：此处句读应作：道间与季通讲论，因悟向来函养工夫全少，而讲说又多疆探必取、寻流逐末之弊。

【第148页】《朱子晚年定论》：若信不及孟子，又说个第二节工夫，又只引成覸、颜渊、公明仪三段说话教人如此，发愤勇猛向前，日用之间，不得存留一毫人欲之私在这里，此外更无别法。

案：此处句读应作：若信不及，孟子又说个第二节工夫，又只引成覸、颜渊、公明仪三段说话教人，如此发愤勇猛向前，日用之间，不得存留一毫人欲之私在这里，此外更无别法。

【第148页】《朱子晚年定论》：学问根本在日用间，持敬集义工夫，直是要得念念省察。

案：此处句读应作：学问根本，在日用间持敬集义，工夫直是要得念念省察。

【第160页】《寄诸用明》：阶阳诸侄，闻去岁皆出投试，非不喜其年少有志，然私心切不以为然。不幸遂至于得志，岂不误却此生耶？

案："阶、阳"指诸阶、诸阳，乃阳明妻弟诸用明之二子。此处句读应作：阶、阳诸侄，闻去岁皆出投试，非不喜其年少有志，然私心切不以为然。不幸遂至于得志，岂不误却此生耶？

【第255页】《紫阳书院集序》：是故于父，子尽吾心之仁；于君，臣尽吾心之义；……

案：此处句读应作：是故于父子尽吾心之仁，于君臣尽吾心之义；……

【第265页】《从吾道人记》：……岂独今之时而未见，若人将古之记传所载，亦未多数也。

案：此处句读应作：……岂独今之时而未见若人，将古之记传所载，亦未多数也。

【第272页】《稽山书院尊经阁记》：……于是使山阴令吴君瀛拓书院而一新之，又为"尊经之"阁于其后。

案：此处句读应作：……于是使山阴令吴君瀛拓书院而一新之，又为尊经之阁于其后。

【第277页】《示弟立志说》：故凡一毫私欲之萌，只责此志不立，即私欲便退；听一毫客气之动，只责此志不立，即客气便消除。

案：此处句读应作：故凡一毫私欲之萌，只责此志不立，即私欲便退听；一毫客气之动，只责此志不立，即客气便消除。

【第287页】《书石川卷》：近闻同志中亦有类此者，切须戒勉，乃为无负！孔子云："默而识之，学而不厌"，斯乃深望于同志者也。

案：此处句读应作：近闻同志中亦有类此者，切须戒勉，乃为无负孔子云"默而识之"、"学而不厌"，斯乃深望于同志者也。

【第295页】《书张思钦卷》：故子为贤人也，则其父为贤人之父矣；子为圣人也，则其父为圣人之父矣。其与托之于人之言也，孰愈夫叔梁纥之名，至今为不朽矣，则亦以仲尼之为子耶？抑亦以他人为之铭耶？

案：此处句读应作：故子为贤人也，则其父为贤人之父矣；子为圣人也，则其父为圣人之父矣。其与托之于人之言也，孰愈？夫叔梁纥之名，至今为不朽矣，则亦以仲尼之为子耶？抑亦以他人为之铭耶？

【第365页】《横水桶冈捷音疏》：知县王天与率兵千馀，自上犹县白面入；……

案：此处句读应作：知县王天与率兵千馀，自上犹县白面入；……

【第451页】《乞宽免税粮急救民困以弭灾变疏》：况军旅旱干，一时并作，虽富室大户，不免饥馑，下户小民，得无转死沟壑，流散四方乎？

案：此处句读应作：况军旅旱干，一时并作，虽富室大户不免饥馑，下户小民得无转死沟壑、流散四方乎？

【第456页】《计处地方疏》：及将于内官房酌量移改城楼窝铺衙门，馀外无碍田地山塘房屋，仍令各官公同照依时估变價，银入官，……

案：此处句读应作：及将于内官房酌量移改城楼窝铺衙门，馀外无碍田地山塘房屋，仍令各官公同照依时估变，價银入官，……

【第502页】《奏报田州思恩平复疏》：土民既皆诚心悦服，不须复以兵守，省调发之费，岁以数千官军，免踏顿道途之苦，居民无往来骚屑之患，商旅能通行，农安其业，近悦远来，德威覃被，其善十也。

案：此处句读应作：土民既皆诚心悦服，不须复以兵守，省调发之费，岁以数千，官军免踏顿道途之苦，居民无往来骚屑之患，商旅能通行，农安其业，近悦远来，德威覃被，其善十也。

【第567页】《案行漳南道守巡官戴罪督兵剿贼》：各官原领军兵若干，见在若干，其指挥仲钦，推官胡宁，道知事曾瑶，知县施祥等缘何不行策应，是否畏避退缩？

案：《闽广捷音疏》曾提及"推官胡宁道"①。与此处所说"推官胡宁道"，当属同一人。此处句读应作：各官原领军兵若干，见在若干，其指挥仲钦、推官胡宁道、知事曾瑶、知县施祥等缘何不行策应？是否畏避退缩？

【第612页】《权处行粮牌》：因运船阻冻，回迟于今年六月始行较斛开兑，其已兑者装载军船；未兑者仍在民艘；……

案：此处句读应作：因运船阻冻回迟，于今年六月始行较斛开兑。其已兑者装载军船，未兑者仍在民艘；……

【第665页】《批岭西道立营防守呈》：……必须该道及统兵官时将屯聚之兵，督率于贼盗出没要害，往来巡视操演；……

案：此处句读应作：……必须该道及统兵官时将屯聚之兵督率，于贼

---

① 王守仁撰：《王阳明全集（新编本）》第2册，第323页。

盗出没要害，往来巡视操演；……

【第899—900页】《附山东乡试录》：今之风俗，则贾谊之所太息者有之矣；皇上之德，过于汉文诸士，苟有贾生之谈焉，固所喜闻而乐道也。

案：此处句读应作：今之风俗，则贾谊之所太息者有之矣；皇上之德，过于汉文，诸士苟有贾生之谈焉，固所喜闻而乐道也。

【第918页】《潘氏四封录序》：春气至而四幹之杪花叶若一，则其所出之根，同有不期致焉。

案：此处句读应作：春气至而四幹之杪花叶若一，则其所出之根同，有不期致焉。

【第933页】《何陋轩记》：龙场之民，老稚日来视，予喜不予陋，益予比。

案：此处句读疑应作：龙场之民，老稚日来视予，喜不予陋，益予比。

【第976页】《徐昌国墓志》：当是时，增城湛元明在坐，与昌国言不协，意沮去。

案：此处句读疑应作：当是时，增城湛元明在坐，与昌国言不协意，沮去。

【第979页】《文橘庵墓志》：文子既殁，其子棐棠、柬集、杙葬之高吾之原。

案：此处句读疑应作：文子既殁，其子棐、棠、柬、集、杙葬之高吾之原。

【第985页】《赠翰林院编修湛公墓表》：昔者君子显微阐幽，以明世警瞶。信暴者无庸扬矣，彼恣然就抑，蒙涅垢而弗雪，其可以无表而出之！

案：此处句读应作：昔者君子显微阐幽，以明世、警瞶、信暴者，无庸扬矣。彼恣然就抑，蒙涅垢而弗雪，其可以无表而出之！

【第1018页】《大学问》：何谓身心之形体？运用之谓也。何谓心？身之灵明主宰之谓也。何谓修身？为善而去恶之谓也。

案：此处句读应作：何谓身？心之形体运用之谓也。何谓心？身之灵明主宰之谓也。何谓修身？为善而去恶之谓也。

【第1084页】《阳朔知县杨君墓志铭》：先伯父死无嗣子，所知我。后人又不竞，非得当世名贤勖一言于墓，将先德其泯废无日。

案：此处句读疑应作：先伯父死，无嗣，子所知。我后人又不竞，非得当世名贤勖一言于墓，将先德其泯废无日。

【第1259页】《年谱一》：今教童子者，当以孝悌忠信、礼义廉耻为专，务其培植涵养之方，则宜诱之歌诗，以发其志意；……

案：此处句读应作：今教童子者，当以孝悌忠信、礼义廉耻为专务，其培植涵养之方，则宜诱之歌诗，以发其志意；……

【第1319页】《年谱三》：今祠有仰止祠、环海楼、太极云、泉泻云诸亭。

案：此处句读应作：今祠有仰止祠、环海楼、太极、云泉、泻云诸亭。

【第1375页】王畿《刻阳明先生年谱序》：其言明，备而纯，不务臆说。

案：此处句读应作：其言明备而纯，不务臆说。

【第1405页】杨一清《海日先生墓志铭》：壬戌，迁翰林院学士，食从四品禄，命授庶吉士业修《大明会典》为纂修官。

案：此处句读应作：壬戌，迁翰林院学士，食从四品禄，命授庶吉士业；修《大明会典》，为纂修官。

【第1632页】《言行录汇辑上》：心之良知，是谓圣人之不能致其良知者，以其必无圣人之志也，是故舍致知则无学矣，舍圣人则无志矣。

案：此处句读应作：心之良知是谓圣。人之不能致其良知者，以其必无圣人之志也。是故舍致知则无学矣，舍圣人则无志矣。

【第1653页】《言行录汇辑上》：以方问颜子择《中庸》是如何择。

案：此所言"中庸"非篇名。此处句读应作：以方问："颜子择中庸，是如何择？"

【第1733页】《赠侍御柯君双峰（长短行）》：和气充餐松，啖芝欲不老，飘飘洒逸如仙翁。小华巨人迹，可以匡天步。大华仙人坂，可以登鸿蒙。

案：此处句读应作：和气充，餐松啖芝欲不老，飘飘洒逸如仙翁。小华巨人迹可以匡天步，大华仙人坂可以登鸿蒙。

【第1756页】《送行时雨赋》：汨泥涂以何教？疽体足其何防空。呼号于漏室，徒咨怨于颓墙。

案：此处句读应作：汨泥涂以何教？疽体足其何防？空呼号于漏室，徒咨怨于颓墙。

【第1757页】《大伾山赋》：是故盛衰之必然尔。尚未睹夫长河之决龙门，下砥柱，以放于兹土乎？

案：此处句读疑应作：是故盛衰之必然。尔尚未睹夫长河之决龙门、下砥柱，以放于兹土乎？

【第1767页】《濂溪夫子像略》：金华宋濂曰："濂溪周子颜玉洁额，以下渐广，至颧而微收。然颐下丰腴，修目末微耸，须疏朗微长。颊上稍有髯，三山□后有带紫衣，褒袖缘以皂白，内服缘如之白裳，无缘乌赤袖而立，清明高远，不可测其端倪。"阳明王守仁拜题。

案：此处句读疑应作：金华宋濂曰："濂溪周子颜玉洁，额以下渐广，至颧而微收。然颐下丰腴，修目末微耸，须疏朗微长，颊上稍有髯。三山□后有带，紫衣褒袖，缘以皂白，内服缘如之。白裳无缘。乌赤。袖而立，清明高远，不可测其端倪。"阳明王守仁拜题。

【第1783页】《答陈文鸣》：懋真成之亟相见必大有所讲明。

案：此"懋真、成之"，即阳明《答文鸣提学》所谓"尝有三诗奉怀文鸣与成之、懋贞，录上请正"之"成之、懋贞"[1]。此处句读应作：懋真、成之亟相见，必大有所讲明。

【第1786页】《上父亲大人》：道弟近复如何？须好调摄，毋贻父母兄弟之忧。念钱清陈伦之回，草草报安。

案：此处句读应作：道弟近复如何？须好调摄，毋贻父母兄弟之忧念。钱清、陈伦之回，草草报安。

【第1787页】《上父亲大人》：永斋用事，势渐难测。一门二伯两都督

---

[1] 王守仁撰：《王阳明全集（新编本）》第5册，第1780页。

《王阳明全集（新编本）》点校指瑕　　267

都指挥，指挥十数千百户，数十甲第坟园、店舍，京城之外，连亘数里。城中三十馀处，处处门面动以百计。

案：此处句读应作：永斋用事，势渐难测。一门二伯、两都督，都指挥、指挥十数，千百户数十。甲第、坟园、店舍，京城之外，连亘数里；城中三十馀处，处处门面动以百计。

【第1788页】《上父亲大人》：弟辈可使读书学道，亲农圃朴实之事，一应市嚣虚诈之徒，勿使与接，亲近忠信恬淡之贤，变化气习，专以积善养福为务，退步让人，为心未知。三四十年间，天下事又当何如也？凡男所言，皆是实落见得如此，异时分毫走作，不得不比书生，据纸上陈迹，腾口漫说。

案：此处句读应作：弟辈可使读书学道，亲农圃朴实之事，一应市嚣虚诈之徒，勿使与接；亲近忠信恬淡之贤，变化气习，专以积善养福为务、退步让人为心。未知三四十年间，天下事又当何如也？凡男所言，皆是实落见得如此，异时分毫走作不得。不比书生，据纸上陈迹，腾口漫说。

【第1791页】《与汪仁峰书》：仰德滋久，末由奉状，首春令弟节夫往，又适以事不果，竟为长者所先拜，币之辱已极，惶悚长笺，开喻推引，过分鄙劣，益有所不敢当也。

案：此处句读应作：仰德滋久，末由奉状。首春，令弟节夫往，又适以事不果，竟为长者所先。拜币之辱，已极惶悚；长笺开喻，推引过分，鄙劣益有所不敢当也。

【第1796页】《与曰仁诸弟书》：……贼人莫测所为，竟亦不敢逼真，所谓天幸也。

案：此处句读应作：……贼人莫测所为，竟亦不敢逼，真所谓天幸也。

【第1797页】《与曰仁诸弟书》：正宪读书极拙，今亦不以此相望。得渠稍知孝弟，不汲汲为书，仅守门户足矣。章世杰在此，亦平安，日处一室中，他无可住，颇觉太拘束。得渠性本安静，殊不以此为闷，甚可爱也。

案：此处句读应作：正宪读书极拙，今亦不以此相望，得渠稍知孝弟，不汲汲为书，仅守门户足矣。章世杰在此，亦平安，日处一室中，他无可住，颇觉太拘束。得渠性本安静，殊不以此为闷，甚可爱也。

【第 1797 页】《与曰仁诸弟书》：黄[思]舆、阿睹近如何？似此世界真是开眼，不得此老却已省却此一分烦恼矣。

案：阿睹，疑指眼睛。若然，此处句读应作：黄[思]舆阿睹近如何？似此世界，真是开眼不得，此老却已省却此一分烦恼矣。

【第 1804 页】《与顾惟贤》：而使者远辱，重之以文辞，教之以仪物，是庆之者，适所以愧之也。

案：此处句读应作：而使者远辱，重之以文辞教之、以仪物是庆之者，适所以愧之也。

【第 1806 页】《寄谢源书》：凡居官行己，若皆顺意，从志则亦何难？

案：此处句读应作：凡居官行己，若皆顺意从志，则亦何难？

【第 1812 页】《复李萫山书》：守仁罪逆深，至去岁已卜葬先考矣。

案：此处句读应作：守仁罪逆深至，去岁已卜葬先考矣。

【第 1812 页】《复李萫山书》：寠人之室，虞有阙落，不可以居。重宝佳集，且附使者，奉纳，冀卜日更，请千万鉴恕，荒迷无次。

案：此处句读应作：寠人之室，虞有阙落，不可以居重宝佳集，且附使者奉纳，冀卜日更请。千万鉴恕。荒迷无次。

【第 1821 页】《与黄宗贤（一）》：谦之行便，草草莫既，衷私幸谅。

案：此处句读应作：谦之行便，草草莫既衷私，幸谅。

【第 1822 页】《寄薛尚谦》：闻已授职，大行南差，得便后会，或有可期。

案：大行，即行人。据饶宗颐《薛中离年谱》记载，薛侃在正德十六年（1521）嘉靖皇帝登基后，得授行人司行人①。此处句读应作：闻已授职大行，南差得便，后会或有可期。

【第 1823 页】《与王公弼（二）》：此间朋友相聚，颇觉比前有益，欲

---

① 饶宗颐撰：《薛中离年谱》，《选堂集林》下册，台北：明文书局，1982 年版，第 1126 页。

共结庐山中，须汝止为之料理，而汝止以往岁救荒事心，必欲辞去，今乃强留于此，望公弼一为解纷事，若必不可为，然后放令汝止归也。

案：此处句读应作：此间朋友相聚，颇觉比前有益，欲共结庐山中，须汝止为之料理，而汝止以往岁救荒事，心必欲辞去，今乃强留于此，望公弼一为解纷，事若必不可为，然后放令汝止归也。

【第1826页】《与黄宗贤》：升官之与差委事体，亦自不同。

案：此处句读应作：升官之与差委，事体亦自不同。

【第1831页】《龙江舟次书》：若持循涵养得熟，各随分自，当有进矣。

案：此处句读应作：若持循涵养得熟，各随分，自当有进矣。

【第1832页】《与舫斋先生书》：一二年来，稍有分寸，改图之志乃无，因请正于有道，徒耿耿也。

案：此处句读应作：一二年来，稍有分寸改图之志，乃无因请正于有道，徒耿耿也。

【第1833页】《与湛甘泉（一）》：或且又自己用功悠游而求之人者太急迫，无叙此亦非细故也。……盖卓尔之地，必既竭吾才而后见养深者，自得之耳！

案：此处句读应作：或且又自己用功悠游，而求之人者太急迫无叙，此亦非细故也。……盖卓尔之地，必既竭吾才而后见，养深者自得之耳！

【第1839页】《与时振（一）》：珍菓远及，劳人多矣！登受有愧，羊酒仪则不敢当。附来人还。纳荷诸公深情，未能一一书谢。

案：此处句读应作：珍菓远及，劳人多矣！登受有愧。羊酒仪则不敢当，附来人还纳。荷诸公深情，未能一一书谢。

【第1841页】《与既白殿下》：侍生王守仁顿首拜。既白贤先生宗望：向者有事西江，久知贤桥梓亲贤乐善有年，……

案："桥梓"，指父子①。"贤桥梓"，犹言贤父子。此处句读应作：侍生王守仁顿首拜既白贤先生宗望：向者有事西江，久知贤桥梓亲贤乐善

---

① 参《辞源》（修订本）上册，第1637页。

有年，……

【第 1843 页】《与子台兄》：病躯复为人事所困，今早遂不能兴闻。返棹及门，兼闻贵体欠调，为之惕然惭负。……粗肴物奉饷。从者不能出送，伏枕惶悚！惶悚！

案：此处句读应作：病躯复为人事所困，今早遂不能兴。闻返棹及门，兼闻贵体欠调，为之惕然惭负。……粗肴物奉饷从者。不能出送，伏枕惶悚！惶悚！

【第 1845 页】《与王邦相》：南来事向因在服制中，恐致迟悮。伊家岁月已令宗海回报，令伊改图矣，不谓其事尚在也。

案：此处句读应作：南来事向因在服制中，恐致迟悮伊家岁月，已令宗海回报，令伊改图矣，不谓其事尚在也。

【第 1846 页】《与王邦相》：过往士夫及以里复□自杭城来，皆能备道东瀛老先生休休乐善，好德之诚侃侃，秉正斥谗之议，不胜敬服，不胜心感。

案：此处句读应作：过往士夫及以里复□自杭城来，皆能备道东瀛老先生休休乐善好德之诚、侃侃秉正斥谗之议，不胜敬服，不胜心感。

【第 1866—1867 页】《弘治十二年会试论"君子中立而不倚"》：辨有所不当，施则不倚于辨；智有所不当，用则不倚于智；于所当处也。虽迫之使出而有所不从；……事之在天下者，万有不齐而吾之所立者，固未尝失也。

案：此处句读应作：辨有所不当施，则不倚于辨；智有所不当用，则不倚于智。于所当处也，虽迫之使出而有所不从；……事之在天下者万有不齐，而吾之所立者固未尝失也。

【第 1868 页】《策问一道》：诸君辱在不佞，方有责于师友之间，不可以不讲也。

案：此处句读应作：诸君辱在，不佞方有责于师友之间，不可以不讲也。

【第 1872 页】《四皓论》：四皓之来，能知其非子房之所为乎？

案：此处"四皓"及同篇其他十多处"四皓"，均不必加专名线。此处句读应作：四皓之来，能知其非子房之所为乎？

【第1903页】《陈氏大成宗谱序》：二方之子孙益盛，显于魏丕，播于晋，大行于宋、齐、梁之间。

案：二方，指陈元方、陈季方。此处句读应作：二方之子孙益盛，显于魏，丕播于晋，大行于宋、齐、梁之间。

【第1950页】《牌行福州等八府》：……情轻者就便拏问，情重者差人解京，问理干碍方面官参奏提问，罚治事干镇巡官，指实陈奏。

案：此处句读应作：……情轻者就便拏问，情重者差人解京。问理干碍，方面官参奏提问；罚治事干，镇巡官指实陈奏。

【第1958页】《牌行赣州南安府宁都等县选募民兵》：……务选骁勇精壮，各备锋利器械，就于各户推选众所信服堪为百长总小甲者，管领各县。查将在库官钱给与行粮。

案：此处句读应作：……务选骁勇精壮，各备锋利器械，就于各户推选众所信服、堪为百长总小甲者管领，各县查将在库官钱给与行粮。

【第2061页】邵廷采《明儒王子阳明先生传》：正德元年，刘瑾掌司礼监，放逐大臣刘健、谢迁、韩文等。南给事中戴铣、御史薄彦徽合六科十三道，公疏请黜奸，回留硕辅，以安社稷。

案：此处句读应作：正德元年，刘瑾掌司礼监，放逐大臣刘健、谢迁、韩文等。南给事中戴铣、御史薄彦徽合六科十三道，公疏请黜奸回、留硕辅，以安社稷。

【第2077页】邵廷采《明儒王子阳明先生传》：论曰：道固一贯，其流则万析焉。既精，支离是患。

案：此处句读应作：论曰：道固一贯，其流则万。析焉既精，支离是患。

【第2097页】黄绾《阳明先生存稿序》：惜乎！天不慭，遗不获，尽见行事，大被斯世，……

案：此处句读应作：惜乎！天不慭遗；不获尽见行事，大被斯世，……

【第2101页】孙应奎《刻阳明先生传习录序》：学以尽性也。性者存发而无内外，故博文约礼，集义养气之训，孔、孟之所以教万世学之者。

而或少异焉，是外性也，斯异端矣。

案：此处句读应作：学以尽性也。性者存发而无内外，故博文约礼、集义养气之训，孔、孟之所以教万世。学之者而或少异焉，是外性也，斯异端矣。

【第2127页】刘宗周《重刻王阳明先生传习录序》：《传习录》一书，得于门人之所睹记语。语三字，符也。

案：此处句读应作：《传习录》一书，得于门人之所睹记，语语三字符也。

【第2138页】马士琼《王文成公文集原序》：从此正心诚意之学，良知良能之念，施于一家，扩之四海，则大地皆红炉，而人心无歧路，谓为王氏之球图也，可谓为天下万世之振铎也。可敢备述渊源而并及之，谨序。

案：此处句读应作：从此正心诚意之学，良知良能之念，施于一家，扩之四海，则大地皆红炉，而人心无歧路，谓为王氏之球图也可，谓为天下万世之振铎也可。敢备述渊源而并及之，谨序。

【第2150页】王春复《阳明先生全录引》：……未几，愚以忧去。又及而服除，再补董生之梓，然后告成，南野公又奄然没矣。

案：此处句读应作：……未几，愚以忧去。又及而服除再补，董生之梓然后告成，南野公又奄然没矣。

【第2155页】陈九川《阳明先生集略序》：披群言，历二氏，炼于艰险，而后反之洞然，直悟致知之宗，乃表章之而不作。

案：此处句读应作：披群言，历二氏，炼于艰险而后反之，洞然直悟致知之宗，乃表章之而不作。

【第2156页】陈九川《阳明先生集略序》：顾惟不类，未之有得也，曷足以发哉？

案：此处句读应作：顾惟不类未之有得也，曷足以发哉？

【第2179—2180页】俞嶙《阳明先生文集跋》：……天纵大成，如太极之不可桃，非二氏所得剿。窃囡源固亶厚，已迨尼山，高弟三千七十，而后世明君察相，乃能跻子舆氏于端木、颛孙之上，配之为四。

案：此处句读疑应作：……天纵大成，如太极之不可挑，非二氏所得剿窃，困源固亶厚已。迨尼山高弟三千、七十，而后世明君察相乃能跻子奥氏于端木、颛孙之上，配之为四。

【第2182页】王贻乐《阳明文集纪略》：乐志切缵承，亟欲购辑其全，其如闻见未广，搜罗未获，何及？庚申岁，乐来牧滕阳，……

案：此处句读应作：乐志切缵承，亟欲购辑其全，其如闻见未广、搜罗未获何？及庚申岁，乐来牧滕阳，……

【第2207页】熊德阳《重刻王文成公传习录序》：……甫下车即清刑疏滞，明禁救法，不月而令下水流，风行草偃，真儒之作用如此。……愿有志君子实实体认，无昧其良知，将见微著，危安真如，阳光一照，魑魅自消；……

案：此处句读应作：……甫下车即清刑、疏滞、明禁、救法，不月而令下，水流风行草偃，真儒之作用如此。……愿有志君子实实体认，无昧其良知，将见微著危安，真如阳光一照，魑魅自消；……

【第2235页】宋仪望《刻阳明先生与晋溪司马书序》：……翌日出以示予，且以序见属予。因叹：当正德末年，阉寺擅权，纲纪倒置，一时文武大臣，多偷安取容，濠、庶人虐焰构搧，谋动肘腋。……

案：此处句读应作：……翌日出以示予，且以序见属。予因叹："当正德末年，阉寺擅权，纲纪倒置，一时文武大臣，多偷安取容，濠庶人虐焰构搧，谋动肘腋。……"

【第2244页】王宗沐《阳明先生图谱序》：嘉靖丁巳冬十有一月，长至赐进士出身，中顺大夫江西按察司副使，奉敕再提督学政，临海后学王宗沐书。

案：此处句读应作：嘉靖丁巳冬十有一月长至，赐进士出身，中顺大夫江西按察司副使，奉敕再提督学政，临海后学王宗沐书。

【第2247页】耿定向《新建伯文成王先生世家》：盖尝上下古今，三代以还，不具论孔孟后负豪杰才者，类溺于质矣。优入圣域者诚尠。乃潜心学圣，以名理著称者，原本才质足拟古豪杰士，固不数数然也。

案：此处句读应作：盖尝上下古今，三代以还，不具论。孔孟后，负豪杰才者，类溺于质矣；优入圣域者，诚尠；乃潜心学圣，以名理著称者，原本才质足拟古豪杰士，固不数数然也。

【第2307页】谢迁《祭王阳明文》：夫名高毁来自古已然，阳明不理于多口亦甚矣，岂平素之所自立毋乃大，奇矣乎！

案：此处句读应作：夫名高毁来，自古已然，阳明不理于多口亦甚矣，岂平素之所自立，毋乃大奇矣乎！

【第2308页】薛侃《祭阳明先生文》：吾夫子发明良知之说，真切简易，广大悉备。漫汗者，疑其约而不知随遇，功成无施不可，非枯寂也。拘曲者，疑其泛而不知方圆，无滞动出规矩，非率略也。袭古者，疑其背经，考之孔孟，质之周程，盖无一字一意之弗合。尚同者，疑其立异，然即乎人情，通乎物理，未尝有一事一言或迕，是大有功于世教圣门之宗旨也。

案：此处句读应作：吾夫子发明良知之说，真切简易，广大悉备。漫汗者疑其约，而不知随遇功成，无施不可，非枯寂也；拘曲者疑其泛，而不知方圆无滞，动出规矩，非率略也；袭古者疑其背经，考之孔孟，质之周程，盖无一字一意之弗合；尚同者疑其立异，然即乎人情，通乎物理，未尝有一事一言或迕。是大有功于世教，圣门之宗旨也。

【第2308—2309页】薛侃《祭阳明先生文》：侃也不肖久立门墙而无闻。顷年以来，知切淬励。夫子逝矣，慨依归之。无从虑身，世之弗立。郁郁如痴，奄奄在告。盖一年于兹矣，方将矢证。同志期奉遗训，尚赖在天之灵。昭鉴牖，使斯道大明于天下，传之来世，以永芘于无穷，是固夫子未尽之志也。

案：此处句读应作：侃也不肖，久立门墙而无闻。顷年以来，知切淬励。夫子逝矣，慨依归之无从，虑身世之弗立。郁郁如痴，奄奄在告，盖一年于兹矣。方将矢证同志，期奉遗训，尚赖在天之灵昭鉴牖，使斯道大明于天下，传之来世，以永芘于无穷。是固夫子未尽之志也。

【第2314页】黄绾《祭阳明先生墓文》：兹闻宅幽，各羁官守，素衣白马，尚愧乙夜之不能易服毁冠。必知市肆之弗忍，望兰亭以兴思，岂一日之敢忘？

案：此处句读应作：兹闻宅幽，各羁官守。素衣白马，尚愧乙夜之不能；易服毁冠，必知市肆之弗忍。望兰亭以兴思，岂一日之敢忘？

【第2320页】王宗沐《祭阳明先生文》：……且功有渐而源本径，惟在辨其志而察之。精虽疑似，偶同于外，道固不得，故避其说以讳其情。矧儒昙之断断乎，其不相涉，云胡啜其醨而猎其英？盖先生之神悟，曾不挂乎一缕。既蘭径以直截，亦空洞而无涯。故或介胄而树勋，辄勒券而震主。以缀藻而敷文，抑滔滔而千里。出馀绪于素缣，锥处囊而雷在耳。世番持此而见推，譬之指波以为水施，未竟于枢轴。痛梁木之遽萎，念兹土之遐燠。郁人文之未昌，顷文旌之既届，南吾道而破荒。

案：此处句读应作：……且功有渐而源本径，惟在辨其志而察之精。虽疑似偶同于外道，固不得故避其说以讳其情。矧儒昙之断断乎其不相涉，云胡啜其醨而猎其英？盖先生之神悟，曾不挂乎一缕。既蘭径以直截，亦空洞而无涯。故或介胄而树勋，辄勒券而震主。以缀藻而敷文，抑滔滔而千里。出馀绪于素缣，锥处囊而雷在耳。世番持此而见推，譬之指波以为水。施未竟于枢轴，痛梁木之遽萎。念兹土之遐燠，郁人文之未昌。顷文旌之既届，南吾道而破荒。

综上可见，《王阳明全集（新编本）》在录排出版、标点断句方面，错漏颇多。其在录排出版方面之错漏，乃因点校者、出版者没有认真校对所致。以《王阳明全集（新编本）》前38卷而论，我们以四部丛刊本《王文成公全书》略加校对，便发现其录排出版方面的错漏二百馀条[①]。

顺便说一句，《王阳明全集（新编本）》之另一些错误，则由于编校者过于主观武断所造成。例如，将《移置阳明先生石刻记》、《阳明王先生报

[①] 至于《王阳明全集（新编本）》中，将"遊"改作"游"、"並"或"併"改作"并"、"邅"改作"邂"、"弔"改作"吊"、"鬪"改作"鬥"、"剳"改作"紮"、"撑"改作"掩"之处，数量颇多，我们多未加订正。谨此说明。

功祠记》、《田石平记》误署名为"费宏"即是①。四部丛刊本《王文成公全书》，此三篇记文并无署名②。经查，此三篇记文均非费宏所撰③。其中，《移置阳明先生石刻记》可确定为罗洪先撰④；《田石平记》文末有所谓"公交车将旋，田人趋必东曰：'兹不可无述以告于世世。'作《田石平记》"之说⑤，其文应为某个名"必东"者所撰。而汪森辑《粤西文载》亦收录《田石平记》，其作者署名为"汪必东"⑥。故《田石平记》之作者应为汪必东。至于《阳明王先生报功祠记》为何人所撰，则有待考证。此外，将《请恤典赠谥疏》、《辨明功罚疏》、《请从祀疏》、《题赠谥疏》、《题遣官造葬照会》、《祭葬札付》署名为"薛侃"⑦，亦属同类错误。四部丛刊本《王文成公全书》，此数文并无署名⑧。据疏文开头所称姓名及疏文内容，此数篇疏文均为隆庆时所奏，其中《请恤典赠谥疏》为辛自修、王好问所奏，《辨明功罚疏》为岑用宾所奏，《请从祀疏》为耿定向所奏⑨。其时，薛侃已病逝

---

① 王守仁撰：《王阳明全集（新编本）》第4册，第1503—1507页。案：上海古籍本《王阳明全集》已有此错误（王守仁撰：《王阳明全集》下册，第1478—1482页），《王阳明全集（新编本）》乃沿袭上海古籍本之错误。

② 王守仁撰：《王文成公全书》第5册，第1112—1115页。

③ 《费宏集》卷八所收为"记"，未见收录此三篇记文。(费宏撰：《费宏集》[吴长庚、费正忠点校]，上海：上海古籍出版社，2007年版，第228—267页)

④ 罗洪先撰：《罗洪先集》上册，第138—140页。案：此文又被重复收入《王阳明全集（新编本）》第6册第2296—2297页，署名"罗洪先"撰。

⑤ 王守仁撰：《王阳明全集（新编本）》第4册，第1507页。

⑥ 汪森辑：《粤西文载》，《景印文渊阁四库全书》第1466册，第450—451页。案：《田石平记》之作者"汪必东"，应即王阳明《奏报田州思恩平复疏》、《边方缺官荐才赞理疏》、《八寨断藤峡捷音疏》等文多次提之"参政汪必东"、"参议汪必东"。(王守仁撰：《王阳明全集（新编本）》第2册，第498、527、535页)

⑦ 王守仁撰：《王阳明全集（新编本）》第4册，第1515—1530页。案：上海古籍本《王阳明全集》已有此错误（王守仁撰：《王阳明全集》下册，第1489—1504页），《王阳明全集（新编本）》乃沿袭上海古籍本之错误。

⑧ 王守仁撰：《王文成公全书》第5册，第1121—1132页。

⑨ 案：《阳明先生年谱附录一》"今上皇帝隆庆元年丁卯"条亦云，"丁卯五月，诏病故大臣有应得恤典赠谥而未得者，许部院科道官议奏定夺。于是给事中辛自修、岑用宾等，御史王好问、耿定向等上疏：'原任新建伯兵部尚书兼都察院左都御史王守仁，功勋道德，宜膺殊恤。'"（王守仁撰：《王阳明全集（新编本）》第4册，第1368页）其中，"丁卯五月"，四部丛刊本作"丁卯正月"。(王守仁撰：《王文成公全书》第5册，第1016页)

多年[1]，根本不可能上疏为其师阳明先生等请赠谥、请从祀。

至于《王阳明全集（新编本）》在标点断句方面之错误，或因不熟悉文献、不了解地名人名所导致，或由不理解文义以及人为疏忽所造成。其实，当中之部分错误，只要略为翻查辞书或相关著作，即可避免。此亦吾人再三征引《辞源》等辞书之原因。

（本文原载北京大学《儒藏》编纂中心编《儒家典籍与思想研究》第六辑，北京：北京大学出版社，2014年2月）

---

[1] 据饶宗颐《薛中离年谱》，薛侃卒于嘉靖二十四年（1545）十二月二十四日。（饶宗颐撰：《选堂集林》下册，第1164—1165页）

王船山《四书笺解》著作年代略考

对王船山的《四书笺解》(或题为《四书授义》、《子王子四书授义》),其八世从孙王之春有这样的评论:"吾宗船山公讲求实学,兼综汉、宋,于四书尝有《稗疏》、《考异》、《读大全说》诸编,既多所发明,然或核同异,或辨性理,于初学为文模范者未之及焉,居尝诟病俗塾时艺讲章,莫轨正谊,课督之暇,辄取全书随意笺解,务使阅者恍然有悟,快然自得于心,盖意在示家塾法程,非云著述也。"① 对于这部为授徒而作的讲义,王船山并无叙跋说明其撰写经过与著作年代,因而后人对此书的著作年代有多种猜测。

人们对王船山《四书笺解》的著作年代,主要有如下几种不同的看法:

王孝鱼先生认为,《四书笺解》的著作年代,可能与王船山《读四书大全说》初稿同时,至少也应该在重订《读四书大全说》之前。他说:"至于本书的写作年代,船山并无序跋,王之春曾著《船山公年谱》,也未言及,我们无法确知。但从本书的内容来看,它的思想与《读四书大全说》大体相近,而对于《四书》文字的段落分析和每章的主题认识,又与《四书训义》相同,似乎本书就是《训义》的蓝本,其写作年代或与《大全说》初稿同时,至少当在重订《大全说》之前。"又说:"船山于1651年由桂林返家以后,即作隐遁生涯,闭门教读,从事著述。由1655年写作《周易外传》起,到1665年重订《读四书大全说》止,这10年间,他还写了《尚书引义》、《老子衍》、《黄书》等重要著作。这10年可以说是他精力最

---

① 王之春撰:《四书笺解叙》,船山全书编辑委员会编校:《船山全书》,长沙:岳麓书社,1996年,第6册,第376页。

为旺盛的时代。本书《下论》卷中《卫灵公篇》'由知德'章曾提到他父亲，说：'先子曾以此请教于刘望圭先生'，则本书之作必在其父卒后，可以断言，其父卒于1647年。1647年至1651年，他正奔走国事，起义失败后又身入广西，最后才由桂林回家。这几年，根本没有著书的心情和机会。又本书对于子弟常有教导他们应试不可如此如彼的话，显然是为科举而发。永历一朝仍行科举，似乎本书之作，当在桂王尚未失败之前。如桂王已然被执，入了清朝统一的局面，以船山那样的民族精神，谅不会如此立言。其子王敔是康熙己亥岁贡生，己亥是康熙五十八年（1719），那时去船山之死（1692年）已27年了。考桂王于1659年奔缅，1661年被执。桂王奔缅以前，船山颜其所居曰续梦庵，表示希望未绝；奔缅以后，改名所居曰败叶庐，表示失败已极。从本书仍希望子弟们出而应试看来，似乎是尚在续梦庵中的心情。1665年重订《读四书大全说》之时，已梦断五年了。因此，我们初步推断，本书的写作，当在1665年之前，更具体一点说，当在1659年之前，或者就是他在家塾讲授《四书》时，一面为子弟们随笔作些笺释，一面自己又作深入的研究。所以我们怀疑，本书有与《读四书大全说》初稿同时写作的可能。"①

---

① 王孝鱼撰：《〈四书笺解〉编后校记》，《船山全书》，第6册，第384—385页。王孝鱼先生文中所提及的船山哲嗣王敔参加清朝科举考试及相关问题似乎值得商榷。王先生说"王敔是康熙己亥岁贡生，己亥是康熙五十八年（1719），那时去船山之死（1692）已27年了"，这是事实。但是，王先生没有注意到王敔11岁就开始为参加科举考试作准备并于30岁参加清朝的科举考试的事实。王敔《怀音草自题》谓："余少拙且惰，十一龄始学帖括，不成，更学韵语，毂音良自惭，辄复弃去。嗣乃专为帖括业，因不能悉读父书。"（《船山全书》，第16册，第528页）王敔生于南明永历十年、清顺治十三年丙申（1656），11岁为清康熙五年丙午（1666），其时南明已亡（南明亡于顺治十八年辛丑、亦即1661年冬）。《同治衡阳县志·王夫之列传》谓，船山"少子敔，字虎止，少承家学，工文词。年三十，请于夫之，出试府县，则为名诸生"。（《同治衡阳县志·王夫之列传》，《船山全书》，第16册，第112页）罗正钧《船山师友记》第14卷"王虎止敔"条亦谓："王敔，字虎止，衡阳人。而农先生之次子，康熙己亥岁贡生。虎止禀承庭训，学问渊博，操履高洁，时艺尤有盛名。年三十方应童试，与邵阳车无咎补旃、王元复能愚、攸县陈之駓桃文，称楚南四家。又有称楚南三王者，谓虎止与能愚及汉阳王戬伯谷也。"（罗正钧撰：《船山师友记》，长沙，岳麓书社，1982年，第177—178页。当然，我们也已经注意到，关于王敔11岁就开始为参加科举考试作准备并于30岁参加清朝科举考试之事，刘毓崧《王船山先生年谱》、王之春《船山公年谱》都没有提及。）王

陈来先生认为，《四书笺解》的著作年代，应该在《读四书大全说》之后、《四书训义》之前。他说："据此书的王之春序，此书乃作于《读四书大全说》之后，盖为初学者作法程也。其中所说亦可与《读书说》相参。又，《四书训义》始作于康熙十九年，船山61岁，观《四书笺解》所论，当在《四书训义》之前"①；陈先生又说："另需指出，《四书笺解》与《四书训义》似兼为学子应举用，与《读四书大全说》形成、整理自己思想的札记不同。《四书笺解》、《四书训义》对朱子批评甚少，这也可能是个原因，但船山晚年思想越来越趋向道学，应是事实。"②

张西堂先生认为，《四书笺解》为船山晚年著作。张先生在其所撰《王船山学谱·著述考》"四书笺解"条说："案是书虽为时文而作，于先生思想之变迁，亦有可以参证之点。《读四书大全说》卷十曰：'朱子以物格言知性，语甚奇特，非实有得于中而洞然见性，不能作此语也。……盖吾之性本天之理也，而天下之物理亦同此理也。……吾心之神明，虽己所固有，而本变动不居，若不穷理以知性，则变动不居者，不（选）[能]极其神明之用也，固矣。心原是不恒底，有恒性而后有恒心。'此犹取朱子知性而后能尽心之说，故以为穷理知性而心之变动不居者乃能极其神明之用。至《笺解》则云：'注谓知性而后能尽心，有说尽心而后能知性以实之，此说为长。若谓知性而后能尽心，不特于本文一串说下，由尽心而知性、由知性而知天之理不顺，且所谓性即理者，指其实而言之，非可以理字代性字。盖理在事物在心皆谓之理，性即理，但指在心之理而言耳。若

敔30岁当为康熙二十四年乙丑（1685），其参加清朝的科举考试是得到船山同意的。船山同意其后人参加清朝的科举考试的信息，在其于康熙二十五年丙寅（1686）季夏所书《传家十四戒》亦有所透露，他说："能士者士，其次医，次则农工商贾，各惟其力与其时。吾不敢望复古人之风矩，但得似启、祯间稍有耻者足矣。"（《船山全书》，第15册，第923页）所谓"能士者士"，其中含意是不言而喻的。因此，王先生所谓"本书对于子弟常有教导他们应试不可如此如彼的话，显然是为科举而发。永历一朝仍行科举，似乎本书之作，当在桂王尚未失败之前。如桂王已然被执，入了清朝统一的局面，以船山那样的民族精神，谅不会如此立言"的说法、以及由此得出的《四书笺解》的著作时间可能与《读四书大全说》初稿同时的结论，都是难以成立的。

① 陈来撰：《诠释与重建：王船山的哲学精神》，北京：北京大学出版社，2004年，第71页。
② 同上书，第103页。

穷理则穷事物之理，故注又言格物。性岂可谓之物？又岂可在事物上能知性哉？径从知性上做工夫，如何能知？知性者实于己身未发之中、已发之和上体会，如此恻隐羞恶等心，在本体上具足仁义礼智之天德，若不尽吾心以求知，则不著不察，竟不知何者是吾性矣。此心字是心之神明，所谓心之官则思及《书》所云睿作圣者。尽心则静而体之，动而察之，以学问证之，极其思之力，而后知吾性之所诚有。故曰此说为长。若必要依注，亦只可云能察吾性实有之理则自能尽其心以穷天下之理，必不可以知性为格物也。'则反驳朱子以物格言知性，而不取知性而能尽心之说，与《张子正蒙注》之意见相合，此亦先生之思想，由其推崇朱子者转而推崇张子之明证也。说更详下。"①"说更详下"当指其对《张子正蒙注》的考证。于"张子正蒙注"条，说："案：是书《序》言'张子言无非《易》'、'非张子其孰与归'，足见先生之推崇张子及所以著为此书之意。今考是书于程朱颇致讥评，盖著述时间较《读四书大全说》、《礼记章句》为晚，是二书犹有称颂程朱者，而《正蒙注》则绝无一言，此可以推见者一也。先生物质不灭之说，始畅言于是书，与《周易内传》更为接近，《内传》著成时间亦晚，此可以推见者二也。是书言尽心知性与《四书笺解》较合，《笺解》较晚于《读四书大全说》，此可以推见者三也。综此三点，皆足见是书著述时间较晚。"②显然，张先生认为，《四书笺解》的著作时间与《张子正蒙注》相近，著述时间较晚。

萧萐父先生则将《四书笺解》系于康熙二十五年（1686），是年船山68岁。但他又说："《四书笺解》十一卷，立论与《读四书大全说》、《四书训义》有别，不再拘守朱熹注而多独立发挥，亦当完成于60岁之后。"③

王孝鱼先生与陈来先生关于《四书笺解》著作年代的看法都是不符合

---

① 张西堂撰：《王船山学谱》，长沙：商务印书馆，1938年，第182—183页。
② 同上书，第186—187页。
③ 萧萐父撰：《王夫之年表》，萧萐父主编：《王夫之辩证法思想引论》，武汉：湖北人民出版社，1984年，第387页。又参萧萐父、许苏民撰：《王夫之评传》，南京：南京大学出版社，2002年，第83—84页。刘春建先生也采纳萧先生的看法。（参刘春建撰：《王夫之学行系年》，郑州：中州古籍出版社，1989年，第273页）

实际的。张西堂先生与萧萐父先生的看法比较符合实际。可惜，张先生的结论主要是从船山思想变迁角度推测出来的，比较含糊，且欠实证；萧先生的结论相当明确，但是，无论是其独撰的《王夫之年表》，还是与人合撰的《王夫之评传》，都没有提供其得出该结论的详细证据。

我们也认为《四书笺解》为船山晚年著作，而且很有可能是在康熙二十三至二十七年（1684—1688）、也就是船山66—70岁之间完成的。我们所依据的主要是《四书笺解》里面的几条材料。兹略加考证如下：

《四书笺解》卷二《中庸》部分末尾有这样一段文字："所解通一部《中庸》合为一章，每章合为一句。虽未知有当于子思本旨与否，而不敢如讲章时文之割裂牵合，以致文理不通而大义愈晦。知此，则知古人文字无前后不相应而相背之理，抑知自我作文字，须一意到底，不可凑合求成一片段而已，存乎善通者，不枉老人病中劳苦也。"①对于这段文字，点校者作校记云："本段一百零九字，湖北藩署本无之。湖南图书馆藏钞本、罗正钧钞本及《船山学报》本均有此段而有个别无关紧要之异文。兹据《学报》本增入。"②从其中"虽未知有当于子思本旨与否，而不敢如讲章时文之割裂牵合，以致文理不通而大义愈晦"句的语气看，这是船山之夫子自道，而非其后人或弟子所敢说、所当说。而其中"不枉老人病中劳苦"的说法，与船山晚年疾病不断、然仍著述不辍的事实吻合，由此，我们可以推断《四书笺解》属于船山晚年著作。

在对《孟子·离娄》"曾子居武城"章的笺解中，船山还引证过蒙之鸿的说法："蒙甘来曰：鸿案：禹、稷、颜子所同之道，是以仁言。进而救民，仁；退而修己，亦仁也。故《注》曰：'其心一而已。'曾子、子思所同之道，是以义言。君臣师弟皆以义合，或远害，或死难，自有所为制事之宜，故《注》曰：'惟其是而已。'"③蒙之鸿，字甘来，船山朋友蒙正发之子，船山弟子。罗正钧《船山师友记》第14卷"蒙之鸿"条谓："蒙之

---

① 王夫之撰：《四书笺解》，《船山全书》，第6册，第159页。
② 同上。
③ 同上书，第329页。

鸿，衡山岁贡。父正发，崇阳人，寓衡阳南乡之斗岭，没后子孙归崇阳，惟之鸿以长子留守墓。从王夫之学，所造颇深。著有《遣心集诗稿》。教授乡塾，与夫之子敔唱酬甚多。"又加案语曰："《姜斋诗分体稿》甲子年有《五日同刘、蒙两生小饮》五律一首，所称蒙生当即之鸿。蒙圣功没于己未，《广哀诗》述其孤尚幼。甲子上距己未六年，《通志·流寓传》述之鸿为长子，则其时已游门下矣。"① "己未"乃康熙十八年（1679），"甲子"为康熙二十三年（1684）。蒙之鸿何时开始从船山学，不详。可以肯定的是，蒙之鸿并不是船山早年弟子（船山《广哀诗·蒙谏议正发》有"萧条斗岭山，遗孤未成童"句。蒙正发逝世时，船山61岁），而所引文字亦非蒙之鸿从学船山之初所作。蒙之鸿的说法为船山所引，而所引证之言中有"鸿案"字样，似非师徒交谈语，当属蒙之鸿著作中文字。若能找到相关著作并加以查证，对考证《四书笺解》成书的确切时间是有帮助的。虽然我们没能据此而知《四书笺解》成书的确切时间，但是这至少可作为《四书笺解》为船山晚年著作的一个证据。②

要考定《四书笺解》的较为确切的成书时间，我们得依靠书中船山提及吕用晦的两条材料。

（1）对《论语·泰伯第八》"曾子有疾孟敬子问之"章，《四书笺解》笺曰："'君子所贵乎道者三'，此节只为三'斯'字，俗解因之悖谬，将'斯'字作见成说，言有道则三者自咸善，却不说如何是道，岂是临终告戒，尚作半吞半吐语而不为人说破乎？且只一道，便是三者之效自速至，则所贵者一而已，何以云三？若说有此三效，则道之为效，又岂此三者之至？'笾豆'亦有道，自然整齐，俗解不通。近来吕用晦亦主此说，皆讲章之痼，自心与《注》相背。《注》云'所重在此三事，皆修身之要'，明

---

① 罗正钧撰：《船山师友记》，第168页。
② 在对《孟子·公孙丑》"人皆有不忍人之心"章的笺解中，船山又引述道："蒙曰：'火属光明之象，可比见之明；泉有流通之势，可比行之遂。'"（《船山全书》，第6册，第295页）点校者将"蒙"误作《周易》卦名而加上书名号，非是。这里所说的"蒙"，不知是蒙之鸿还是蒙正发（《四书笺解》中亦引述过蒙正发的观点，参《船山全书》，第6册，第196页），或者是另外某个姓蒙的人；或者是师蒙卦之意。俟考。

明在此三者上用工夫。'斯'字下得急，言就要如此操存。此三者常常参前倚衡，而临发见时，有急急提醒省察，以防其不然，是修身切紧工夫。一念不可放下，一动一言之顷，迟刻即成过矣。君子所重之道在此，不在文物也。"①

（2）对《论语·尧曰第二十》"尧曰咨尔舜"章，《四书笺解》笺曰："此章俗讲及时文拈一'中'字作血脉，甚是无谓。近日吕用晦辨之，是也。"②

船山在这两个地方所所说到的吕用晦，就是吕留良。吕留良，字庄生，号东庄；又名光轮，字用晦，号晚村。浙江嘉兴府崇德县（康熙元年改崇德县名为石门县）人。明崇祯二年己巳（1629）生，清康熙二十二年癸亥（1683）卒。根据现有的资料，船山与晚村并无交往，因此，船山对晚村有关《四书》看法的了解似乎不是通过私交的方式得到的，而可能是通过阅读晚村的有关著作获得的。

而吕留良关于《四书》的看法是通过点评时文来表达的，他在这个方面的著作很多。但是，我们翻查了我们所能见到的、晚村点评的《钱吉士先生全稿》（1681年）、《杨维节先生稿》、《艾千子先生全稿》、《章大力先生全稿》（这三种属"江西五家稿"本，1682年）等书③，发现均无与船山所评论相吻合的内容，只有《天盖楼偶评》（1672年）有两段评语与船山所评论内容有所关联："'斯'字合下便须如此，所以可贵。其根本全在存养精熟乃能得此"；"三者修身之要，为为政之本。'动'、'正'、'出'正有工夫，'斯远'、'斯近'乃得其所止耳。未动、正、出之前，有居敬涵养；临动、正、出之际，有慎独省察。此乃修身之本于诚正也。如此说方与曾子平生本领切合"④。这两段评语亦非与船山所评论完全吻合，而且船山评论

---

① 王夫之撰：《四书笺解》，《船山全书》，第6册，第205页。
② 同上书，第267页。
③ 四库禁毁书丛刊编辑委员会编：《四库禁毁书丛刊》，北京：北京出版社，2000年，经部，第7册。
④ 吕留良撰：《天盖楼偶评》，四库禁毁书丛刊编辑委员会编：《四库禁毁书丛刊》，经部，第5册，第613、614页。

所涉及的其他内容又完全阙如。相反，我们在后人汇集晚村八股文评语而成的三种关于《四书》的著作中，发现都有与船山所评论相吻合的内容。《四书笺解》为船山晚年著作，其中论及晚村，一则曰"近来"，再则曰"近日"，所依据的当非以前梓行的晚村所点评的著作；另外，考虑到晚村著作的内容与船山评论的吻合程度，我们认为，船山书中对晚村的评论所依据的就是这些后人编辑的著作，这种可能性最大。这三种关于《四书》的著作都是在吕留良逝世以后才编辑、刊行的，它们是："周在延编《天盖楼四书语录》46卷（康熙二十三年金陵大业堂刊本）；陈鏦编《吕晚村先生四书讲义》43卷（康熙二十五年映旭斋刻本）；车鼎丰编《吕子评语正编》42卷、附严鸿逵记《亲炙录》89条，《吕子评语馀编》8卷附《亲炙录》6条（康熙五十五年晚闻轩刻本。三种中陈鏦所编较周在延本为善。而车鼎丰所辑更为完备，并附所评原文之语句，尤便参考）。"①车鼎丰所编本在船山逝世之后刊行，与我们要讨论的问题无关，可以不论。如果船山对晚村的评论所依据的就是这些后人汇集其八股文评语而成的关于《四书》的著作，那么，《天盖楼四书语录》与《吕晚村先生四书讲义》、或者至少是其中的一种是船山曾经得以寓目的。

  我们知道，钱陆灿为周在延所编《天盖楼四书语录》撰写的、置于该书卷首的序文作于"康熙二十三年岁在甲子六月朔旦"②，那么《天盖楼四书语录》是1684年后半年刊刻完成、流通的。而陈鏦《吕晚村先生四书讲义识语》对所编《吕晚村先生四书讲义》的成书过程则有这样的叙述："……鏦自甲寅岁受业于先生之门，于先生之书，寻绎盖亦有年，而未有以得其要领。自先生之亡，尝欲掇其大要，编为一书，俾夫穷乡晚进有志之士，便于观览而未之敢也。近睹坊间有《四书语录》之刻，谬戾殊甚。其中有非先生语而混入者，有妄意增删遂至文气不相联贯者，有议论紧要而妄削之者，其所载无党述评十居其四，甚有以述评语为先生语者。种种谬戾，不可悉数。鏦窃惧夫后之学者，昧其源流，而以为先生之书如此，

---

① 容肇祖撰：《吕留良及其思想》，《容肇祖集》，济南：齐鲁书社，1989年，第499页。
② 参卞僧慧撰：《吕留良年谱长编》，北京：中华书局，2003年，第311—314页。

其为惑误不小也。用是不揣固陋，编为《讲义》一书，间与同学蔡大章云就、严鸿逵庚臣、董采载臣及先生嗣子葆中无党，更互商酌。自春徂夏，凡六阅月而后成。读者诚由是书以求朱子之书，则孔孟之道可得而复明矣。门人陈鏦谨识，时康熙丙寅立冬后四日。"①据此，则《吕晚村先生四书讲义》是1686年年底才刊刻完成、发行的。

如果船山读到的是周在延所编的《天盖楼四书语录》，那么，我们就可以推断《四书笺解》是1684年或以后完成的；如果船山读到的是陈鏦所编的《吕晚村先生四书讲义》，那么，我们就可以推断《四书笺解》是1686年或以后完成的。要确定这一点，最好的办法就是拿《天盖楼四书语录》、《吕晚村先生四书讲义》里面的相关段落与船山的评论进行对照，看哪一种与船山评论的内容更吻合。

吕留良对于《泰伯第八》"曾子有疾孟敬子问之"章的看法，周在延所编《天盖楼四书语录》辑作：

> 朱子曰："斯字来得甚紧。"斯远暴慢，犹云便远暴慢。又云："道之所以可贵，惟是动容貌，自然便远暴慢；正颜色，自然便会近于信；出辞气，自然便会远鄙倍。所以贵乎道者，此也。"盖所以能一动正出而自然便会者，皆操存省察、无造次颠沛之违所致，非生安之质之所谓自然也。曾子举个现成样子，谓君子必须如此，"所贵"二字即勉敬子以此三者操存省察，平时以此涵养，临事以此持守，亦非以生安之不易几者责俗吏也。只将"君子所贵乎道者三"一句重看，即得其旨矣。◎三者修身之要，为为政之本。"动"、"正"、"出"正有工夫，"斯远"、"斯近"乃得其所止耳。未动、正、出之前，有居敬涵养；临动、正、出之际，有慎独省察。此乃修身之本于诚正也。如此说方与曾子平生本领切合。◎辞气之气，即指言语之声音神韵。若云辞本于气，此气字则养气之气，有大小本末之不同。况此两字并联，亦不得横生出侧重气字之说。◎鄙是鄙，倍是倍，不可蒙混；得出辞

---

① 吕留良撰、陈鏦编：《吕晚村先生四书讲义》，续修四库全书编纂委员会编：《续修四库全书》，上海：上海古籍出版社，2002年，第165册，第366—367页。

气之道，则鄙倍自远，虽易近鄙处倍处，都不鄙不倍，也不是所以出处无根本工夫，也不必于出字补出根本工夫。斯字当下自然入而充足。◎若论成德之效验，则存养之意居多；若论学者之修治，则省察之功为切。然其间又自有互根交致之理，此朱子之所谓不可偏废也。◎"斯"、"矣"二字正见可贵，须知有半部《大学》格致诚正修平日用力工夫在。◎"斯"字合下便须如此，所以可贵。其根本全在存养精熟乃能得此。◎对定执政大夫讲，非取门面阔绰也。上文君子所贵，下文则有司存，正为孟敬子箴规，移向他人不得。①

陈鋐所编《吕晚村先生四书讲义》则辑为：

三者修身之要，为为政之本。"动"、"正"、"出"正有工夫，"斯远"、"斯近"乃得其所止耳。未动、正、出之前，有居敬涵养；临动、正、出之际，有慎独省察。此乃修身之本于诚正也。◎"斯"字合下便须如此，所以可贵。其根本全在存养精熟乃能得此。◎朱子曰："斯字来得甚紧。"斯远暴慢，犹云便远暴慢。又云："道之所以可贵，惟是动容貌，自然便远暴慢；正颜色，自然便会近于信；出辞气，自然便会远鄙倍。所以贵乎道者，此也。"盖所以能一动正出而自然便会者，皆操存省察、无造次颠沛之违所致也。曾子举个现成样子，谓君子必须如此，"所贵"二字即勉敬子以此三者操存省察。◎"斯""矣"二字正见可贵，须知有半部《大学》格致诚正修平日用力工夫在。◎辞气之气，即指言语之声音神韵。若云辞本于气，此气字则养气之气，有大小本末之不同。况此两字并联，亦不得横生出侧重气字之说。②

吕留良对于《尧曰第二十》"尧曰咨尔舜"章的看法，《天盖楼四书语录》辑作："此章原无以'中'字统贯之义，自不通讲章造之，迂陋者遵之

---

① 吕留良撰、周在延编:《天盖楼四书语录》，四库禁毁书丛刊编辑委员会编:《四库禁毁书丛刊》，经部，第1册，第216—217页。
② 吕留良撰、陈鋐编:《吕晚村先生四书讲义》，续修四库全书编纂委员会编:《续修四库全书》，第165册，第458—459页。

以行文，后遂著为不刊之典。"①《吕晚村先生四书讲义》则辑为："此章原无以'中'字统贯之义，自不通讲章造之，后遂著为不刊之典，故讲章之毒为最烈。"②

对照说明，这两种版本的相关文字，其内容与船山的评论基本上都是吻合的。周在延所编《天盖楼四书语录》相关文字与陈鏦编《吕晚村先生四书讲义》的相关文字，在内容方面，大体上并无本质区别。正如莫伯骥先生所说，晚村"教人大要以格物穷理、辨别是非为先，以为姚江之说不息，紫阳之道不著。其议论壹发之于《四书》时文之评语，门人周在延、陈鏦各以己意编次，虽不无互异，均之发明《章句》、《集注》之奥"。③钱穆先生引述陈鏦对周在延所编《天盖楼四书语录》的批评之后亦说，周编《四书语录》"大体与陈编《讲义》无甚悬殊，疑当时以晚村书风行甚广，故不免为抑彼扬己以争行也。"④

虽然周在延所编《天盖楼四书语录》相关文字与陈鏦编《吕晚村先生四书讲义》的相关文字，在内容方面，大体上并无本质区别，但是，异文亦复不少，例如周在延所编《天盖楼四书语录》所有的"非生安之质之所谓自然也"，"平时以此涵养，临事以此持守，亦非以生安之不易几者责俗吏也。只将'君子所贵乎道者三'一句重看，即得其旨矣"，"鄙是鄙，倍是倍，不可蒙混；得出辞气之道，则鄙倍自远，虽易近鄙处倍处，都不鄙不倍，也不是所以出处无根本工夫，也不必于出字补出根本工夫。斯字当下自然入而充足"，"若论成德之效验，则存养之意居多；若论学者之修治，则省察之功为切。然其间又自有互根交致之理，此朱子之所谓不可偏废也"，"对定执政大夫讲，非取门面阔绰也。上文君子所贵，下文则有司存，正为孟敬子箴规，移向他人不得"以及"迂陋者遵之以行文"等文

---

① 吕留良撰、周在延编：《天盖楼四书语录》，四库禁毁书丛刊编辑委员会编：《四库禁毁书丛刊》，经部，第1册，第332页。
② 吕留良撰、陈鏦编：《吕晚村先生四书讲义》，续修四库全书编纂委员会编：《续修四库全书》，第165册，第538页。
③ 莫伯骥撰：《五十万卷楼群书跋文》，转引自卞僧慧撰：《吕留良年谱长编》，第487页。
④ 钱穆撰：《中国近三百年学术史》，北京：商务印书馆，1997年，上册，第87页。

字，陈鏦所编的《吕晚村先生四书讲义》都没有。相反，周在延所编《天盖楼四书语录》的这些"异文"，其中的大部分，我们都可以在以谨严完备见称的、由车鼎丰所编的《吕子评语》见到[1]。比较而言，周在延所编《天盖楼四书语录》相关文字的内容与船山所评论的更加吻合，这说明船山读过《天盖楼四书语录》的可能性更大，由此，我们似乎可以断定《四书笺解》是1684年以后完成的。

此外，船山《搔首问》亦谓："近有崇德人吕留良字用晦，极诋陆王之学，以卫朱子之教，是已。乃其袮道三苏不绝，苏氏岂敢望陆王之肩背者！子静律己之严，伯安匡济之猷，使不浸淫浮屠，自是泰山乔岳。……朱子与子静争辨，子静足以当朱子之辨者。……"又谓："俗学之遵朱子，适以亵侮朱子为大愿耳。朱子之注圣经，初非为经生求名计，况倚以选刊时文、教人趋快捷方式而自牟利乎！若吕生者，读陆子静白鹿《喻义章》讲说，不知尚有耻心存焉否也？奉朱子之绪论，遂敢目空古今。其无岂惮也，不但辨陆王而止，且讥康斋之欲入内阁、白沙之应召拜官。君子出处之节，岂雌黄时文、教人作倚门妆以射书贾之利者所能识邪！甘泉、念庵并遭非毁，薛文清、罗文毅犹不在其意中。鹜虚名，牟厚利，是铁门限门外人。不知量，不思咎，喋喋烦言。未有小人而仁者也，况锥刀为小人之已细者乎！"[2]《搔首问》作于1685年前后[3]。船山在1685年前后完成的著作中谓"近有……"，其对晚村的批评所依据的亦可能是周在延所编的《天盖楼四书语录》。这也可以作为我们考定船山《四书笺解》著作时间的

---

[1] 吕留良撰，车鼎丰所编的《吕子评语》，四库禁毁书丛刊编辑委员会编：《四库禁毁书丛刊》，经部，第8册，第50、162页。
[2] 王夫之撰：《搔首问》，《船山全书》，第12册，第646—647页。钱穆先生《吕晚村学述》误以为"俗学之遵朱子……况锥刀为小人之已细者乎"这段文字出自船山《识小录》（钱穆撰：《中国学术思想史论丛》，合肥：安徽教育出版社，2004年，卷八，第149页），非是。
[3] 我们推断《搔首问》作于1685年前后的依据是，书中说到"自广宁陷没，继以延安寇至，六十馀年杀运不息，死于兵、死于饥、死于疾疫、死于虐政者，不知几千万"。（《船山全书》，第12册，第640页）"广宁陷没"指后金、即后来的清攻陷广宁，事情发生于1622年；"延安寇至"，指的是张献忠等领导的农民起义，张献忠为延安人。1622年广宁陷没之后六十多年，当即1685年前后。

一个旁证。

1684年是《四书笺解》著作时间的上限。《四书笺解》完成时间的下限应该不会晚于康熙二十七年戊辰（1688）。我们的理由是，根据王之春撰《船山公年谱》，康熙二十六年丁卯（1687），船山之子王敔"筑蕉畦于草堂之侧，授生童经业"①。可以推测，这时船山已经将教导子弟、生徒应举方面的事情交由王敔负责。这一点，我们可以从船山在这一年所写的《又与幼重侄书》看出。船山说："无日不在病中，血气俱尽，但灵明在耳。三侄孙文字亦有线路，可望其成。但所患者，下笔太重则近粗俗。已嘱敔令教之以清秀。为人亦和顺沉潜，所不足者，知事太早。我家穷，闲住一二年，或可习为萧散。"②"已嘱敔令教之以清秀"说明他自己已经不再做这方面的工作。而《四书笺解》主要是一部授生徒的讲义，为时文、应举之作，显然，《四书笺解》应该是船山自己尚在教授生徒时完成的。因此，我们认为《四书笺解》的完成时间不会晚于康熙二十七年戊辰（1688）。

综上所述，我们认为《四书笺解》为船山晚年著作，而且很有可能是在康熙二十三至二十七年（1684—1688）、也就是船山66—70岁之间完成的。

（本文原载胡军、孙尚扬主编《探寻真善美：汤一介先生80周年华诞暨从教55周年纪念文集》，北京：北京大学出版社，2007年1月）

---

① 王之春撰：《船山公年谱》，《船山全书》，第16册，第372页。
② 王夫之撰：《又与幼重侄书》，《船山全书》，第15册，第144—145页。

后 记

这里所收录的十多篇论文,均与明儒有关。所涉及的人物主要有陈献章、湛若水、王守仁与王夫之,所侧重的是与他们相关的史料、史实或文献的考证。这些论文,除《何廷矩与陈献章之关系述略》一文外,均在学术刊物或论文集中发表过。当初发表,或依据各刊物之注释体例加以修改,或按照各刊物之字数要求加以删订。现在结集,则多根据原稿收录,个别篇章(如《王阳明何以不愿多提陈白沙》)有所增订、修改。此外,还须说明的是,因学识浅薄、见闻寡陋,且文稿原多以繁体字撰写,现将其转为简体字出版,其中难免错误或不当之处,希望大方之家、博雅君子指而正之。

商务印书馆的苑容宏先生为此书的编辑、出版,付出了辛勤的劳作,在此谨致谢意。

黎业明
2016年春于深圳大学国学研究所